ISBN 978-0-282-19749-0
PIBN 10582625

1 MONTH OF
FREE
READING

at

www.ForgottenBooks.com

By purchasing this book you are eligible for one month membership to ForgottenBooks.com, giving you unlimited access to our entire collection of over 1,000,000 titles via our web site and mobile apps.

To claim your free month visit:

www.forgottenbooks.com/free582625

English
Français
Deutsche
Italiano
Español
Português

www.forgottenbooks.com

Mythology Photography **Fiction**
Fishing Christianity **Art** Cooking
Essays Buddhism Freemasonry
Medicine **Biology** Music **Ancient
Egypt** Evolution Carpentry Physics
Dance Geology **Mathematics** Fitness
Shakespeare **Folklore** Yoga Marketing
Confidence Immortality Biographies
Poetry **Psychology** Witchcraft
Electronics Chemistry History **Law**
Accounting **Philosophy** Anthropology
Alchemy Drama Quantum Mechanics
Atheism Sexual Health **Ancient History**
Entrepreneurship Languages Sport
Paleontology Needlework Islam
Metaphysics Investment Archaeology
Parenting Statistics Criminology
Motivational

LAMENNAIS

ET

LE SAINT-SIÈGE

1820-1834

D'APRÈS DES DOCUMENTS INÉDITS
ET LES ARCHIVES DU VATICAN

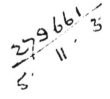

PARIS

LIBRAIRIE ACADÉMIQUE

PERRIN ET Cie, LIBRAIRES-ÉDITEURS

35, QUAI DES GRANDS-AUGUSTINS, 35

1911

PRÉFACE

—

Les pages qui suivent ne sauraient être une biographie nouvelle de Lamennais. Il en existe plusieurs, dont une en cours de publication. Toutes ont leurs mérites et leurs lacunes. Le livre définitif viendra en son temps, lorsque les analyses préalables auront été faites, avec le soin voulu et le bonheur que parfois la Providence ménage aux chercheurs infatigables de documents inconnus. L'intérêt qui s'attache à la vie tragique de Lamennais n'est pas près de passer ; les esprits curieux du mouvement des idées contemporaines s'occuperont longtemps encore de ce génie hardi et malheureux.

Dans ce livre, il faut uniquement chercher ce que son titre annonce : une esquisse, aussi exacte et aussi nette que possible, des rapports de Lamennais avec Rome. Le sujet n'est pas neuf. Lamennais lui-même y a consacré tout un volume. Et ses historiens n'auraient pu raconter sa vie, sans narrer en partie celle de la papauté de 1820 à 1835. Je crois qu'ils l'ont fait, selon leur conscience ; mais ils ne se sont pas assez rappelé peut-être que leurs informations étaient insuffisantes et suspectes. Réduits souvent à rapporter les événements d'après les dires de l'illustre écrivain, ils n'ont pas toujours gardé la réserve, essayé le contrôle, marqué les doutes, par lesquels il convenait d'accueillir le témoignage d'un homme éloquent, passionné, aigri, plaidant pour sa cause. Convaincus de sa sincérité, émus de ses accents, ils l'ont cru sur parole, plus que ne l'eût permis une critique moins confiante. Leur récit, malgré eux, est devenu, en bien des pages, aussi peu impartial qu'une harangue d'avocat. Il y a donc lieu de le reprendre, pour tenter de mieux savoir la vérité. J'espère que cet ouvrage y aidera.

On trouvera plus loin l'indication précise des documents d'après lesquels j'ai travaillé. Je dirai simplement ici que, par un acte de haute bienveillance dont je sens très vivement l'honneur et le prix, les archives du Vatican m'ont été largement ouvertes. Ce qu'il y a de capital dans mon livre vient de là. Jusqu'ici, personne, que je sache, n'avait puisé à cette source. Les archives de notre ministère des Affaires étrangères n'avaient guère été consultées non plus. J'ai tâché d'en tirer profit avec moins de parcimonie que mes devanciers.

Les recherches faites aux Archives nationales et à celles d'Ille-et-Vilaine ont abouti à peu de chose : presque toute la correspondance administrative manque, de 1820 à 1835.

Par là on devine que la partie la plus neuve de mon travail se réfère au second voyage de Lamennais à Rome et aux événements qui s'ensuivirent. L'examen de

sa cause, les démarches de nos diplomates, du nonce de Paris, des cardinaux
et du pape, de 1832 à 1834, — toutes
choses à peu près insoupçonnées — seront
exposées pour la première fois, en des
chapitres faits sur pièces décisives. Au
sujet de la censure des doctrines menaisiennes portée par Mgr d'Astros et
souscrite par la majorité des prélats
français, plus de lumière était à désirer.
Toute celle dont ma main a pu atteindre le
foyer a été projetée sur cet acte épiscopal.

La période qui s'étend de 1820 à 1830
est plus connue. Les livres de Lamennais,
sa correspondance, les journaux et les
revues de l'époque, ont permis aux bio-
graphes de caractériser les controverses
philosophiques, théologiques, politiques,
soutenues par le grand homme. Sur tous
ces points, il y a encore beaucoup à dire.
Mais surtout il restait à préciser quelle
fut, aux diverses phases du combat, l'attitude de Rome. Autant que les documents
me l'ont permis, j'ai essayé de le faire.

Naturellement cette partie du récit sera plus courte, bien qu'elle embrasse un plus grand nombre d'années. Il n'y avait pas à reprendre par le menu des faits déjà contés à loisir, mais à rappeler les plus saillants, ceux dont Rome eut à s'occuper. Cette brève synthèse, d'un point de vue déterminé et spécial, n'est pas sans inconvénients. Mais, d'une part, elle est commandée par le sujet propre de cet ouvrage ; et d'autre part, il a paru possible, avec quelques précautions, d'éviter les raccourcis et les contrastes qui donneraient aux événements une physionomie déformée et de fausses couleurs.

Au reste, en publiant un certain nombre de lettres inédites de Lamennais, j'ai eu l'occasion de m'expliquer sur bien des pages importantes de sa vie. On me permettra de me référer à ces études partielles. Elles fournissent au lecteur la justification de ce que souvent j'énonce ici en peu de mots ; avec les travaux d'autrui, elles l'aideront aussi à corriger lui-même les illusions d'optique où pourrait l'entraîner la brièveté des deux premiers chapitres de ce livre.

Il m'a paru superflu d'indiquer avec minutie, au bas des pages, en. quoi je m'écarte de l'opinion des autres auteurs. A quoi bon cet étalage ? Renfermer les affirmations dans les limites des preuves et les jugements dans celles de la justice, c'est le devoir élémentaire de l'historien. J'ai essayé de m'y tenir du mieux possible. Et je souscris d'avance à ma condamnation, pour les manques de critique ou d'équité que l'on pourrait reprocher à mon travail.

L'étude attentive de mon sujet m'a laissé la conviction profonde que la perte de Lamennais est venue de lui-même ; que ses amis lui ont nui plus encore que ses adversaires ; que le pape a usé envers un fils errant, ombrageux, rebelle, des ménagements les plus évangéliques et de la plus touchante longanimité ; que les sentences portées par le juge suprême de la doctrine catholique, en 1832 et en 1834, sont des plus justifiées. Ce que je pense, je l'ai voulu dire avec clarté et avec force. Aux lecteurs de bonne foi de prononcer si j'ai su éviter l'exagération, ce mensonge des honnêtes gens.

Le malheur et le génie, la fierté et le désintéressement de Lamennais font qu'on ne peut regarder sa vie, sans éprouver dans le meilleur de son âme une forte secousse d'admiration et de pitié. Jusqu'au milieu de ses égarements, on est plus tenté de le plaindre que de le flétrir. Les longues hésitations de Rome à le frapper s'emparent forcément de tout esprit qui essaye de mesurer avec justesse l'action de ce grand homme. Son influence fut immense et en partie heureusement féconde. Pourtant le Pontife infaillible finit par condamner les initiatives auxquelles il s'était attaché comme à la raison même de son existence et au nœud de sa destinée. Ce geste ne fut ni un caprice ni

une méprise. L'erreur signalée par le
doigt de Grégoire XVI est encore une
erreur aujourd'hui, et le demeurera toujours. Pour nous catholiques, aucun doute
ne saurait subsister là-dessus. Le prestige d'un grand nom, le mirage des idées,
les remous de l'opinion publique ne ren-
dront pas à nos yeux incertaine, obscure
ou vacillante, la sentence portée il y a
près de quatre-vingts ans. Nous en affir-
mons sans peur la valeur éternelle. Les
raisons de notre raison, nous en sommes
sûrs, ne manqueront jamais à notre foi
pour justifier sa confiance dans le pape,
lorsque celui-ci parle comme l'oracle
vivant des chrétiens.

Telle est la moralité essentielle de cette
histoire.

Elle doit servir à affiner et affermir le
sens catholique des lecteurs croyants ;
elle montrera aux autres ce qu'un homme
de génie a perdu de grandeur et de force
à ne point demeurer papiste. Voir com-
prise cette double leçon m'importe plus

que le mérite d'avoir éclairé quelques recoins de la vie de Lamennais. Lui n'écrivit jamais rien que pour agir. Selon mes moyens, ainsi voudrais-je faire, en publiant ce livre.

Paris, 15 août 1910.

PAUL DUDON.

SOURCES

———

A) Imprimés.

1. *Lamennais. Correspondance* (2ᵉ édit.), Paris, Didier, 1863. 2 vol. in-12. J'ai utilisé surtout les lettres au comte et à la comtesse de Senfft. Je cite ce recueil sous le nom de son éditeur, Forgues.

2. *Œuvres inédites de F. Lamennais.* Paris, Dentu 1866. 2 vol. in-8°. Consulté pour les lettres à Jean et à Gerbet ; cité sous le nom de l'éditeur, Blaize.

3. *Lettres inédites de Lamennais à Montalembert.* Paris, Perrin, 1898, in-8°. Je l'indique par l'abréviation *Lam. à Mont.*

4. Les lettres de Lamennais à Emmanuel d'Alzon, publiées par M. Geoffroy de Grandmaison dans le *Mois littéraire* (juillet 1901); celles à Vuarin publiées par M. Victor Giraud dans la *Revue des deux mondes* (15 octobre, 1ᵉʳ nov. 1905). Je cite la livraison.

5. Les lettres inédites de Lamennais au P. Godinot, au chanoine Buzzetti, à Ventura que j'ai publiées dans les *Etudes* (20 oct. 1909, 20 janvier, 5 mars, 20 avril, 5 juin 1910); celles à Guéranger, dans le *Mois littéraire* (avril 1911); celles à l'abbé Baraldi dans *Documents d'histoire* (février 1911); celles à de Coux, dans *Etudes* (5 avril 1911); celles à Mᵍʳ de Pins, dans *Revue d'histoire de l'Eglise de France* (mars 1911). Je cite les livraisons.

6. *Censure de cinquante-six propositions extraites de divers écrits de M. de la Mennais et de ses disciples, par plusieurs évêques de France et lettre des mêmes évêques au Souverain Pontife Grégoire XVI ; le tout précédé d'une préface où l'on donne une notice historique de cette censure et suivi de pièces jnstificatives.* Toulouse, Douladoure, 1835, in-8°.

7. *Affaires de Rome*, Paris, Cailleux, 1836.

8. Les journaux ou revues de l'époque, notamment le *Mémorial catholique*, la *Revue européenne*, l'*Invariable*, l'*Ami de la religion*, la *Quotidienne*, la *Gazette de France*, l'*Avenir*.

9. Je ne mentionne pas autrement, malgré leur mérite, les dernières biographies de Lamennais dues à Spuller et à M. l'abbé Boutard, non plus que les études de M. Maréchal. On s'apercevra facilement que mon travail est presque tout entier en marge de ces ouvrages.

B) Manuscrits.

1. Archives du séminaire Saint-Sulpice. Quelques correspondances, notamment sur la censure de Toulouse ; et qui m'ont été obligeamment communiquées par M. Lévesque.

2. Archives du Vatican. J'y ai surtout consulté :

α. Les pièces recueillies à la congrégation des affaires ecclésiastiques extraordinaires, au moment des deux encycliques *Mirari vos* et *Singulari nos;* et que j'appellerai *Dossier Lamennais.*

β. Les pièces de la secrétairerie d'État qui se rattachent aux papiers des nonciatures, aux correspondances des ambassadeurs et des particuliers, et que je désignerai par la référence : *Corr. Nonc., Corr. amb., Corr. part.*

3. Archives de la Nonciature de Paris : quelques pièces non retrouvées à la Secrétairerie d'État.

4. Archives du ministère des Affaires étrangères. Les registres *Rome*, de 958 à 976 (1820-1835).

5. Archives nationales et Archives d'Ille-et-Vilaine : quelques pièces, dans les séries F[17] et M.

LAMENNAIS
ET LE SAINT-SIÈGE
(1820-1834)

CHAPITRE PREMIER

PENDANT LA NONCIATURE DE Mʳ MACCHI : *L'ESSAI
SUR L'INDIFFÉRENCE*, LE PREMIER VOYAGE A ROME, *LA
RELIGION CONSIDÉRÉE DANS SES RAPPORTS AVEC LE
POUVOIR CIVIL.*

« Il y avait soixante-seize ans qu'aucun
prêtre catholique n'avait obtenu, en France,
le renom d'écrivain et d'homme supérieur,
lorsqu'apparut M. de la Mennais, avec d'autant plus d'à-propos que le xviiiᵉ siècle avait
tout récemment repris les armes. Son livre,
destiné à le combattre, était une résurrection
admirable des raisonnements antiques et éter-
nels qui prouvent aux hommes la nécessité
de la foi, raisonnements rendus nouveaux par
leur application à des erreurs plus vastes
qu'elles n'avaient été dans les siècles anté-
rieurs. Sauf quelques phrases où le luxe de
l'imagination annonçait une sorte de jeunesse

qui rehaussait encore la profondeur de l'ouvrage, tout était simple, vrai, énergique,
entraînant ; c'était de la vieille éloquence
chrétienne, un peu dure quelquefois. Mais
l'erreur avait fait tant de mal, elle se pro-
duisait de nouveau avec tant d'insolence,
malgré ses crimes et sa nullité, qu'on prenait
plaisir à la voir châtiée par une logique de
fer. L'enthousiasme et la reconnaissance n'eurent pas de bornes ; il y avait si longtemps
que la vérité attendait un vengeur ! En un
seul jour, M. de la Mennais se trouva investi
de la puissance de Bossuet [1]. » Ces lignes
d'un contemporain nous donnent une idée
de la secousse que Lamennais imprima à son
temps et surtout au clergé de notre pays. Vivant au milieu d'une société issue du jacobinisme et du philosophisme, et que les leçons
de l'orgie révolutionnaire et de l'épopée
impériale n'avaient point amenée à comprendre l'importance du facteur religieux, les
prêtres de 1817 applaudirent avec transport
l'auteur de l'*Essai sur l'indifférence*. Outre
qu'il était de leur ordre, il illustrait leur foi :
il secouait la torpeur des indifférents, mettait
à néant le protestantisme, confondait les
athées, démonétisait les partisans politiques
d'une religion pour le peuple, et offrait aux

---

[1] Lacordaire. *Considérations sur le système philosophique
de M. de la Mennais*, p. 57.

regards de tous, en des peintures incomparables, le christianisme, aussi ancien que le monde, le plus beau des cultes connus, honoré des hommages des puissants génies, attaqué par des hommes dont la sincérité est un problème, seul capable de garantir le bonheur des consciences et la paix des sociétés. Le livre était emporté, amer, hautain, mais animé d'une ardeur sincère, écrit avec éclat. Après quelques mois, il réussit à saisir l'opinion, et dès lors s'imposa.

Les éditions, les traductions se succédèrent, les conversions suivirent. Fouetté par le succès, conscient de sa force, attiré par les hautes spéculations, désireux de servir l'Église, Lamennais chercha, et crut trouver le moyen d'en finir avec l'incrédulité contemporaine. Le second volume de l'*Essai* livra son secret : la foi était la base même de toute connaissance ; l'intelligence n'avait à choisir qu'entre l'autorité ou le scepticisme universel.

Le monde de la libre pensée ne se crut pas emprisonné dans ce dilemme et dédaigna de s'en occuper. Beaucoup, parmi l'épiscopat et le vieux clergé, estimèrent fragile et peu orthodoxe, la logique par laquelle Lamennais croyait tout ensemble écraser le rationalisme, chasser le cartésianisme des écoles catholiques, restaurer la philosophie des Pères de l'Église. Les objections se produisirent de tous côtés, par les conversations et par les correspondances. Suivant la force d'esprit de qui argumentait contre lui, l'auteur répondait par une explosion de mépris, un élégant persiflage, un essai de discussion. S'il se rendait parfois à ses contradicteurs — par exemple au chanoine Buzzetti, de Plaisance — ce n'était jamais sur le point de la raison générale[1]. Là-dessus, il était irréductible. Pour juger de son véritable état d'âme, il n'y a qu'à lire ce qu'il écrivait, le 28 juillet 1820, à l'abbé Clausel de Montals, le futur évêque de Chartres :

« Je me suis attendu, Monsieur et cher ami, à l'opposition que rencontrent les principes exposés dans mon deuxième volume ; il était presque impossible que la plupart des lecteurs l'entendissent d'abord ; et, en effet, je vois que beaucoup de gens ne m'entendent point ou m'entendent fort peu. Cela ne me déconcerte nullement. Parmi les objections qu'on m'a déjà faites, il n'y en a pas une à laquelle il ne soit facile de répondre, en remettant ce que j'ai dit à la place de ce qu'on m'a fait dire. Mais je ne me presserai point ; j'attendrai qu'on m'attaque publiquement pour me défendre de même, et contre tous mes adversaires à la fois. J'espère réussir

---

[1] Voir *Études*, 20 janvier 1910.

à donner quelque intérêt à cette discussion, car je vous avoue que plusieurs personnes m'ont déjà écrit d'étranges choses.

« Vous me reprochez de ne m'ètre pas aidé de conseils ; des conseils de qui ? J'ai consulté des hommes fort habiles, très accoutumés à ce genre de considérations. Nous avons été pleinement d'accord. Vous conviendrez que je ne pouvais pas m'en aller de maison en maison, en quête d'un contradicteur.

« Je sais bien que je dérange les idées d'un grand nombre de gens ; mais quel mal à cela, si elles étaient effectivement mal arrangées ? C'est ce que je soutiens. Quand nous aurons dit nos raisons de part et d'autre, le temps jugera et tout sera fini.

« J'ai vu, dans ces dernières années, beaucoup d'incrédules et plusieurs l'étaient devenus en lisant les apologies ordinaires de la religion. Ceux-ci surtout m'ont forcé de recourir aux principes que vous jugez insoutenables ; et tous se sont rendus aux preuves qui s'en déduisent.

« Au reste, encore une fois, le temps montrera où est la vérité. J'ai pour moi, jusqu'à présent, M. de Bonald et plusieurs autres personnes auxquelles on ne peut refuser au moins le droit d'avoir un avis sur ces questions. On doit supposer qu'en écrivant j'ai

cru savoir ce que je disais, et je crois encore
que je le savais en effet.

« Excusez ma franchise bretonne. Loin de
craindre la discussion, je la désire infiniment;
ce sera pour moi un délassement et j'en ai
besoin. Le sérieux continu fatigue. Ne doutez
pas, au surplus, que je n'apprécie les motifs
qui vous portent à me communiquer vos observations. J'en suis très reconnaissant et
j'en remercie votre amitié, en vous priant
d'agréer de nouveau l'assurance de la mienne¹ ».

De prime abord, tant de résolution déconcerte. Car les lettres où Lamennais parle de
l'*Essai*, au moment où il le compose, sont
comme un gémissement profond et qui ne
finit pas. Écrire lui est un tourment; sans
Tesseyre il abandonnerait tout ; il ne sait que
penser du travail fait et il envisage avec angoisse celui qui demeure; la publicité lui fait
peur parce qu'elle lui arrachera les derniers
lambeaux de la tranquillité dont il puisse
jouir en ce monde². Difficilement on imagi-
nerait un état d'âme plus pénible. Mais au
milieu de ce désarroi, éclatent par intermit-

---

¹ Cette lettre a été publiée dans la *Revue internationale*
(1899); je la transcris ici d'après l'original conservé aux Arch.
du Sém. S. Sulp.

² Blaize, t. I, p. 273, 278, 282, 297, 300, 302, 313, 318, 321,
325, 335, 340, 359. Lettres à Jean, 4, 22 avril, 13 mai, 9, 23,
30 novembre, 27 décembre 1817, 9, 26, 28 janvier, 13 février,
3 mars, 19 mai 1819.

tences, chez cet homme si déprimé, une conscience très vive de sa force, l'instinct d'une
sorte de mission, la conviction que l'Église
se meurt d'être mal défendue et l'assurance
qu'il a le secret de lui rendre une vie splen-
dide. Puis l'*Essai* publié, — c'est-à-dire les
deux premiers volumes, — toute hésitation
semble disparaître, un élan irrésistible emporte l'auteur vers sa destinée ; il voit, au
delà des obstacles accumulés par le malheur
des temps et la méchanceté des hommes, le
triomphe du système (sinon celui de la religion) aussi prochain qu'inévitable[1]. Comment
en douterait-il, quand des amis nombreux,
tous gens de bien et de sens, lui crient qu'il
a raison contre tout le monde, et quand le
ciel lui-même, en permettant que l'*Essai*
opère des conversions éclatantes, paraît
prendre en main sa cause[2] ?

La persistance de l'opposition finit par
mettre dans son âme, une très vive irritation
de n'être pas compris, la suspicion que certains ne se méprissent à plaisir sur son
compte, l'amertume de voir méconnu l'incom-
parable service que ses travaux lui parais-

---

[1] Blaize, t. I, p. 318, 328, 356, 395, 407, 416. Lettres à
Jean, 9, 25, 30 janvier, 8 mai 1818, 2 août, 4 septembre, 8 novembre 1820.

[2] Blaize, t. I, p. 346, 352, 386, 389, 405, 430. Lettres des
15 mars, 7 avril 1818, 2, 17 mai 1819, août 1821, 5 novembre 1823.

saient rendre à l'apologétique chrétienne. Dès
que les difficultés devinrent publiques, ce fut
bien pire; les impressions pénibles prirent
décidément le dessus. Ses adversaires étaient
des inconnus; ils n'avaient point de style et
leur manière de discuter était vieillote. Dédaignant un corps à corps avec ces lutteurs
vulgaires, Lamennais les repousse tous à la·
fois. Son plan de *Défense* est bien simple.
L'histoire démontre que la confiance dans la
raison individuelle a conduit les esprits au
doute et à l'erreur. C'est le vœu de la nature
de tenir pour vrai ce que les hommes croient
invariablement. Aucune objection, ni philosophique, ni théologique, n'est plausible contre
la règle du sens commun. Après avoir développé ces trois points en deux cents pages,
le maître conclut que sa doctrine « n'est pas
moins inébranlable que la vérité catholique
elle-même ».

Au surplus, les circonstances la justifient,
et l'avenir lui appartiendra. « Nous sommes
arrivés, écrit-il, à des temps où, contraint de
ramener de loin, et comme des extrémités
de la terre, un grand nombre d'esprits à cette
vérité sainte [de la religion], on a dû mieux
reconnaître la voie qui y conduit et s'assurer
qu'il n'en existe qu'une. Ou le verra plus
clairement de jour en jour, il suffit d'attendre,
et nous aurions pu laisser l'avenir, et un

avenir très prochain, répondre pour nous. Ce mouvement prodigieux qui agite le monde, ces ténèbres qui s'épaississent et se répandent sur la raison humaine, ce terrible ascendant de l'erreur, Dieu le permet-il sans dessein et n'en doit-il résulter aucune instruction nouvelle? Non, non, ne le pensez pas. Quelque chose de grand se prépare; du sein de cette nuit jaillira une lumière plus éclatante; *les enfants de lumière* la salueront comme l'aurore de leur délivrance; *les enfants de ténèbres* la maudiront comme l'annonce de leur ruine; et à mesure que s'approchera le moment de la dernière séparation, le ciel, s'ouvrant pour recevoir ses élus, montrera plus à découvert l'immuable vérité qu'ils contempleront éternellement[1]. »

La discussion était impossible avec un homme qui, le doigt tendu comme un prophète, montrait dans la lumière de gloire l'épanouissement suprême de sa doctrine. Sûr de ses leçons comme de sa foi et du ciel même, que pouvait penser Lamennais logiquement des contradicteurs de l'*Essai?* N'était-il pas manifeste pour lui que l'on attaquait le système du sens commun uniquement par routine d'esprit, impuissance de comprendre, et égarement de passion? Fallait-il, en parti-

---

[1] *Défense de l'Essai*, ch. xvii et dernier.

culier, chercher une autre explication à l'attitude des deux corporations des sulpiciens et des jésuites?

Dès les premiers jours de la nouvelle église gallicane, Emery avait rendu à Saint-Sulpice son vieux renom d'école par excellence du clergé. Ses disciples conservaient, à Paris et dans quelques diocèses privilégiés, ses traditions de piété, d'étude et de vertu sacerdotale. Avoir contre soi Saint-Sulpice c'était donc perdre les meilleures chances de gagner aux idées nouvelles peut-être la portion la plus notable des prêtres.

Du côté des jésuites, il semblait qu'il y eût moins à craindre. Peu nombreux, sans autres écoles que quelques petits séminaires, installés en France depuis la seconde restauration, tolérés à la condition de ne point faire parler d'eux, leur action ne pouvait guère avoir d'étendue. Mais la légende de leur antique puissance et de je ne sais quel besoin de domination s'attachait à leur nom même. Surtout quand il eut appris qu'une ordonnance secrète du général de la Compagnie avait interdit dans l'ordre l'enseignement de sept propositions plus ou moins extraites de l'*Essai*, Lamennais estima qu'il avait tout à redouter. Et il attribua l'opposition des jésuites à des mobiles d'autant moins avouables, qu'il se vantait d'avoir pour ses doctrines l'approbation du Saint-Siège.

Loin de compter dans la Compagnie en France des jaloux et des rivaux, Lamennais y eut de bonne heure nombre d'amis et de disciples. Si dès 1821 Rozaven se préoccupa d'empêcher, dans les maisons d'étude de son ordre, des infiltrations menaisiennes, il défendit toujours d'attaquer publiquement l'*Essai*. Le décret porté en 1823, par le P. Fortis, ordonne la même attitude; celle-ci fut dictée par les égards dus à un défenseur illustre de l'Église, la crainte d'amuser les impies par les querelles entre catholiques, le souci de ne pas devancer les jugements de Rome[1].

Lamennais et les siens n'hésitèrent pas à dire, à partir de 1822, que Rome s'était prononcée en leur faveur.

Ceci était sensiblement exagéré. Une seule chose était certaine : la traduction italienne de la *Défense de l'Essai* — œuvre du P. Orioli, mineur conventuel — avait paru à Rome, avec le visa du P. Anfossi, maître du sacré Palais, sur le rapport favorable de trois examinateurs. Parmi ceux qui essayèrent d'entraver cette publication, il put y en avoir qui grossirent — aussi bien que Lamennais — l'importance de l'événement. En droit comme

---

[1] Voir *Études*, 5 juin 1908, 20 octobre 1909.

en fait, le visa d'Anfossi n'engageait aucunement l'autorité pontificale. Et rien ne le montrera mieux que la condamnation prononcée dix ans plus tard, dans l'encyclique *Singulari nos*, contre le système du sens commun. Rozaven marquait exactement la limite dès 1821, quand il disait aux jésuites de France troublés par le grand bruit mené autour de la signature du maître du sacré Palais : les thèses de philosophie du collège romain, contraires aux idées menaisiennes, sont aussi publiées sous la même signature.

Avec une certaine impatience, le philosophe de la Chênaie avait demandé un jugement formel sur sa doctrine. Pour garantir à Rome ses sentiments catholiques, il n'avait pas hésité à employer le crédit. de l'auteur *du Pape* [1]. Pie VII se refusa à dirimer la question qui lui était soumise et laissa, de part et d'autre, les opinions se produire librement. « Il ne m'appartient pas de juger, observe alors Lamennais, ce que la religion gagnera à ce silence de l'autorité [2]. » Et il poursuit la démonstration de son système, en écrivant le troisième et le quatrième volume de l'*Essai*. Là il a recours aux prophéties et aux miracles pour établir la divinité

---

[1] *OEuvres complètes de J. de Maistre.* T. XIV, p. 236.

[2] Lettre du 8 novembre 1821.

du Christianisme, mais c'est par oubli ou par précaution. La preuve à ses yeux décisive, le critérium par lequel on distingue la vérité de notre religion, aussi facilement que son existence, c'est qu'elle est attestée par l'universalité du genre humain. Malgré la vaste érudition dont ils témoignent, les derniers tomes de l'*Essai* laissent confuse la notion de la foi, fragile le raisonnement sur lequel se trouve fondée la croyance. Lamennais n'y gagna que de voir contester tout ensemble sa théologie et sa philosophie.

Au début, les choses se présentèrent sous un jour plus favorable. Les lettres de ses amis, les articles qu'ils consacrèrent à son œuvre lui permirent de croire que ses efforts n'avaient pas été inutiles et d'en augurer quelque bien, même dans le monde de ses contradicteurs : « Les deux derniers volumes écrivait-il au P. Anfossi, ont été reçues avec une approbation presque universelle. Ils ont même ramené un assez grand nombre d'adversaires du second volume; mais il y en a d'autres qui ne reviendront pas. Pour moi, je poursuis mon travail dans un esprit de soumission parfaite au Saint-Siège, et la divine Providence semble le bénir par une quantité de conversions que la lecture de l'*Essai* opère journellement, parmi les protestants et parmi les incrédules. *A Domino factum est istud, et est mirabile in oculis nostris* [1]. »

Nous ignorons malheureusement ce que le Maître du sacré Palais répondit à cette lettre et quelles corrections il put suggérer à Lamennais qui le priait en grâce de lui indiquer sincèrement ce qu'il estimerait à modifier dans cet ouvrage. Mais à défaut des critiques du P. Anfossi, d'autres se firent jour. Par un simple coup d'œil jeté sur la bibliographie de l'*Essai* l'on peut s'en convaincre, c'est surtout à partir de ce moment, que les brochures et les livres se multiplient contre la philosophie de la Chênaie. Et cette polémique se poursuivra, au milieu des combats contre le gallicanisme, des luttes de l'*Avenir* des égarements suprêmes de 1834.

Non seulement cette foule d'assaillants ne troublera pas la confiance absolue du maître dans sa doctrine, mais elle suscitera autour de lui des écrivains qui mettront leur plume au service de ses idées. Et à leur tour, le *Catéchisme du sens commun de* Rohrbacher, les *Doctrines philosophiques sur la certitude* de Gerbet donneront aux convictions de Lamennais une fermeté nouvelle.

Dès 1820, Joseph de Maistre lui avait écrit : « Vous savez sans doute que le traité du

[1] Blaize, I, p. 429. Lettre du 3 novembre 1823.

docte Huet sur la *Faiblesse de l'esprit humain*
alarma plusieurs docteurs ; et Voltaire ne manqua pas de dire qu'il réfutait la *Démonstration évangélique.* » C'était là un souvenir to-
pique ; le bon sens de l'érudit en doublait
encore la portée, quand il ajoutait qu'à vouloir sortir du scepticisme par l'issue de la
« raison universelle » il y avait « quelques
véritables difficultés[1] ». Mais à de pareilles
observations, Lamennais a sa réponse toujours prête : raisonnement de cartésien ; raisonnement reçu dans l'École. Et à celui-ci,
tout en le jugeant meilleur que celui-là, il
n'accordait aucune valeur contre les incrédules du XIXe siècle. « Il ne faut pas qu'on
s'y trompe à Rome, mandait-il à Joseph de
Maistre : leur méthode traditionnelle où tout
se prouve par des faits et des autorités est
sans doute parfaite aussi, et l'on ne peut ui
ne doit l'abandonner ; mais elle ne suffit pas ;
parce qu'on ne la comprend plus. Depuis que
la raison est souveraine, il faut aller droit à
elle, la saisir sur son trône et la forcer, sous
peine de mort, de se prosterner devant la
raison de Dieu[2]. »

La métaphore n'était pas pour effrayer Rome.
Dès les premiers siècles, la dialectique des

---

[1] *OEuvres complètes.* T. XIV, p. 236. Lettre du 6 sept. 1820.
[2] *Ibid.*, p. 371. Lettre du 2 janvier 1821.

docteurs de l'Église s'était employée à montrer aux païens les raisons de croire à l'Évangile, sous peine de déraison. Jamais pourtant
la tradition catholique n'avait confondu la foi
avec la pensée. Quand le prince des théologiens, saint Thomas, sépare si soigneusement
— et par leur nature psychologique, et par
les caractères de leur certitude, sans parler
de leur mérite — la connaissance de foi et la
connaissance de raison, il ne fait que com-
menter le mot célèbre de saint Augustin :
*Quod intelligimus debemus rationi, quod cre-
dimus auctoritati.* Quelle espérance donc pouvait-il y avoir de faire applaudir par l'Église
des formules comme celle-ci : « toute certitude repose sur la connaissance de Dieu » ;
« la certitude n'est qu'une foi pleine dans une
autorité infaillible » ; « il n'y a de certain que
ce qui est de foi » ; « toute certitude repose
sur la foi [1] ».

A défaut d'une approbation formelle, l'inventeur d'une théorie nouvelle de la certitude
considérait le silence du pape comme un *laissez passer.* Mais cet argument était bien in-
firme, puisque ses adversaires le pouvaient
retourner contre lui. De là un malaise dans
son esprit et une situation fausse devant l'opinion. Et, comme par ailleurs, les luttes poli-

[1] *Essai.* II, p. 41, 132, 184, 225.

tiques auxquelles il se mêlait dans les journaux, n'aboutissaient qu'à laisser les abus en vigueur, sans lui valoir d'autre récompense que le mécontentement du pouvoir et la suspicion des gens de bien, la mélancolie envahissait l'âme du philosophe et du royaliste méconnus.

Durant une brève période de paix relative, il se mit à traduire l'*Imitation de Jésus-Christ*, sans trouver le secret du bonheur, ni même la force d'entreprendre le cinquième volume qu'il aurait fallu ajouter à l'*Essai* pour l'achever. « J'ai vu, depuis un an, et je vois tous les jours, confie-t-il à Mme Cottu, tant de trahisons, tant de bassesses, tant d'indignités de tout genre que mon âme en est comme flétrie. Un dégoût profond et invincible de ce misérable monde s'est emparé d'elle, ce n'est pas là une bonne disposition pour écrire. Je trouve la vie longue, et je rassemble mes forces pour la supporter. Ce travail est le plus grand qui nous soit imposé dans cette *vallée de larmes*, comme l'Église la nomme si bien. J'ai faim et soif de quelque chose qui n'est pas de la terre [1]. »

C'est dans cet état d'âme que Lamennais,

---

[1] *Lettres inédites à la baronne Cottu*, p. 154, 26 février 1824.

sans savoir comment, se décida à un long voyage avec Vuarin « pour voir et pour se distraire ». Il rejoignit son ami à Genève aux premiers jours d'avril[1].

Depuis 1819, les deux prêtres étaient en relation d'amitié. La question du rapprochement des Églises les avait attirés l'un vers l'autre ; des convertis comme Senfft et Haller leur servaient de trait-d'union ; ils s'aidaient mutuellement dans la controverse protestante. Ce fut dans un voyage de Vuarin à Paris, vers la fin de mars 1824, que fut réglé le pèlerinage des deux amis à la Ville éternelle.

Ils partirent de Genève le 2 juin. Trois jours après, ils étaient ensemble à Turin[2] chez les de Maistre, puis à Gênes chez l'archevêque Lambruschini, et enfin ils atteignaient Rome, l'avant-veille de la fête de saint Pierre. Dès son arrivée, Féli écrivait à Jean : « Quant à mon voyage en général, c'est bien la plus rude pénitence que la Providence pût m'envoyer. Je n'y ai pas eu deux heures d'amusement et je me suis plus ennuyé que dans tout le reste de ma vie ensemble. S'il ne tenait qu'à moi, je partirais ce soir pour Cività-Vecchia, afin d'y

---

[1] *Ibid.*, p. 156 ; *Revue des deux mondes*, 15 oct. 1905, p. 785. M. Victor Giraud a publié là quarante-sept lettres inédites de la Mennais à l'abbé Vuarin.

[2] Blaize, II, p. 9. Lettre du 5 juin 1824.

chercher un navire qui pût me ramener en France sur-le-champ. Après tout, ce que j'ai appris me servira[1]. »

Qu'avait donc appris ce voyageur ennuyé? A travers la Suisse, la Savoie et la Haute-Italie, il avait découvert quelques prêtres avides de lire l'*Essai*, des peuples attachés encore à la religion, mais dénués de secours, l'Église laissée partout sans défense, les hommes en tous lieux semblables à eux-mêmes à quelques nuances près, c'est-à-dire « occupés de leurs affaires, de leurs ambitions, de leur petit amour-propre et ne concevant pas que le bien puisse être aimé pour le bien ». Et il pensait que le même spectacle s'offrirait à Rome à ses regards attristés[2].

Après quelques semaines passées dans la ville éternelle, malgré l'aimable accueil qu'il rencontre partout, un ennui inexorable le domine. Il rêve, non pas d'entreprendre avec Léon XII la réforme de l'Église, ni de conquérir à ses idées la capitale du catholicisme, mais uniquement de repos. Laisser tourner le monde à son gré, abandonner à Dieu cette boue infecte et chaotique de l'Europe, pour qu'il y jette, à son heure, des éléments purificateurs : telle est la philosophie de ce tou-

---

[1] *Ibid.*, II, p. 15. Lettre du 18 juin 1824.

[2] *Ibid.*, II, p. 3. Lettre du 19 mai 1824.

riste fatigué. Quant à lui, son parti est de
« vivre à l'écart, avec quelques livres et
quelques amis » soit à Paris, soit à la Chênaie. L'unique effort de prosélytisme dont il
est capable, c'est de lancer dans Rome quelques
volumes de l'*Essai* et quelques numéros du
Mémorial catholique[1]. Se peut-il rien de
plus pacifique · et pourrait-on dire de plus
bourgeois?

C'est sous cet aspect d'un lutteur épuisé
et assagi, que Lamennais apparaissait à la
diplomatie française. A la date du 13 juillet,
on mandait de Rome au ministère des Affaires
étrangères, à Paris.

« J'ai eu l'honneur d'écrire à Votre Excellence que M. de la Mennais était arrivé à
Rome avant la saint Pierre. Il est venu me
voir dans les premiers jours de juillet, il m'a
demandé sur-le-champ s'il n'y avait pas, dans
les ports de l'*État* pontifical, quelque bâti-
ment du Roi qui pût le reconduire en France.
Sa santé paraît très altérée et il n'aspire qu'à
retourner dans sa patrie...

...[Il] s'exprime en termes très circonspects
sur les affaires de France. Il dit qu'il ne veut
plus que retourner dans sa province, pour y
travailler à de nouveaux ouvrages qu'il médite
depuis longtemps... Des déplacements, les

[1] *Ibid.*, II, p. 3, 5, 7, 12, 17, 19. Lettres des 19, 22, 30 mai,
12, 18 juin, 9, 16 juillet 1824.

distractions d'un voyage, les illusions détruites l'ont éclairé sur sa fausse route, en le ramenant — n'en déplaise à ce qu'il pourrait s'imaginer lui-même — à des sentiments d'union, de déférence et de respect pour le gouvernement du Roi.

« Ces sortes d'esprits, ouverts et absolus, sortent de l'erreur tout entiers, comme ils y sont entrés[1]. »

En dépit de cette belle assurance, Artaud ne tarde pas à devenir inquiet sur la conversion politique de Lamennais. Celui-ci, reçu deux fois en audience par le souverain Pontife, n'en aurait-il pas profité pour faire au Vatican le procès du gouvernement royal ? Comme s'il voulait s'affermir lui-même contre les doutes qu'il éprouve, le diplomate recueille avec soin les nouvelles et les bruits qui courent : la philosophie de l'*Essai* est suspecte au collège romain, le livre déféré au Saint-Office, le voyage du pèlerin aurait été machiné par Severoli et Mazio, deux *zelanti*, le pape aurait fait comprendre à deux cardinaux qu'il ne se méprend pas sur l'esprit chimérique du grand écrivain[2]. Malgré

---

[1] Arch. Aff. étr., *Rome*, 958, fᵒ 84. Dépêche du 13 juillet 1824. — Artaud lui-même a publié cette dépêche *in extenso* dans son *Histoire du pape Léon XII*, I, p. 264.

[2] *Ibid.*, fᵒ 92, 138, 201. Dépêches du 17 Juillet, 9 août, 10 septembre 1824.

tout, Artaud n'est tout à fait à l'aise, que le jour où Lamennais quitte Rome. Le lendemain du départ, il écrivit à Paris : « Un danger importun n'existe plus ; M. de la Mennais est parti... Je m'applaudis de n'avoir plus à redouter son intervention si gênante[1]. »

Ces expressions un peu fortes sont en contraste avec le langage des premiers jours. Après s'être mollement abandonnés à l'idée que le breton mélancolique et souffreteux passait ses journées à dévorer ses ennuis, nos diplomates en étaient venus à redouter ses menées auprès du Saint-Siège. N'était-ce pas se tromper deux fois ? En fait, quelle trace Lamennais avait-il laissé, au Vatican, de son passage ?

Léon XII et son entourage n'étaient pas sans avoir quelque idée du personnage, avant qu'il n'arrivât, en pèlerin, au tombeau des Apôtres.

Pendant le conclave qui avait suivi la mort de Pie VII, le nonce de Paris avait expédié à Rome une longue dépêche sur un article retentissant de Lamennais paru dans le *Drapeau blanc* (22 août 1823). L'article était un acte d'accusation en règle contre l'Université, sous forme de lettre au grand-maître, Mgr de

[1] *Ibid.*, f° 203. Dépêche du 10 septembre 1824.

Frayssinous. L'archevêque de Paris ayant fait au journaliste de secrètes remontrances, celui-ci répliqua par une lettre secrète aussi, mais hautaine, implacable, vibrante d'indignation[1]. Poursuivi par les tribunaux, il aggrava volontairement son cas, en reprenant la question devant le public. Son réquisitoire se terminait par cette apostrophe à l'évêque d'Hermopolis :

« Monseigneur, je lis dans l'Évangile que les disciples de Jésus-Christ éloignant de lui les enfants qu'on lui présentait, il fut ému d'indignation, et leur dit : « Laissez les petits enfants venir à moi, et ne les empêchez pas d'approcher; car c'est à ceux-là qu'est le royaume des cieux.

« Ne pouvons-nous pas adresser à l'Université les mêmes paroles ? Ne pouvons-nous pas lui dire : Laissez les petits enfants qui vous sont confiés venir à Dieu, à Jésus-Christ et ne les empêchez pas d'approcher; ne leur fermez point la voie du salut; ne souffrez pas que l'on corrompe, par des leçons d'impiété et des leçons de libertinage, la pureté de leur foi et l'innocence de leurs mœurs. Un compte terrible vous sera demandé de ces jeunes âmes que Dieu appelle à son royaume; malheur à qui les

---

[1] Voir Henrion. *Vie de M. Frayssinous*, II, p. 420-435.

dépouille de ce céleste héritage ou qui permet qu'on le leur ravisse ! Trop longtemps on les a séparés de leur père; laissez-les revenir à lui; que vos écoles cessent enfin d'être les séminaires de l'athéisme et le vestibule de l'enfer. »

Frayssinous fit insérer dans le *Moniteur* la note suivante :

« Un espèce de manifeste a été lancé dans le public contre l'Université, dont j'ai l'honneur d'être le chef. Des raisons de convenance m'empêchent de m'expliquer; je le ferai quand le moment sera venu. Je déclare, en attendant, que je ne changerai rien au système d'administration que j'ai adopté et que je tâcherai toujours de marcher avec force et mesure, entre les cris de ceux qui trouvent que je fais trop et de ceux qui trouvent que je ne fais pas assez.

Le Grand-Maître. »

Le jour même où parurent ces lignes, le nonce mandait à sa Cour :

« Tous les jours se font sentir davantage les inconvénients de la liberté de la presse ; et très souvent les bons en sont réduits à le déplorer.

« L'abbé de la Mennais, bien connu par ses lumineux écrits, ses talents, son zèle et son savoir sacré, profitant de la liberté de la

presse a dénoncé au public, dans un article
du *Drapeau blanc*, des faits très graves qui
se seraient passés dans quelques collèges
appartenant à l'Université... L'archevêque
de Paris, surpris et affligé, a blâmé l'abbé
dans une lettre particulière à laquelle celui-
ci a répondu, à ce que j'ai appris, en s'échauf-
faut un peu... Le ministère public a cru
devoir citer devant les tribunaux l'éditeur
responsable du journal... A l'encontre de
cette citation, l'abbé a écrit dans la même
feuille un article où il confirme les faits
dénoncés par lui...

« Tout le monde rend justice au mérite de
l'abbé de la Mennais et convient de sa bonne
foi, de ses bonnes intentions. Mais il n'est
personne qui ne juge imprudente et du
plus mauvais effet la divulgation de faits
très peu croyables, peut-être inexistants, fort
difficiles à établir. Même s'ils étaient vrais
et prouvés, il aurait convenu de les dissi-
muler, ou il aurait suffi d'un donner une connaissance confidentielle à Mgr le grand-maître,
prélat plein de zèle, de prudence, de sagesse,
et toujours prompt à réparer les désordres
dès qu'il les voit[1]. »

Le nonce aurait donc voulu, en cette
affaire, plus de réserve. Mais ses sentiments

---

[1] Arch. Vat. *Corr. Nonc.* Dépêche du 4 septembre 1823.

n'en demeurèrent pas moins favorables à
Lamennais. Deux mois plus tard, en envoyant
au cardinal della Somaglia, secrétaire d'État
du nouveau pape, un article *sur les devoirs
du temps présent*, il était heureux de faire
remarquer que cette récente escarmouche
n'avait pas été inutile à la réforme de l'enseignement public. Et lorsque commençèrent à
paraître les premières livraisons du *Mémorial
catholique* — œuvre de Gerbet et Salinis
patronnée par Lamennais — le prélat n'hé-
sita pas à en faire l'éloge à Rome, à en vanter
l'utilité pour la religion[1]. On ne sera donc
point surpris que pour annoncer la venue de
Lamennais dans la ville éternelle, il ait usé de
termes de bienveillance :

« Votre Éminence n'ignore pas les écrits
célèbres de ce seigneur abbé, et ses sentiments de dévoûment au Saint-Siège, dont il
défend vigoureusement l'autorité, avec un
talent qui le classe parmi les écrivains les
plus puissants. Pour tous ces titres, et parce
qu'il est un excellent ecclésiastique en
mesure de rendre à la religion catholique des
services chaque jour plus grands, il mérite
considération, estime et égards. Je le sais
bien, un article très fort, écrit par lui dans
le *Drapeau blanc* et où il dénonçait les

---

[1] *Ibid.* Dépêche du 20 janvier 1824.

graves désordres de quelques collèges, lui a
valu le mécontentement du grand-maître de
l'Université et celui de l'archevêque de Paris,
auxquels il ne plaît guère. Il faut ajouter que
le ministère du roi lui est contraire et plus que
les autres ministres celui des Affaires étrangères. Ceci provient de ce que M. de la Mennais a imprimé certaines choses où il semble
lui reprocher d'avoir maintenant une manière
de penser assez différente de celle d'autrefois[1]. En outre, il compte beaucoup d'adversaires à cause des principes défendus par
lui dans le deuxième volume de son ouvrage
sur l'indifférence en matière de religion. Et
enfin, la liberté avec laquelle il a attaqué les
actes du gouvernement lui a attiré de nombreux ennemis, qui l'appellent une tête chaude
et un homme dangereux. Pendant le séjour
que le seigneur abbé fera à Rome, ces informations pourront servir de lumière à Votre
Éminence[2]. »

Dans sa brièveté, la dépêche du nonce
était instructive. Elle faisait équitablement
la part de l'éloge et de la critique. S'il l'avait
ignoré, le secrétaire d'État aurait su, par ce
rapport sommaire de Mᵍʳ Macchi, que le
visiteur annoncé était un prêtre célèbre,

---

[1] Lamennais, en effet, avait reproché à Châteaubriand sa
versatilité.

[2] *Ibid.* Dépêche du 1ᵉʳ juin 1824.

méritant et contesté. C'était assez pour fixer
la contenance à garder. On mit au Vatican
de l'empressement à honorer Lamennais. Dès
l'arrivée à la porte du peuple, il fut invité à
descendre chez Mgr Mazio, et le pape lui fit
assigner un logement au collège romain.
Assez promptement et à deux reprises, il fut
reçu par Léon XII, sans être présenté par l'ambassadeur de France. La première audience
fut courte, la seconde plus longue[1]. Toutefois ces entrevues n'offrirent sans doute
rien d'important ; car Féli en rendait compte
à Jean par ces simples mots : « Le Saint-
Père, que j'ai vu deux fois et qui m'a comblé
de bontés, veut me revoir encore pour causer,
m'a-t-il dit, plus à loisir. Ainsi, il faut que
j'attende ses ordres[2] ». Cette causerie n'eut
jamais lieu. Le 25 juillet, Lamennais partit
pour Naples. De retour à Rome, il ne vit le
pape que le 6 septembre, très peu de temps,
pour prendre congé[3]. Cependant, l'impression
ressentie fut douce et profonde : au lendemain de ces visites au Vatican, Lamennais
écrivait : « C'est un bon et digne pape et un

[1] Arch. Aff. étr., *Rome*, 958, f° 104. Dépêche du 23 juillet 1824.

[2] Blaize, II, p. 18. Lettre du 16 juillet 1824. — Même note
dans une lettre du 13 juillet à Mlle de Lucinière (Forgues, II,
p. 183).

[3] Arch. Aff. étr., *Rome*, 958, f° 203. Dépêche du 10 septembre.

homme d'un grand mérite[1] ; et dix ans plus tard, dans le pamphlet des *Affaires de Rome*, il assurait que « la mémoire » du pontife ne cesserait jamais de lui être « vénérable et chère. »

Léon XII, de son côté, garda le souvenir de l'illustre écrivain. Il demandait de ses nouvelles avec affection à ses amis, il accepta avec plaisir son portrait[2] ; il semble même avoir eu, dès le premier moment, quelque idée de fixer Lamennais à Rome. « S'il veut un canonicat, nous le lui donnerons, disait le cardinal della Somaglia à Artaud. Ou pourrait l'attacher à quelque bibliothèque, comme Mᵍⁿᵒʳ Maï. » Artaud laissa tomber ce propos : il ne savait pas comment le projet serait pris à Paris et il le jugeait d'ailleurs inexécutable, parce que « le fier breton » s'y prêterait mal, parce que sa « franchise lui nuirait pendant un long séjour à Rome », parce qu'enfin « les ecclésiastiques en possession de diriger les décisions du Saint-Siège verraient cet établissement avec peine et le combattraient avec succès[3] ». L'affaire

---

[1] Forgues, II, p. 185. Lettre du 13 juillet 1824.

[2] *Ibid.*, I, p. 30. Lettres de Ventura (8 juin 1827), d'Orioli (9 août 1827). — Ceci prouve que le portrait fut offert et accepté ; mais les preuves manquent pour établir que ce portrait était le seul ornement du cabinet du pape ; et Lambruschini met le fait en doute.

[3] Arch. Aff. étr. *Rome*, 958. Dépêche du 13 juillet 1824.

n'alla jamais plus loin, le cardinal ayant sans
doute interprété le silence d'Artaud comme
un signe des dispositions fâcheuses du gouvernement français. Un peu plus tard, l'idéc
revint sous une autre forme ; non que Léon XII
ait jamais voulu faire de Lamennais un cardinal (le fait est dénué de preuves et même
invraisemblable [1]) ; mais il est à croire, comme
Artaud le dit expressément, qu'il fut question

[1] Ce sont les Senfft qui, à trois reprises, ont insinué, puis
affirmé à Lamennais que Léon XII le voulait cardinal et l'avait
réservé *in petto* (Voir Forgues, I. p. 53; II, p. 18, 180. Lettres
du 15 novembre 1826, février 1829, janvier 1830). Lamennais relève vaguement le fait, dans une réponse du 28 février 1829, et d'une façon précise le 22 janvier 1830.

Les Senfft disaient ce qu'ils pensaient; mais leurs dires ne
sont pas des preuves. Léon XII savait, à n'en pas douter, que
le cabinet des Tuileries n'accepterait pas l'élévation de
Lamennais au cardinalat ; comment imaginer que ce pape,
dont la conduite fut toujours très circonspecte à l'égard du
gouvernement français, se serait arrêté à une décision en
travers de laquelle il aurait rencontré ce même gouvernement? Invraisemblable en 1824, ce dessein l'est plus encore
les années suivantes, parce que Lamennais est en opposition
plus ouverte avec les ministres de Charles X.

Reste le témoignage de Wiseman dans ses *Souvenirs des
quatre derniers papes*. Il est assez caractéristique; mais il
ne démontre rien : 1° parce que l'auteur cite de mémoire
une allocution consistoriale dont il ne donne pas la date
précise ; 2° parce que ce texte ne s'applique pas nécessairement à Lamennais ; 3° parce qu'enfin nous savons, par une
conversation du cardinal della Somaglia avec Artaud (dépêche
du 28 novembre 1826) que le personnage réservé dans l'allocution du 20 octobre était, non pas Lamennais, mais le prélat
Marchetti. — Au surplus, nulle trace du projet attribué à
Léon XII ne se rencontre ni dans la correspondance de
l'ambassadeur de France à Rome, ni dans celle du nonce de
Paris.

d'un titre d'évêque *in partibus* et que le projet
échoua par l'opposition qu'y mit le ministère[1].

Quoi qu'il en soit, il est indéniable que le
souverain pontife témoigna au pèlerin de 1824
une grande bienveillance, et que, dès cette
date, il l'eût volontiers retenu dans la ville
éternelle, à un titre quelconque. Si l'événement se fût réalisé, les menaisiens y auraient
applaudi et ils y auraient vu pour les idées du
maître mille chances de prévaloir dans les conseils du Saint-Siège. Cinq ans plus tard, Lamennais observait avec beaucoup de clairvoyance
que son influence eut été petite[2]. Et rien n'est
plus sûr. Son caractère impérieux, son impatience d'agir, ses plans de réforme universelle
étaient trop peu accommodés aux habitudes du
sacré collège et au tempérament personnel
de Léon XII ; inquiétant dès le début, bientôt
isolé des grandes affaires, « le fier breton »
— comme l'appelait Artaud — serait devenu,
pour le plus grand tourment de sa vie, le
témoin forcé et impuissant d'un gouvernement
ecclésiastique jugé par lui déplorable. Le pape
montrait qu'il avait pénétré l'homme, quand il
disait au cardinal della Somaglia : « c'est un
exalté » ; et au cardinal Turiozzi : « Ce français
est un homme distingué, il a du talent, de l'instruction, je lui crois de la bonne foi ; mais

[1] Artaud. *Histoire du pape Léon XII*, I, p. 270.
[2] Forgues, II, p. 18. Lettre du 28 février 1829.

c'est un de ces amants de la perfection, qui, si on les laissait faire, bouleverseraient le monde[1] ».

Le projet de retenir à Rome un personnage de cette trempe, tiendrait donc plus de la prudence que de la faveur; c'était, pourrait-on dire, un traitement médicinal que le pape avait en vue. En arrachant à l'excitation du milieu parisien, aux tracasseries d'un pouvoir maladroit, un publiciste exposé à manquer de mesure, on comptait l'assagir; la vertu apaisante de l'atmosphère romaine, la satisfaction du mérite reconnu, les conseils directs du Vatican auraient aidé à la cure; et ainsi le grand écrivain aurait été gardé de tous les hasards, sans rien perdre de sa puissance. Voilà, semble-t-il, en quelles bornes il convient de renfermer la bienveillance témoignée par Léon XII à Lamennais en 1824. La porter au delà est une imagination pure, en désaccord avec les faits certains, avec la psychologie du pape, avec la conduite tenue par Rome, dans les affaires publiques auxquelles mêla son nom le futur fondateur de l'*Avenir*.

Avant 1825, Lamennais s'était occupé de la religion dans ses rapports avec la politique.

[1] Arch. Aff. étr., *Rome*, 958, f⁰ 138, dép. du 9 août; f⁰ 205, Artaud au baron de Damas, 13 septembre 1824.

Ou n'a qu'à relever, dans ses premiers et deuxièmes *Mélanges*, ses articles du *Conservateur* et du *Drapeau blanc*, pour s'en rendre compte. Mais c'étaient là des vues de détail, des exposés partiels de la situation de l'Église en France. A son retour de Rome, le journaliste décida de dire sa pensée plus au long, dans une brochure qui révélât aux catholiques de notre pays où ils en étaient.

Ceux-ci apprirent donc que la société politique et civile régie pour la Charte de 1814 était athée; que cet athéisme dominait la famille aussi bien que la cité; et que la loi regardait la religion catholique comme une chose d'administration, à l'égal des théâtres et des haras. Pour beaucoup de fidèles qui avaient assisté avec émotion au *Te Deum* chanté à Notre-Dame devant Charles X, le 25 septembre 1824, pour célébrer son joyeux et chrétien avènement, les révélations de Lamennais durent paraître quelque peu paradoxales. D'autant que Montlosier venait de reprocher à Louis XVIII de chercher dans la religion l'appui de son trône, et qu'il s'apprêtait à dénoncer à l'opinion « le système » organisé par « la congrégation et les prêtres » — avec la complicité du pouvoir — pour s'emparer du gouvernement[1]. Qui avait raison du gentilhomme auver-

---

[1] *La monarchie française au 1er janvier 1824*, p. 243; *Mémoire à consulter sur un système religieux et politique,*

gnat ou du prêtre breton ? Les journaux se
partagèrent là-dessus, au gré des préférences
du parti qu'ils servaient. Et ces contradictions
ne firent qu'animer à la lutte le solitaire de la
Chênaie. Une brochure nouvelle mit en cause,
avec plus de vivacité encore, le gouvernement
royal. Il était ni plus ni moins accusé de coo-
pérer à une tentative de schisme et d'église
nationale.

Le sacre de Charles X à Reims, le discours
prononcé à cette occasion par le cardinal de
la Fare, le réquisitoire du procureur Bellart
contre le *Courrier* et le *Constitutionnel* pour-
suivis d'office pour avoir outragé la religion,
l'entrée de trois prélats au Conseil d'État, la
nomination de quelques évêques à la pairie,
la restauration de la faculté de théologie à la
Sorbonne, semblaient témoigner que le roi de
France entendait honorer et aider l'Église en
fils de Saint-Louis. Mais, aux yeux de Lamennais, ces actes s'expliquaient autrement ; ils
amèneraient plus de servitude que de protec-
tion ; et en tout cas ils n'apportaient aucune
atténuation à la prétention avouée par le gouvernement de restaurer, dans la nouvelle Église
gallicane, tous le gallicanisme de l'ancienne.
Le ministre des affaires ecclésiastiques venait

p. 17, 76. — Ce dernier ouvrage est de 1826 ; mais les idées
en avaient été développées dès 1825, par Montlosier, dans
une série de lettres publiées dans le *Drapeau blanc*.

de reprendre, comme au nom du pouvoir, la théologie de 1682, et une circulaire ministérielle avait enjoint aux professeurs de séminaire d'enseigner la doctrine des quatre articles. Logiquement, c'était dresser une chaire, contre la chaire de saint Pierre. Aucune protestation ne pouvait empêcher les faits d'avoir cette signification et cette portée. Or, sans le pape infaillible et souverain, point d'Église ; sans Église point de christianisme ; sans christianisme, point de religion. La rigueur des raisonnements, comme l'étude de l'histoire, démontrait la liaison inévitable de ces trois propositions. Dès lors — et quelles que fussent les intentions de ceux qui, en remettant sur pied le gallicanisme, dressaient un bélier contre les murs de la cité temporelle comme de la cité spirituelle — la conséquence était certaine : « ce système athée, si rien n'en arrête le développement, anéantira la société humaine et le genre humain même » ; seule l'Église survivra à cette ruine universelle « et s'élèvera au séjour qui lui est promis, en chantant l'hymne de l'éternité. »

Ces mots sont les derniers par lesquels s'achève le livre *De la religion considérée dans ses rapports avec l'ordre civil et politique*. La perspective qu'ils ouvrent au lecteur surpris, est toute semblable à celle qu'entrevoyait Platon, quand il écrivait dans son traité des

Lois ces paroles prises par Lamennais pour épigraphe : *Omnis humanæ societatis fundamentum convellit, qui religionem convellit.* Mais un apologiste du christianisme comme Frayssinous avait peine à reconnaître qu'il travaillât à bouleverser la société, en se proclamant le disciple de Bossuet ; et Picot, dont la plume s'occupait à écrire l'histoire ecclésiastique de notre xviiiᵉ siècle, ne pouvait saisir comment le gallicanisme l'empêchait d'être l'ami de la religion et du roi. La cour et la ville le comprenaient moins encore. De même le vieux clergé. Seuls, ou à peu près, les jeunes prêtres battaient des mains au langage de Lamennais. Cette profession de foi ultramontaine, cette logique absolue, ces dures leçons données au pouvoir les ravissaient d'aise : elles satisfaisaient à la fois leur sens catholique, leur inexpérience de la vie et la générosité de leur âge. Sur l'autorité d'un écrivain de génie, dont ils révéraient le magistère comme celui d'un Père de l'Église, ils étaient persuadés que le malheur capital des temps modernes était de dénier aux pontifes romains la puissance et le rôle incarnés dans le nom de Grégoire VII ; ils voyaient, dans les gàllicans du parlement et de l'épiscopat, les pires ennemis de la foi et de la grandeur nationale.

Cet état d'esprit était pour Lamennais un sujet de consolation et d'espoir ; son âme, froissée de mille contradictions, s'épanouissait au rayonnement d'une sympathie grandissante; l'avenir lui paraissait moins sombre, quand il regardait le clergé destiné à former la conscience des générations nouvelles[1].

Le gouvernement, au contraire, s'inquiétait d'un ultramontanisme aussi décidé, en voie de se répandre par tout le pays. Tout en jugeant excessives les préoccupations de Montlosier, il avait les siennes. S'il eût pu y réussir, il aurait aimé à solidariser l'épiscopat tout entier, dans une déclaration de principes respectueuse de Rome et favorable à l'indépendance des princes. L'entreprise ne put aboutir comme on l'eût rêvée. Frayssinous, ainsi qu'il convenait à l'auteur des *Vrais principes de l'Église gallicane*, rédigea bien le manifeste; mais il manqua au bas nombre de signatures; celles qui y furent apposées à Paris même avaient le malheur d'être données par des prélats que leurs relations particulières avec le pouvoir semblaient condamner d'avance à servir docilement ses vues; les adhésions qui suivirent, outre qu'elles furent sollicitées par une circulaire ministérielle de Frayssinous, ne dépassèrent pas la trentaine et elles étaient si peu concordantes que le *Moniteur* n'en publia pas le texte[2].

[1] Forgues, I, p. 234. Lettre du 26 février 1826.

[2] Les quatorze signataires de Paris furent les archevêques

On devine si de pareils combattants pouvaient faire reculer celui qui avait juré dans son cœur d'exterminer le gallicanisme. La magistrature — que le gouvernement commit la maladresse de lancer avec l'épiscopat à l'assaut des doctrines ultramontaines — ne fit qu'exaspérer le théologien qu'elle condamna par un arrêt aussi ridicule que solennel [1]. Les brochures des amis de Frayssinous, en étendant la polémique, l'envenimèrent [2]. Lamen-

de Sens, Reims, Aix, Besançon, Bourges, l'ancien archevêque de Toulouse, les évêques d'Amiens, Autun, Évreux, Montpellier, Nantes, Quimper, Strasbourg, Tulle. — Les archevêques de Sens et de Besançon, l'ancien archevêque de Toulouse, les évêques de Montpellier, d'Amiens et de Quimper étaient membres de la commission épiscopale, alors réunie au Louvre pour l'exécution de l'ordonnance royale, du 20 juillet 1825, portant institution à Paris d'une « école de hautes études ecclésiastiques » ; l'archevêque de Sens était membre du conseil privé ; les archevêques de Besançon et de Reims, l'évêque d'Autun étaient membres du conseil d'État ; l'évêque de Strasbourg était précepteur du dauphin.

[1] Ce jugement (22 avril 1826) prononçait la saisie de l'ouvrage de Lamennais, plus une amende de 30 francs.

[2] L'abbé Clausel de Coussergues se distingua par son ardeur dans cette polémique : *Lettre d'un grand vicaire à un homme du monde; Quelques observations sur le dernier écrit de l'abbé de Lamennais; Nouvelles observations ; Dernières observations.* Mgr Clausel de Montals y alla d'un mandement et M. Clausel de Coussergues, conseiller à la cour de Cassation, d'un article dans la *Quotidienne.* Avec Boyer, les trois Clausel étaient parents et compatriotes de Frayssinous. Ce qui faisait dire à Lamennais, dans une cruelle réplique insérée dans le *Mémorial catholique :* « Par le seul dévouement des siens, Mgr d'Hermopolis a pu s'entourer d'une sorte de concile domestique. »

nais, aidé de ses disciples du *Mémorial catho-lique*, profita de toutes les occasions qui s'offraient d'affirmer ses idées. Dans tous les séminaires, dans tous les presbytères de France, il n'y eut plus qu'une question : Valait-il mieux suivre les *Aphorismes* de Lamennais ou l'*Antidote* du sulpicien Boyer[1]? Exalté par la lutte, l'intrépide champion ne voyait autour de lui que des pervers faisant la guerre à la vérité ou des lâches qui tournaient le dos à l'ennemi.

Le silence du pape lui était une énigme. En regardant du côté de Rome, il disait triste-ment : « On est bien faible là où l'on devrait être si fort[2]. » Persuadé que ses brochures virulentes étaient un acte nécessaire, com-mandé par le service de la religion, il n'arri-vait pas à comprendre comment les chefs de la hiérarchie demeuraient dans une réserve expectante. Seule la mort à brève échéance du gallicanisme, sous les foudres du Vatican, pouvait sauver l'Église et l'État. « On s'étonne du silence de Rome, écrivait-il, et personne ne peut savoir ce que deviendrait cet éton-nement, s'il se prolongeait. Il y a des moments qu'il faut saisir et qui ne se représentent pas.

---

[1] Les *Aphorismata* étaient un simple feuillet de Lamennais contre la déclaration de 1682. Boyer y répondit par l'*Antidote contre les Aphorismes*.

[2] Forgues, I, p. 234. Lettre du 26 février 1826.

Une autre chose qu'il n'est pas moins important de concevoir, et qui tient à l'état des esprits et de la société, c'est que, si l'on parle, on doit parler très franchement et très fortement. La moindre hésitation, le moindre ambage réduirait presque à rien l'effet du jugement prononcé ; le courage de là vérité et de l'autorité, la confiance dans leur force, est aujourd'hui la politique la plus sûre et la vraie prudence. Paraître craindre c'est être vaincu. Voilà ce qu'on ne se persuadera jamais assez. De plus, si l'on ne va pas droit au fait, on continuera de disputer éternellement. Les distinctions, les subtilités perpétueront la querelle, et finiront par jeter du ridicule sur le fond même de la doctrine... Dieu veuille qu'on ne se laisse pas gagner par le temps[1]. »

Telles étaient les idées arrêtées de l'ardent polémiste sur les devoirs de Rome. On doit juger 'de sa stupeur quand ses adversaires se mirent à répandre le bruit que Léon XII, loin de soutenir les ultramontains de France, les désavouait[2]. Lamennais para d'abord le coup, comme il put, répondant qu'il ne ré-

---

[1] *Ibid.*, p. 239. Lettre du 18 mars 1826. — Dans le même sens, lettres du 1er avril (p. 243), du 8 juillet (p. 257), du 9 août (p. 261).

[2] Clausel de Coussergues, le député, affirma le fait, dans une brochure d'abord, puis dans la *Quotidienne* du 22 août 1826 la *Gazette de France* y fit écho.

pondrait rien, et que le temps dissiperait vite
les illusions des gens assez crédules pour se
fier à des allégations audacieuses. (*Quotidienne*,
23 août.) En réalité, il était embarrassé et
inquiet. Pour sortir d'embarras et d'inquiétude, il écrivit à son ami Ventura et au nonce
de Paris[1]. Délivré à peine d'une crise car-
diaque qui avait mis sa vie en danger, à la
veille de partir pour les Pyrénées, il demandait à Mᵍʳ Macchi lumière et force.

« Je crois de mon devoir de vous soumettre
quelques observations fort importantes sur
l'état actuel de la controverse avec les gallicans. Ils ont cessé de répondre aux preuves
qu'on leur oppose ; écrasés par ces preuves, ils
redoutent la discussion et la fuiront désormais
de plus en plus. Sous ce rapport, le triomphe
des doctrines catholiques est complet. Mais, à
défaut de raisons, les adversaires de Rome ont
recours en ce moment à un autre moyen pour
ruiner la vérité dans les esprits. Ils font parler le souverain Pontife et, par une impos-
ture très dangereuse, ils mettent dans sa
bouche les louanges les plus expresses de la
déclaration du 3 avril et un désaveu formel
de ceux qui soutiennent ses propres sentiments. Je sais bien que tout cela n'est qu'un
grossier mensonge ; mais si ce mensonge n'est

---

[1] Voir la lettre à Ventura dans *Études*, 5 mars 1910.

pas relevé, il passera sans aucun doute pour une vérité constante, et l'attachement même des catholiques français pour le pape les précipitera dans le gallicanisme. Cette conséquence est inévitable. D'un autre côté, les défenseurs du Saint-Siège et de ses doctrines se trouveront dans la position la plus difficile et la plus fausse, puisqu'ils paraîtront en hostilité contre Rome, en continuant de combattre pour elle.

« Le sort de la religion dans ce pays peut dépendre du parti qu'on prendra. Les conjonctures, n'en doutez pas, sont graves et pressantes. On met audacieusement en scène le Saint-Père lui-même ; on s'autorise de lui pour propager des maximes de schisme ; et les imposteurs seront crus, si l'on garde le silence ; se taire, lorsqu'on affirme de semblables faits, c'est les avouer. Pour moi, je mets toute ma confiance en Dieu ; c'est devant lui que je vous écris ; j'ai voulu acquitter ma conscience, voilà tout. »

Ces lignes sont du 26 août 1826. Elles furent immédiatement transmises à la secrétairerie d'État par Mgr Macchi. Le cardinal della Somaglia répondit que le fait dont on s'enquérait avec tant de sollicitude était controuvé[1]. Avant même de recevoir cette dépêche con-

---

[1] Arch. Vat. Corr. Nonc. Lettre du 9 septembre 1826.

solante, le nonce avait fait savoir, dans une visite, ce qu'il pensait de l'incident; il ne voyait là que des caprices de chien aboyant après la lune[1]. Mais il était bien impossible à l'âme mélancolique et violente de Lamennais de prendre les choses avec cette philosophie enjouée. Calmées pour un temps, ses appréhensions ne devaient pas tarder à reparaître plus vives.

Quelle était donc précisément, sur la situation politico-religieuse, la pensée de Rome?

Le nonce apostolique à Paris, Mgr Macchi, n'était pas arrivé dans notre pays sans instructions. Quand il était venu, en 1819, reprendre la place dont un geste violent de Napoléon avait chassé Caprara, dix années auparavant, on n'avait pas manqué de lui dire comment il devait se conduire à l'égard du gallicanisme. A tout prix, il devait éviter que le clergé de France souscrivît de nouveau les articles de 1682. Cependant, on lui recommandait la prudence, la circonspection, les ménagements; on lui rappelait que si la déclaration avait été cassée et annulée par les souverains Pontifes — notamment par Innocent XII et Pie VI — la doctrine même des quatre articles n'avait fait l'objet d'aucun

---

[1] C. de Ladoue. *Monseigneur Gerbet*, I, p. 334. Lettre d'Ange Blaize à Lamennais, racontant la visite du nonce.

jugement direct et formel de Rome[1]. C'est
dans ces avis de sa Cour, et non dans les
diatribes de Lamennais, que le nonce cherchait la règle de sa conduite.

Les attaques très nettes contre la déclaration de 1682 étaient loin de lui déplaire. Il
s'était empressé d'envoyer au cardinal della
Somaglia un exemplaire de *La religion considérée dans ses rapports avec l'ordre civil et
politique*. Au premier bruit que Lamennais
pourrait avoir à répondre de son livre devant
les tribunaux, il avait multiplié les démarches
auprès des ministres et du président de la
cour, pour empêcher ce scandale et cette
faute[2]. Quand le procès eut lieu, il en fut
navré[3]. A l'égard de l'ouvrage et de l'auteur,
son sentiment vrai était fait d'admiration et
de reconnaissance. Dans un pays où les
libertés gallicanes étaient dans la bouche de
tous, et l'ignorance de la matière extrême,
Lamennais venait d'écrire un livre fort et
lumineux qui manquait[4] et il n'y avait qu'à
louer le courage avec lequel il s'était exposé
à mille ennuis pour la défense du Saint-Siège[5].
Puis le nonce ajoutait :

[1] Arch. de la Nonc. de Paris.
[2] Arch. Vat. *Corr. Nonc.*, Dépêches des 4 et 15 mars 1826.
[3] *Ibid.*, Dépêche du 24 avril 1826.
[4] *Ibid.*, Dépêche du 4 mars 1826.
[5] *Ibid.*, Dépêche du 15 mars.

« Quelques personnes bien pensantes taxent d'imprudence M. de la Mennais, comme s'il avait voulu par son livre jeter une bombe et faire de l'éclat. Il serait certainement plus sage et meilleur de ne point agiter de pareilles questions, spécialement dans un royaume comme celui de France à l'heure actuelle. Mais si la prudence doit plaire, si elle me plaît à moi aussi et si j'en use quand elle est nécessaire, cependant je ne suis pas d'accord avec ceux qui blâment l'auteur de cet écrit; j'en loue au contraire le courage et le mérite. Tandis que nous avons la douleur, depuis un an, de voir imprimés tant de livres dénigrant odieusement la religion, le Saint-Siège, le clergé; tandis qu'on n'en finit pas de déclamer, sous le couvert des libertés gallicanes, contre le catholicisme...; tandis que Mgr Frayssinous a jeté de nouveau dans le public la question des quatre articles, en rééditant un livre en leur faveur...[1], c'est un vrai mérite de la part d'un ecclésiastique français d'avoir élevé la voix avec zèle pour venger la vérité, défendre le Saint-Siège, la religion, le clergé et le trône lui-même.

« J'en conviens, il y a dans le livre des expres-

---

[1] La troisième édition des *Vrais principes* avait paru en janvier 1826, avant l'écrit de Lamennais. Le nonce l'avait renvoyée à Rome sans réflexion d'aucune sorte; de même l'*Andettio* de Boyer.

sions très fortes, et des personnalités capables
d'irriter. Si l'abbé de la Mennais m'avait consulté avant d'écrire, je n'aurais certainement
pas omis de lui faire à ce sujet mes justes
observations. Mais il ne m'a parlé de son
dessein, qu'au moment où l'ouvrage était
sous presse, et le fait est que des personnes
d'une intelligence et d'un savoir reconnus,
après avoir lu le livre, l'ont déclaré admirable.
Il produit très grand effet [1]. »

A Rome, l'impression était moins favorable.
Éloignés du théâtre de la polémique, le pape
et le secrétaire d'État apercevaient et sentaient, moins vivement que le nonce, le détail
des circonstances qui justifiaient le livre de
Lamennais; très attentifs à ménager l'épiscopat et le gouvernement, ils étaient choqués
qu'un prêtre eût osé maltraiter l'un et l'autre ;
entourés de docteurs habitués à éplucher
les textes, ils étaient frappés de certaines
entorses données à la doctrine et qu'une lecture rapide n'avait peut-être pas permis à
Mgr Macchi d'apercevoir.

Léon XII, comme son ministre à Paris,
avait eu grand déplaisir des écrits de Montlosier, de l'arrêt prononcé par la cour royale
dans le procès du *Constitutionnel* et du *Courrier*, de la déclaration signée par les évêques

---

[1] *Ibid.*, Dépêche du 15 mars 1826.

français le 3 avril, de la condamnation de Lamennais pour sa brochure. L'ambassadeur de France à Rome avait reçu des doléances, que le nonce avait répétées à Paris[1]. Mais, tout en regrettant ces incidents fâcheux de la vie politique, le souverain Pontife et ses conseils se refusaient à y voir le prélude d'un schisme prochain. La piété personnelle de Charles X, et surtout les dispositions de l'épiscopat, leur défendaient de croire qu'on fût à la veille de recommencer l'œuvre de la Constituante, et de séparer la France du centre de l'unité catholique.

Et tel est aussi le sentiment de Mᵍr Macchi.

Bien qu'il sache gré à Lamennais de défendre l'ultramontanisme, il désapprouve ses violences ; à l'égard du prince et des évêques, il n'a rien, dans son âme, des amertumes et des soupçons qui remplissent le cœur et les livres de l'illustre écrivain.

Jamais il ne rend compte des audiences du Château, sans marquer les bons soins du roi à l'égard de la religion. Ses conversations avec les prélats ne lui laissent aucun doute sur leur dévotion au Saint-Siège. Dans la déclaration du 3 avril, il était dit : « Nous condamnons avec tous les catholiques ceux qui, sous prétexte de libertés, ne craignent pas de

---

[1] *Ibid.*, Dépêches des 24 avril, 31 juillet, 21 août.

porter atteinte à la primauté de saint Pierre
et des pontifes romains ses successeurs, ins-
tituée par Jésus-Christ, à l'obéissance qui leur
est due par tous les chrétiens, et à la majesté
si vénérable aux yeux de toutes les nations
du siège apostolique, où s'enseigne la foi et
où se conserve l'unité de l'Église. Nous nous
faisons gloire, en particulier, de donner aux
fidèles l'exemple de la plus parfaite vénération et d'une piété toute filiale envers le Pontife que le ciel, dans sa miséricorde, a élevé
de nos jours sur la chaire du Prince des
Apôtres[1]. » C'est sans doute en pensant à cet
alinéa que Quélen apercevait dans la déclaration du 3 avril un triomphe pour Rome,
auquel il applaudissait[2]. Sans se laisser aller
à un pareil enthousiasme, le nonce garantis-
sait que les sentiments exprimés dans ces
lignes étaient réellement ceux de l'épiscopat.

D'autre part, la déclaration du 3 avril, sans
oser rappeler par son nom la déclaration de
1682, en renouvelait timidement la doctrine,
en qualifiant d' « étranges » les « censures
prononcées sans mission et sans autorité »
par Lamennais, contre « les maximes reçues
dans l'Église de France ». Plus hardis concernant l'autorité des papes sur le temporel
des rois, les prélats affirmaient que l'opinion

[1] *Moniteur* du 12 avril 1826.
[2] Arch. Vat. *Corr. Nonc.* Dépêche du 24 avril 1826.

soutenue dans *la Religion considérée dans ses rapports avec l'ordre civil* était « née du sein de l'anarchie » au moyen âge ; qu'elle avait toujours été « repoussée par le clergé de France » ; qu'elle était aujourd'hui « tombée dans un oubli universel » ; qu'elle n'avait «aucun fondement dans l'Évangile, ni dans les traditions apostoliques, ni dans les écrits des docteurs et les exemples des saints personnages qui ont illustré les plus beaux siècles de l'antiquité chrétienne ».

De telles opinions ne pouvaient avoir l'approbation du nonce ; de son mieux, il s'efforçait de les combattre. A ce sujet, voici ce qu'il écrivait au cardinal secrétaire d'État :

« C'est spécialement avec les deux archevêques de Bourges et de Besançon [1], que j'ai eu l'occasion de m'expliquer amplement au sujet du premier article de la fameuse déclaration du clergé de France, et sur les maximes de Rome, touchant l'autorité des papes sur le temporel des rois. Persuadé qu'on n'a ici, en général, que des idées confuses sur ce que nous tenons pour vérité irréfragable dans la matière — comme si nous prétendions que le pape est maître absolu de donner à son gré ou d'enlever les couronnes — j'ai voulu nettement poser les principes et préciser les cas dans

---

[1] Mgr de Villèle et Mgr de Villefrançon.

lesquels l'autorité pontificale a eu autrefois,
et a encore le droit de s'exercer à l'égard du
temporel des souverains catholiques.

« Je leur déclarai donc ceci. Nous admet-
tons l'indépendance réciproque des deux puissances ; et la séculière ne dépend point de la
spirituelle, dans les choses purement civiles et
les politiques qui seraient sans rapport aucun
avec la religion. Que si le souverain, agissant
en matière civile, porte atteinte aux lois et à
la discipline de l'Église, le souverain Pontife,
à qui il incombe de les conserver intactes,
a le droit de réclamer, d'avertir et de remontrer ; car en ce cas, le souverain est sujet du
chef suprême de l'Église dont il est le
membre. Ainsi ont agi les papes en tout temps.

« Si par malheur il arrivait, comme il est en
effet arrivé au témoignage de l'histoire, qu'un
souverain catholique devint ouvertement
schismatique, persécuteur de l'Église, qu'il
abusât de son pouvoir, pour séparer les
sujets de l'Église et ruiner dans le peuple la
religion divine, par des actes de véritable
tyrannie ; le souverain Pontife peut intervenir,
(et il est intervenu quelquefois en semblable
occurrence) pour sauver les âmes des fidèles,
dont il est le père et pasteur suprême ; non
point en soulevant les peuples en armes
contre le prince, mais en usant des moyens
que Jésus-Christ, fondateur et défenseur

éternel de l'Église, a mis aux mains de son vicaire sur la terre, et sans lesquels la religion n'aurait plus les garanties nécessaires à son maintien. Telles sont les admonitions, les prières publiques, les censures ecclésias- tiques en cas d'obstinée résistance, et même encore, si l'extrême nécessité et le comble des maux l'exigent, le recours à des mesures plus énergiques, comme de délier les sujets du serment de fidélité, de déclarer les souverains déchus de ce pouvoir dont ils se servaient pour détruire la religion et ruiner les peuples.

« Telles sont les explications que j'ai don- nées de nos doctrines : et les prélats que j'ai nommés plus haut n'hésitèrent pas à s'y ranger [1]. »

Mêlés à cette conversation du nonce, d'autres évêques auraient conclu sans doute comme les archevêques de Besançon et de Bourges. Et Lamennais l'aurait constaté peut- être sans trop de surprise [2]. Quant au cardi- nal della Somaglia, il s'empressa d'assurer Mgr Macchi que son exposé des idées romaines touchant le premier article de la déclaration de 1682 avait son approbation entière comme celle de Léon XII [3].

---

[1] Arch. Vat. *Corr. Nonc.* Dépêche du 22 juillet 1826.

[2] Forgues, I, p. 152. Lettre du 21 mai 1826. Voir aussi dans *Études* (5 mars 1910) une lettre à Ventura dans le même sens.

[3] *Ibid.*, Dépêche du 9 août 1824.

Au moment même où se tenaient dans les salons de la nonciature de Paris ces conférences théologiques, une des académies ecclésiastiques de Rome faisait publier et soutenir cent thèses de droit public[1]. Il parut au cardinal secrétaire d'État que ce feuillet de quatre pages pourrait avoir à Paris quelque utilité ; il en envoya au nonce des exemplaires en grand nombre ; le nonce fit voir à Lamennais ces thèses romaines ; Lamennais lui conseilla de les laisser dûment ensevelies dans le papier d'emballage qui les renfermait, car la publication d'un pareil écrit « n'offrirait aucun avantage et elle ne manquerait pas de coaliser les partis contre Rome, et d'exposer la religion à des conséquences désastreuses en France et en d'autres pays[2] ». Instruit du fait par le nonce, le secrétaire d'État répondit finement que celui qui donnait ces conseils était « quelque peu suspect », bien que son avis fût bon à prendre[3]. Les cent thèses de l'Union de saint Paul furent mises par Mgr Macchi aux vieux papiers.

Cet incident minuscule ne laisse pas que d'avoir sa signification. Rien n'est plus inof-

---

[1] *Theses ex jure publico ecclesiastico quas in suis experimentis proponunt censores Academiæ Cœtus S. Pauli Apostoli.*

[2] Arch. Vat. *Corr. Nonc.*, Dépêche du 21 août 1826.

[3] *Ibid.*, Réponse du 5 septembre 1826.

fensif que le manifeste de l'Académie romaine ;
comme le disait avec raison Mᵍʳ Macchi, c'est
un énoncé de la doctrine courante à Rome, en
matière de droit public ecclésiastique. Pourquoi donc Lamennais le redoutait-il comme
une bombe ? Ses propres écrits auraient-ils
reçu de l'explosion quelque éclaboussure ?
C'est la seule hypothèse à laquelle on puisse
s'arrêter, s'il est vrai, comme l'affirmera plus
tard Lambruschini, que le but des *Cent thèses*
était précisément de faire comprendre que
les idées menaisiennes n'étaient pas tout à
fait les idées romaines.

Et en effet, dans le livre de la *Religion con-*
sidérée dans ses rapports avec l'ordre civil et
politique, il n'y a pas seulement une réfutation
du gallicanisme ; pour combattre les doctrines
d'autrui, Lamennais est obligé d'indiquer au
moins les siennes. Il le fait d'autant plus
volontiers, qu'à cette date il avait déjà l'idée
d'un grand travail, quelque chose comme une
théorie générale de la société[1]. Voici donc
comme il conçoit les relations réciproques des
souverains, des sujets et de l'Église. La loi
divine est la condition essentielle du pouvoir ;
s'il la méconnaît, le pouvoir perd nécessairement ce qu'il avait par son origine d'invio-

---

[1] Allusion directe à ce travail dans des lettres du 27 juin et
9 août 1826 (Forgues, I, p. 255, 261) ; mais l'idée est antérieure.

lable et de sacré. Le droit de révolte résulte
du sentiment du juste et de l'injuste, comme
celui d'en appeler à l'Église dérive de la constitution même de la société chrétienne. Ni
l'histoire des papes, ni celle du genre humain
ne permettent de condamner les peuples à
une éternelle obéissance sous une éternelle
oppression. Précisément parce que l'autorité
n'est point la force, elle ne se conçoit que liée
au bien [1].

Ce ne sont là que des linéaments légers
d'une théorie qui plus tard sera plus nette et
plus continue. Mais déjà Lamennais est ferme
dans ces idées. Et il sait très bien, sinon par
ses conversations avec le nonce, du moins par
sa correspondance avec Ventura [2], que les doctrines qui ont cours à Rome sont autres que
les siennes sur les limites de l'autorité politique. Il veut se tenir dans la tradition. Le
soin qu'il prend de rassembler les textes des
Pères, des conciles, des papes et des théologiens, le montre. Mais l'outrance naturelle de
son esprit, ses théories philosophiques sur la
société, sa passion native de l'indépendance
l'emportent, dès 1826, au delà des bornes.

[1] *De la religion, etc.,* IIe partie, p. 105, 106, 107, 109, 131.

[2] Voir dans *Études* (5 mars 1910) la lettre écrite le 14 mai 1826
à Ventura, au sujet du volume de droit public publié par
celui-ci.

Les erreurs de l'*Avenir* sont déjà dans son esprit. Sous l'influence des événements, des méditations solitaires, de l'exaltation qui en résultera, elles ne tarderont guère à prendre leur complet développement.

CHAPITRE II

Lorsque Mᵍʳ Macchi quitta la nonciature de Paris pour prendre place dans le Sacré-Collège, Lamennais écrivit à ses amis les Senfft : « Il a été toujours fort bien pour moi[1]. » Ce bref éloge ne témoignait pas d'un goût bien vif pour le personnage disparu. A l'égard du successeur, les dispositions étaient autres.

Louis Lambruschini, archevêque de Gênes, était lié d'amitié avec l'auteur de l'*Essai* qui recevait volontiers ses lettres et ses avis[2]. Rien malheureusement ne subsiste de cette correspondance : toutes les recherches pour la retrouver ont été vaines. Mais le fait est certain. Il était connu à Paris comme à Rome, quand Lambruschini fut nommé nonce. Et si à cette nomination le gouvernement de

---

[1] Forgues, I, p. 314. Lettre du 5 mai 1827.

[2] Voir *Études*, 20 janvier 1910.

Charles X donna son agrément, c'est qu'il
était renseigné, de la façon la plus rassurante,
sur le caractère du nouvel ambassadeur du
pape. Dès l'automne de 1826, le consul de
France à Gênes écrivait au baron de Damas,
ministre des Affaires étrangères, le récit d'une
longue conversation qu'il avait eue avec
l'archevêque, sur les difficultés de la situation
religieuse en France. Au sujet de Lamennais
le prélat aurait dit : « Je connais beaucoup et
j'ai des relations intimes avec M. l'abbé de
la Mennais ; mais je connais de même l'exagération de ses principes ; je suis sûr que, si j'eusse
été à Paris, j'aurais empêché la publication
de son ouvrage ; car sans doute il ne voudra
pas être plus romain que moi. Je le reverrai
avec plaisir [1], comme je verrai avec le plus
grand plaisir Mgr de Frayssinous, et sans
aucune distinction. Je recevrai avec tous les
égards possibles le clergé français, quelles que
soient les différentes nuances de ses opinions.
Certes je dois être le soutien du pouvoir du
Saint-Siège, et c'est pour cela que Sa Sainteté
a daigné jeter les yeux sur moi ; mais, je le
répète, je n'oublierai jamais la modération,
l'esprit de conciliation, la charité que notre
sainte Église nous prescrit de suivre [2]. »

---

[1] A l'occasion de son voyage à Rome, en 1824, Lamennais
s'était arrêté à Gênes, pour voir Lambruschini.

[2] Arch. Aff. étr., *Rome*, 961, f° 237. Lettre du 19 octobre 1826.

Ces déclarations intéressantes étaient pleinement conformes à ce qu'on savait déjà au ministère des Affaires étrangères. A la fiu de janvier 1826, l'ambassadeur de France à Rome avait fait pressentir à son gouvernement sur qui porterait, disait-on, le choix du Saint-Siège pour la nonciature de Paris, et il s'exprimait en ces termes :

« Ce serait Mgr Lambruschini, religieux barnahite, et aujourd'hui archevêque de Gênes. Il est sans contredit un des hommes les plus distingués de l'Italie, pour l'esprit, le savoir et les talents qu'il a déployés dans des circonstances très difficiles. Il était le bras droit du célèbre cardinal Fontana. Le cardinal Consalvi l'a employé dans les négociations relatives aux concordats de Naples et de Toscane..... La confiance du cardinal Consalvi semble garantir la modération de ses doctrines. Mgr Lambruschini serait donc un homme complet, puisqu'on ajoute que son extérieur est distingué, qu'il s'exprime avec beaucoup de noblesse et qu'il parle parfaitement le français [1]. »

Les renseignements qui suivirent ces premiéres indications, ne firent que les confirmer : on aurait à Paris un homme de modération.

Dès le 1er mars 1826, le consul Schiaffino avait commencé à renseigner le gouvernement sur Lambruschini (*Ibid.*, *Rome,* 960, f° 119).

[1] *Ibid.*, Rome, 960, f° 3o. Lettre du 22 janvier 1826.

Le gouvernement, préoccupé de l'influence de Lamennais en deçà et au delà des monts, dut s'applaudir d'avoir agréé, parmi les candidats à la nonciature proposés par Léon XII, un prélat prêt au rôle de conciliateur.

Lamennais rêvait pour son ami Gênois un rôle bien différent. Instruit de bonne heure par les Senfft des desseins du pape sur l'archevêque de Gênes, il en avait témoigné une grande joie[2], et il les avait tout de suite chargés d'endoctriner le futur nonce : « Il est bien essentiel de lui faire sentir la nécessité d'une décision finale que toute la France attend [contre le gallicanisme]... Je voudrais que ce fût la déclaration même [de 1682] dans sa forme et teneur qu'on jugeât. Veuillez communiquer ces réflexions, en les commentant, à Mgr L[ambruschini]. Dieu veuille qu'on ne se laisse pas gagner par le temps[3]. »

Au milieu des ennuis et des luttes qui rem-

---

[1] Les négociations à ce sujet commencèrent dès le mois de décembre 1825 ; en mars 1826, la *terna* proposée au choix du gouvernement français portait le nom de Lambruschini en tête, suivi de ceux de Barbarini et Fieschi ; en mai, la nomination de Lambruschini était arrêtée ; en octobre, le prélat fit un long séjour à Rome ; il arriva à Paris le 8 février 1827.

[2] Forgues, I, p. 234. Lettre du 26 février 1826.

[3] *Ibid.*, p. 240. Lettre du 18 mars 1826.

plissent pour lui l'année 1826, Lamennais perd
de vue le personnage dont il espère tant. Mais
dès son arrivée à Paris, il le saisit, il l'exhorte,
il le presse, il lui expose ses vues sur l'état de
la société ; de là dépend « le plan qu'il faudra
bientôt ou tard adopter pour sauver les
débris de l'ordre du naufrage universel[1] ».
Pour être plus sûr d'opérer ce sauvetage,
Lamennais fit mieux encore que de prêcher à
Lambruschini ; il adressa un mémoire confi-
dentiel à Léon XII[2].

Dans ce mémoire, il ne manque pas de
guerroyer contre le gallicanisme. Les controverses qui venaient de le mettre aux prises
avec Affre, Boyer et les trois Clausel étaient
trop récentes et trop vives, les doctrines
exposées dans son livre *De la religion* lui
tenaient trop à cœur, pour qu'une pièce,
écrite afin de représenter au pape les maux
de l'Église de France, ne fit point mention des
quatre articles. Mais le regard de l'observa-
teur porte plus loin. A ses yeux, le phénomène
du gallicanisme ecclésiastique qui sévit en
France est lié au phénomène du philosophisme
politique et social professé par les rédacteurs

---

[1] *Ibid.*, p. 298. Lettre du 14 février 1827.

[2] Blaize (II, p. 311-340) a publié une partie de ce mémoire
d'après un manuscrit de son oncle ; j'en ai fixé la date ; j'en ai
publié les deux derniers chapitres inédits, d'après l'autographe
de Lamennais conservé aux archives du Vatican (Voir
Recherches de science religieuse, septembre-octobre 1910).

du *Globe ;* l'un et l'autre s'enracinent dans les principes individualistes et révolutionnaires du protestantisme. Et Lamennais en conclut que le souci de conserver dans la société les vérités nécessaires, doit amener le souverain Pontife à condamner une double série d'erreurs qui se tiennent et compromettent tout ensemble l'Église et l'État. D'autre part, le spectacle de l'Europe contemporaine est singulièrement suggestif ; partout les peuples aspirent à échapper au despotisme ; partout l'Église est privée comme eux de la liberté qui lui est due ; et les choses en sont venues à un point où désormais, selon toutes les vraisemblances, une longue paix ne saurait subsister entre les deux puissances non plus qu'entre les souverains et les sujets. Dès lors, pourquoi ne pas se préparer à des changements inévitables ? N'est-ce pas l'unique moyen de rendre moins périlleuse dans l'avenir une situation que tout annonce et que tout prépare ?

« Doit-on accepter comme un ordre stable et compatible avec l'existence même de l'Église, l'état de dépendance et de servitude où elle se trouve maintenant à l'égard des puissances temporelles ?

« Convient-il que les peuples qui cherchent une liberté raisonnable en elle-même, mais qui égarés par des guides pervers, la cherchent follement, parce qu'ils la cherchent hors du christianisme et hors de l'Église, continuent d'avoir un prétexte de s'éloigner d'elle, en la considérant comme l'alliée naturelle de tous les genres de despotisme ?

« Serait-il prudent de lier ou de paraître lier indissolublement la cause de l'Église à celle des gouvernements ennemis de l'Église, et cela au moment où ces gouvernements croulent de tous côtés ?

« L'Église peut-elle, sans danger extrême, rester longtemps encore dans une position telle que l'exercice de son autorité paraisse entièrement soumis au bon plaisir des princes ? Peut-elle et doit-elle consentir à demeurer dans l'espèce de nullité à laquelle on l'a réduite ? Et ne serait-il pas à craindre que tous les liens de cette société divine ne finissent par se rompre successivement[1] ? »

Nous avons là, formulé par Lamennais lui-même, le plan de conduite qu'il voudrait voir suivre par le Pontife romain. Dans ces lignes, qui sont de 1827, les idées essentielles du *Progrès de la Révolution* et de l'*Avenir* se retrouvent. Une seule chose manque, c'est l'absolue confiance en soi et l'emportement de n'être point écouté. Le réformateur garde encore quelque modestie : les questions soumises au

---

[1] Blaize, II, p. 334. — Mêmes idées dans la lettre du 14 mai 1826 à Ventura (Voir *Études*, 15 mars 1910).

pape ne sont, dit-il, « que de simples doutes
proposés à la décision d'une sagesse infaillible,
que le bégaiement d'un enfant plein d'obéissance qui élève vers son père une voix respectueuse et qui lui dit : voilà ce que je crois
apercevoir. » Malgré ces protestations sincères de déférence, la pensée de Lamennais
est plus arrêtée qu'il ne veut bien l'assurer.
En quelques alinéas, la conviction éclate avec
l'âpreté dont l'auteur a trop coutume. Et les
lettres intimes achèvent de nous révéler ce
que, dans le fond de son cœur, il pense du
silence et de l'inaction de Rome.

Avec sa circonspection native, Lambruschini se garda bien, au début, de contredire
Lamennais. Les premiers entretiens laissèrent
celui-ci très content. Il jugeait que le nouveau nonce était homme de savoir, d'expérience et d'observation ; il ne lui aurait reproché que de s'exagérer les difficultés de sa
tâche[1]. Mais au bout de quelques mois, le
désenchantement commença. C'était l'époque
où les feuilles jaunissent et s'apprêtent à
tomber. Le solitaire de la Chênaie écrivait à
la comtesse de Senfft : « Je ne compte plus
en rien sur la terre... *Là* [à Rome] d'où le

---

[1] Forgues, I, 298, 309, 329. Lettres du 14 février, 14 avril,
25 juin 1827. Dans le même sens, lettre à Vuarin, 5 avril 1827.
(*Revue des deux mondes*, 1er nov. 1905, p. 176), et encore
une lettre à Ventura, 28 nov. 1827 (*Etudes*, 20 avril 1910).

salut aurait pu venir, on dort ou l'on tremble.
Ou disait du successeur [de Mᵍʳ Macchi] : « Il
ne ressemblera pas à celui qu'il remplace. »
Mais voilà que les ordres viennent, on ne
veut pas changer de système ; il faut plier, il
faut flatter ; puis la séduction des grandeurs
dont l'éclat en impose, dont la faveur éblouit
et amollit ; puis enfin une position personnelle
à ménager : en voilà plus qu'il n'est nécessaire pour rejeter à la fin des temps les espérances de la foi [1] ».

Par moments, la confiance semble revenir.
Lamennais dit que le nonce est « un homme
d'un grand sens, d'un commerce sûr, d'un
caractère fort doux, qui connait bien l'état de
l'Europe et qui ferait beaucoup de bien, s'il
était possible d'en faire aujourd'hui [2] ». Malgré
les habitudes de temporisation excessive que
l'on garde traditionnellement à Rome, il y a
lieu de compter sur « les lumières supérieures » et « le grand caractère » de
Léon XII [3]. Mais ce mouvement optimiste ne
dure pas. En face des événements qui se
déroulent, amenant pour l'Église et l'État
une situation de plus en plus grave, les

---

[1] *Ibid.*, p. 350. Lettre du 2 octobre 1827. — Même note dans
une lettre à Vuarin, 27 novembre 1827. (*Rev. des Deux Mondes*,
1ᵉʳ novembre 1905, p. 177.)

[2] Forgues, I, p. 369. Lettre du 12 novembre 1827.

[3] *Ibid.*, p. 436. Lettre du 18 février 1828.

sombres pronostics envahissent l'esprit du prophète ; et ses plaintes amères recommencent : « Je ne crois pas, dit-il, que depuis que le monde est monde, il y ait eu un aussi prodigieux mouvement d'idées, au milieu du silence de tout ce qui est institué pour parler. Chaque flot a sa voix dans cette vaste mer ; le souverain de l'Océan se tait seul dans sa grotte [1]. » Surtout après l'affaire des ordonnances juin de 1828, ce fut comme une explosion de désespoir : « Rome, Rome où es-tu donc ? Qu'est devenue cette voix qui soutenait les faibles, réveillait les condamnés ? cette parole qui parcourait le monde, pour donner à tous, dans les grands dangers, la force de combattre ou celle de mourir ? A présent, on ne sait que dire : Cédez !... Si la perte nous vient d'où l'on devait attendre le salut, que reste-t-il à faire, sinon ce que disait le prophète : *Elongavi fugiens et mansi in solitudine* [2] ? »

La solitude où Lamennais pouvait s'enfermer n'était pas une thébaïde fermée à tous

---

[1] *Ibid.*, p. 444. Lettre du 2 mars 1828.

[2] Forgues, I. p. 476. Lettre du 2 octobre 1828. — Voir mon article sur *Lamennais et les ordonnances de 1828*, dans la *Revue d'histoire de l'Église de France* (mars 1911).

le mouvement de la vie contemporaine. S'il lui plaisait de se trouver en face des arbres de la Chênaie, loin des hommes, c'était pour méditer plus à loisir les plans de réforme dont l'application pourrait, à son sens, renouveler l'Église et le monde. Entre autres desseins, il conçut celui de fonder un ordre religieux.

Il existait alors des Trappistes, des Sulpiciens, des Lazaristes, des Pères du Saint-Esprit et des Jésuites. Dans ce dernier institut trois choses plaisaient à Lamennais : le but qui embrasse presque toutes les formes de l'apostolat, l'organisation très souple qui est faite de la journée du religieux, l'attachement spécial qu'on y professe au Pontife romain. Mais quoique personnellement lié avec un certain nombre de jésuites et proclamant volontiers la vertu de chacun d'eux, il pensait mal de tout le corps pris d'ensemble ; il déclarait tout uniment que « la constitution » donnée par saint Ignace à son œuvre était « essentiellement vicieuse », parce qu'elle contenait « quelque chose contre nature et d'opposé au véritable esprit du christianisme[1] ». Par ailleurs, au milieu des querelles politiques, philosophiques et théologiques du moment, les jésuites, tout en croyant user de finesse,

[1] Forgues, I, p. 240. Lettre du 18 mars 1826. — Sur les rapports de Lamennais avec les jésuites, voir *Études*, 5 juin 1908, 20 octobre 1909, 20 novembre 1910.

s'étaient, à son avis, rangés invariablement
du mauvais côté. Humainement leur perte
était certaine ; et avant cinquante ans, un
pape les supprimerait de nouveau : que faire
dans l'Église et dans la société, de gens
qu'on pouvait appeler « les grenadiers de la
folie[1] ? »

Un ordre religieux nouveau s'imposait
donc, dans lequel les vraies forces de la Compagnie de Jésus fussent captées, mais décu-
plées par une indépendance absolue vis-à-
vis du parti royaliste et de la monarchie, le
renoncement à tout esprit de corps, une
liberté plus grande laissée à l'initiative des
religieux, le souci de comprendre et de servir
les besoins des temps présents.

Une congrégation de prêtres existait dans
le diocèse de Rennes, destinée à diriger les
séminaires et à prêcher des missions. L'abbé
Jean de la Mennais en était le supérieur général. Ce fut le noyau du nouvel institut.
Féli y souffla son esprit. C'était un esprit de
zèle, de conquête, mais aussi d'humaine prétention et de chimère aventureuse. Il suffit,
pour le constater, de lire le premier chapitre

---

[1] *Forgues*, II, p. 42, 142. Lettres du 12 avril 1829,
25 juin 1830. — Je prends dans cette lettre du 25 juin 1830
l'expression « grenadiers de la folie »; mais l'idée qu'elle
traduit se trouve sous la plume de Lamennais bien avant cette
date. On sait que sa correspondance abonde en plaintes contre
les jésuites.

des constitutions écrites pour les religieux de
saint Pierre : les idées contestables qui ont
mené à la bataille pendant dix ans le polémiste de génie, retentissent en éclats sonores
dans l'œuvre du fondateur d'ordre. Celui-ci
entend mettre au service de l'Église et de
son chef une milice aussi fidèle que puissante; mais, par avance, il lie son action à
une philosophie de l'histoire, à une conception des rapports de l'Église et de l'État, à
à un système d'apologétique, aux doctrines
de l'*Essai sur l'indifférence*. « Rétablir dans
les esprits l'autorité du Saint-Siège; opposer
au vaste système d'erreur fondé sur le jugement privé un corps de doctrine fondé sur le
principe contraire; et le répandre par des écrits
de toutes sortes, par l'éducation cléricale et
laïque, la prédication et tous les moyens de
zèle qu'indiquent les circonstances; recréer
une science catholique en harmonie avec cette
doctrine et qui en découle tout entière » :
telles sont les vues essentielles dont la congrégation de Saint-Pierre doit être l'instrument. Lamennais le dit en propres termes[1].

---

[1] On trouvera le texte intégral du premier chapitre des
Constitutions de la Congrégation de Saint-Pierre, dans *Études*,
20 novembre 1910. J'ai rapporté dans cet article que, d'après
M. Le Mené, l'élection de Lamennais comme supérieur général
avait été secrète et cachée à l'évêque au moins assez longtemps. Des documents que j'ai vus, depuis cet article, m'ont
démontré que M. Le Mené ne parlait qu'à bon escient. Et

Que pouvait-on penser à Rome d'une pareille entreprise, à l'heure où celui qui en était le promoteur se préoccupa d'y faire savoir ses desseins ?

Malheureusement, il ne nous a pas été possible de trouver une seule dépêche de Lambruschini relative à cette affaire ; aucune réponse non plus du cardinal secrétaire d'État n'est en nos mains. Nous savons seulement que Ventura[1] eut commission de Lamennais — en 1828 ou 1829 — pour remettre au souverain Pontife les constitutions de la congrégation de Saint-Pierre et que Léon XII, en les acceptant, « daigna en faire les plus grands éloges ». Faut-il voir dans ces « éloges » autre chose que des paroles d'aimable politesse ? Ce n'est guère probable. Étant donné sa chaude amitié pour Lamennais et ses ressources oratoires, Ventura était certainement capable de faire valoir auprès du pape — et jusqu'à l'exagération — l'importance de

cela peut aider à comprendre comment, le 14 août 1831, le Directeur de l'Académie de Rennes parlait encore de Jean de Lamennais comme du fondateur et du supérieur de la congrégation des prêtres de Saint-Méen. (Arch. Nat. F^{17H} 63 245).

[1] Lui-même l'affirme dans une pièce dont nous parlerons au chapitre suivant. Il ne précise point la date du fait ; mais puisqu'il prétend avoir remis les constitutions à Léon XII, il faut nécessairement conclure que cette remise eut lieu avant le 10 février 1829, jour où mourut Léon XII, et après septembre 1828, date de l'acceptation des constitutions par les prêtres de Saint-Méen.

l'œuvre nouvelle. Mais Léon XII était par
caractère trop circonspect pour s'engager à
fond, dans une question dont il connaissait
les éléments à peine. Par ailleurs, le manuscrit des constitutions portait en épigraphe :
*Tu es Petrus et super hanc petram œdificabo
Ecclesiam meam;* la vie publique tout entière
de Lamennais n'était qu'une longue suite de
combats pour l'autorité pontificale; comment
le pape aurait-il retenu sur ses lèvres des
mots flatteurs, des louanges, à l'adresse de
qui voulait donner à son trône d'intrépides
défenseurs ? Il les dit paternellement, sans
aucun doute; laissant au temps, comme on a
coutume à Rome, de préciser les destinées de
l'ordre naissant et de fixer l'opinion qu'en
devait porter la sagesse[1].

Il ne faudrait pas croire que l'activité dévorante du solitaire de la Chênaie fût épuisée par
la création d'un nouvel ordre religieux. Moins
que jamais il abandonnait la lutte au grand
jour, pour le triomphe des idées dans lesquelles il voyait le salut de la société civile
et religieuse. Sa plume rapide et nerveuse
était toujours une épée de combat. A peine

---

[1] Jamais la Congrégation des Évêques et réguliers ne fut
saisie de l'affaire ; il n'y en a pas trace dans ses archives.

avait-il rassemblé autour de lui les recrues
dont il ferait les soldats du pape, qu'il était
prêt à s'élancer de nouveau dans la mêlée.
Lui-même disait du livre belliqueux, dont il
faisait à ses amis l'annonce :

« Il étonnera beaucoup de gens et déplaira,
je m'y attends, à presque tout le monde. Mais
j'ai dit ce que je crois vrai, et qu'il m'est
impossible de ne pas croire vrai, et cela suffit
à ma conscience. J'y combats à peu près tout
le monde : libéraux, royalistes, princes, ministres, et je ne crains que trop qu'un avenir
prochain ne justifie ce que je leur annonce. Il
n'y a plus rien à ménager dans ces temps de
dissolution universelle. La société entière
n'en peut plus. A quoi bon flatter cet agoni-
sant ? je lui dis qu'il mourra, mais je lui
montre une résurrection possible, et que les
désordres, les calamités, inévitables désormais, serviront à hâter selon les lois de la
Providence [1]. »

Le livre sur les *Progrès de la Révolution*,
agrandit encore le fossé qui séparait l'auteur
du nonce et du pape. En envoyant un exemplaire à Rome, Lambruschini disait : « Je n'ai
eu le temps que d'y jeter un coup d'œil très
rapide. Il m'a paru écrit d'un style excellent,
mais avec des exagérations. Il fera certaine-

---

[1] Forgues. I, p. 485. Lettre du 14 novembre 1828.

ment du bruit. A mon avis, l'ouvrage est au
moins intempestif et plaise à Dieu qu'au lieu
de faire du bien il ne fasse pas du mal [1]. »

Évidemment, le nonce ne contestait pas
que le salut de la société ne tint à un retour
sincère au christianisme tout entier; la fail-
lite inévitable du libéralisme et les inconsé-
quences du gallicanisme étaient manifestes à
ses yeux; autant que personne, il souhaitait
que l'Église jouit de la liberté réclamée par
ses origines et sa divine mission; ses dépêches montraient qu'il se rendait compte du
grave péril où se trouvait exposée la monarchie de Charles X, du fait que la politique du roi
consistait à se régler sur les exigences de
l'opposition. Dans ces lignes générales, la
pensée de Lambruschini ne divergeait guère
de celle de Lamennais. Mais s'il s'agissait de
l'attitude à garder à l'égard des libéraux, des
gallicans et du prince, les deux hommes
n'avaient plus que des avis tout opposés.
L'écrivain prétendait qu'il fallait abandonner
le prince, combattre à outrance les gallicans,
se rapprocher des libéraux; le prélat voulait
lutter sans merci contre les libéraux, ménager
les gallicans, soutenir le prince. L'un déri-
vait sa conduite d'une vue prophétique où il
apercevait une société nouvelle, voulue par la

---

[1] Arch. Vat. *Corr. Nonc.*, Dépêche du 13 février 1829.

Providence et dans laquelle la disparition de la monarchie et du gallicanisme étaient aussi certaines que l'épuration du libéralisme. L'autre, sans se piquer d'entrer dans les conseils divins, ni de lever les voiles de l'avenir, examinait un par un les éléments du présent ; et voyant un souverain légitime en train de se perdre par faiblesse, un épiscopat très solidement attaché à Rome, quoique royaliste et gallican, des politiciens concevant et réclamant la liberté à la manière des révolutionnaires, il concluait que la tactique inventée par l'auteur des *Progrès de la Révolution* était une faute, une injustice et un danger.

Les progrès de la Révolution ne déplurent pas moins à Mgr de Quélen qu'à Lambruschini, et le prélat crut devoir faire une protestation publique. Dans le mandement qu'il publia à l'occasion de la mort de Léon XII, il gourmanda Lamennais sans le nommer, parlant de son excessive confiance qui érigeait en dogmes ses opinions privées et de ses imprudences doctrinales qui ébranlaient la société dans ses bases mêmes. Conscient de sa force, tenant à ses idées comme à la vérité, exaspéré des résistances du gallicanisme qu'il travaillait depuis dix ans à tuer, Lamennais n'était pas homme à se taire sous un désaveu que sa discrétion n'empêchait pas d'être public. Coup sur coup, au printemps de 1829, parurent une *Première* puis une *Seconde lettre à Mgr l'archevêque de Paris*. Elles étaient vigoureuses jusqu'à la violence, animées jusqu'à l'emportement, hardies jusqu'à l'insolence. L'auteur y reprenait sa thèse sur le pouvoir pontifical en matière temporelle, et ne manquait pas d'éclabousser, chemin faisant, les pairs comme Frénilly, les prélats comme l'archevêque de Tours et l'évêque de Cambrai, qui s'étaient élancés à la défense de l'indépendance des trônes. A ses yeux, il n'était que cette manière de soutenir l'ultramontanisme traditionnel; et l'aveuglement le plus déplorable du gallicanisme consistait à ne point voir que la doctrine exposée dans les *Progrès de la Révolution* réalisait seule « l'alliance du pouvoir et de la liberté, condition nécessaire de l'existence sociale [1] ».

Lambruschini se fit un devoir d'envoyer à Rome les pamphlets menaisiens. Le trône papal était vide. En écrivant à Mgr Polidori, secrétaire du Sacré-Collège, le nonce de Paris disait tristement   « L'affaire dans son ensemble est bien amère, et pour qui réfléchit et calcule, elle ne peut pas ne pas faire naître des considérations graves. Je ne m'attarderai pas à signaler le scandale et les autres conséquences douloureuses qui dérivent de pareilles

---

[1] Forgues, II, p. 38. Lettre du 11 avril 1829 ; p. 40. Lettre du 17 avril 1829.

controverses à tout le moins inopportunes.
Pour le moment, je me bornerai à observer
qu'un coup d'œil rapide jeté sur cette lettre
m'a confirmé davantage encore dans l'opinion
que j'ai déjà marquée en de précédentes
dépêches, à savoir que l'auteur n'est pas
autrement théologien . Votre Excellence
remarquera facilement, même à une lecture
superficielle, trois ou quatre propositions
qui, à mon sens, sont passibles d'une censure [1]. » Le secrétaire du Sacré-Collège répondit
au nonce qu'il partageait sa manière de voir ;
Lamennais était un écrivain illustre, imprudent et inexact ; ses polémiques n'avaient
qu'un effet certain celui de troubler les
esprits et parmi le clergé et parmi les catholiques [2].

Les amis dévoués que Lamennais avait à

[1] Arch. Vat. *Corr. Nonc.* Lettre du 1er avril 1829. A ce sujet,
notons que contrairement aux affirmations répétées qui se trouvent dans la correspondance de Lamennais (*Forgues*, II, p. 19,
24, Lettres du 1, 9 mars 1829), il n'est pas démontré que Chateaubriand ait eu mission du gouvernement français de poursuivre à Rome la mise à l'index des *Progrès de la Révolution.*
Aucune trace du fait ne subsiste aux archives du ministère des
Affaires étrangères, non plus qu'à celles du Vatican. Un
article de la *Quotidienne* (14 juin 1829) attribue les poursuites
aux secrétaires de l'ambassade française à Rome. Mais que
vaut la simple assertion d'un correspondant anonyme?

[2] *Ibid.*, Lettre du 11 avril 1829.

Rome, ne lui laissaient pas ignorer qu'il avait
là des contradicteurs comme des partisans [1].
Et il en était d'autant plus affecté que Léon XII
— qu'il regardait comme son protecteur
fidèle — venait de mourir. « Quel sera son
successeur? écrit-il. Où est l'homme que la
Providence destine à conduire l'Église dans
ces circonstances critiques... Ces trois premiers mois décideront du pontificat du nouveau pape; s'il hésite, s'il ne sait pas entrer
tout d'un coup au milieu du siècle, nous con-
tinuerons de nous traîner comme nous avons
fait jusqu'ici. Je prie Dieu de tout mon cœur
de lui donner lumière et force [2]. »

Le 31 mars fut élu Pie VIII. Dès qu'il
l'apprit, Lamennais écrivit à son ami le comte
de Senfft : « Je partage la joie que vous a
causée l'élection du cardinal Castiglione,
ainsi que votre admiration pour son discours
dans le conclave : on ne pourrait dire plus ni
mieux le dire. Du reste, je ne l'ai point connu
personnellement, lors de mon voyage à Rome,
et j'ignore s'il parle le français. S'il l'entend,
comme je n'en doute pas, il verra les belles
choses que le *Courrier* et le *Messager* ont
dites de lui, les craintes et les espérances qu'il
leur inspire. Pour moi, sous le poids, car c'en
est un, d'une santé qui s'altère de plus en

---

[1] Forgues, II, p. 30. Lettre du 5 avril 1829.
[2] *Ibid.*, p. 15, 22. Lettres du 21 février, 12 mars 1829.

plus, je tourne toutes mes pensées vers un
autre monde, dont je sens avec joie que je
m'approche tous les jours, et je me borne à
faire des vœux pour que le chef invisible de
l'Église accorde à son vicaire, les lumières et
la force dont il aura besoin dans les graves
circonstances où il prend en main le gouvernement de la société chrétienne[1]. »

Écrites dans un moment de langueur
mélancolique, ces lignes, d'ailleurs sincères,
n'expriment pas les sentiments les plus profonds de Lamennais. Le spectacle de ce monde
visible était beaucoup plus présent que celui
de l'au delà, à ses yeux curieux et passionnés.
Vingt jours après la lettre qu'on vient de lire,
il traçait cette page fiévreuse : « Il importe
de savoir ce qui se passe *là* [à Rome], cōm-
ment on y juge, comment on y parle et enfin
ce qu'on peut s'en promettre pour l'avenir.
Ce repos au milieu d'un si prodigieux mouvement, ce silence au milieu du bruit de l'erreur
et du tumulte des opinions, cette apparente
neutralité entre le bien et le mal, le vrai et le
faux, est une grande épreuve pour la foi ; cela
ne s'était pas vu encore et les méchants en
triomphent ; ils se croient forts, parce qu'on

---

[1] *Ibid.*, p. 40. Lettre du 17 avril 1829. Dans le P. S. qui
termine sa *Seconde lettre à M. l'Archevêque de Paris*, Lamennais n'avait pas manqué d'inviter Quélen à demander au nouveau pape ce qu'il pensait du premier article de 1682.

se montre faible, ils croient pouvoir tout oser, parce qu'on ne résiste à rien. La voix qui depuis dix-huit siècles ne s'était pas tue un seul moment, est devenue tout à coup muette. Les peuples étonnés prêtent l'oreille, et se disent : « Le sanctuaire est vide, il n'en sort plus rien. » En vérité le monde est bien malade, et pourtant que de ressources encore, si seulement on voulait ! Mais Dieu a étendu un voile sur les esprits et il a dit à la puissance, comme au figuier de l'Évangile : *sèche-toi*[1] *!* »

Nous connaissons ce langage où se traduit, avec le zèle du bien, la superbe impatience d'un voyant dont les avis péremptoires n'ont point d'effet sur ceux qu'il voudrait conduire. A mesure que les mois s'écouleront, le prophète reprendra son refrain, avec plus d'âpreté ou de désespérance, et il finira par conclure « Que Dieu nous soit en aide, je n'espère qu'en lui[2]. »

Chose singulière ! tandis que Lamennais se demandait quand finirait le silence du pape, Lambruschini reçut à Paris une lettre, qui lui faisait craindre une disgrâce à Rome.

---

[1] *Ibid.*, p. 48. Lettre du 8 mai 1829.

[2] *Ibid.*, p. 56, 59, 61. Lettres du 15 juin, 5 et 6 juillet 1829. Mêmes plaintes dans une lettre à Vuarin. (*Rev. des Deux Mondes*, 1er nov. 1905, p. 184.)

La pièce était anonyme, mais écrite avec calme, précision et force. Ou y signalait des intrigues menaisiennes dont le comte Riccini[1] et Ventura auraient été les grands agents : le nonce de Paris était représenté en haut lieu comme ennemi personnel de Lamennais, et Riccini se serait fait l'écho de ces bruits, dans une audience accordée par Pie VIII. Soucieux de sa réputation auprès de sa Cour, convaincu de l'importance qu'il y avait à éviter tout imbroglio dans les problèmes soulevés autour de la personne de Lamennais, précautionneux par nature, Lambruschini se garda bien de mettre au panier le papier inquiétant que lui avait apporté le courrier de Rome. Il en envoya copie au cardinal Capellari, préfet de la Propagande, et y joignit un petit mémoire dont voici la partie essentielle : « A mon arrivée à Paris, j'ai dû me rendre compte que l'abbé de la Mennais pensait, non seulement influer sur ma conduite, mais la diriger, de manière à se servir de moi pour faire parler ouvertement le Saint-Siège contre le clergé de France, et dans le sens de ses opinions personnelles et notamment de son système philosophique du sens commun... Il me fit aussi des doléances amères sur les

---

[1] Riccini était envoyé extraordinaire du duc de Modène, à Rome. Sa femme était en correspondance avec Lamennais ; elle avait traduit en italien l'*Essai sur l'indifférence*.

retards du Saint-Siège à condamner les quatre
articles, me demandant si à Rome on voulait
être servi ou non. Je m'aperçus que l'abbé
voulait surprendre mes paroles, pour les
répandre au dehors comme miennes. Mais son
dessein échoua. Je me bornai à lui dire que la
conduite du Saint-Siège était dirigée par le
saint Esprit, qu'il devait s'en remettre pour
tout au jugement du Saint-Père, qu'il fallait
soutenir énergiquement le privilège de l'infaillibilité avec toutes les autres prérogatives
concédées par Jésus-Christ au chef de son
Église, et aussi défendre les droits du Saint-
Siège contre les ennemis de la religion.

« M. l'abbé de la Mennais est malheureusement l'ennemi de l'épiscopat, et l'épiscopat
de son côté se tient à son égard dans la plus
grande défiance. Le mépris de l'abbé vient
de son grand orgueil lequel lui fait accroire
qu'il a reçu de Dieu une mission particulière
pour révéler au monde la vérité ; il voudrait
que les évêques devinssent ses humbles disciples, et il ne peut supporter de les voir même
simplement indifférents à ses doctrines. La
défiance des évêques provient de la ferme
opinion où ils sont, que l'abbé de la Mennais
a une tête chaude, dont les idées ne sauraient
avoir d'autre résultat, que d'exciter une
guerre violente entre l'une et l'autre puissance, pour le plus grand détriment de la

religion. Les évêques vont même plus loin ; ils en arrivent à dire que si le Saint-Siège venait à censurer quelqu'une des opinions de ce prêtre, il lèverait le masque et se révolte-terait contre un enseignement du pape con-traire au sien.

« Tel est le véritable état des choses, et il est bon qu'il soit connu à Rome. Pour moi, j'ai toujours cru devoir accueillir avec bonne grâce les évêques, lesquels se montrent à mon égard excellents et fort prévenants ; et selon les occasions, avec prudence, j'ai fait sentir à ceux qui sont venus à Paris la nécessité de resserrer toujours davantage les nœuds qui les attachent au Saint-Siège, et de renoncer à ces fameux articles, nés dans des circons-tances troublées et qui furent justement désapprouvés et cassés par les souverains Pontifes. Tous ceux que j'ai pu voir m'ont dit qu'ils renonçaient de bon cœur aux deuxième, troisième et quatrième articles ; quant au premier, ils croient plus expédient pour le bien de l'Église, de s'en taire, et ils regret-tent hautement que M. de la Mennais ait très inopportunément soulevé le problème de la suprématie de l'Église sur le temporel des princes. Avec eux des personnes, aussi sages et aussi religieuses que M. de Bonald et M. de Marcellus, estiment qu'il ne peut s'en suivre que de pernicieuses conséquences.

« Il faut ajouter que malheureusement l'abbé
de la Mennais n'est pas un solide théologien.
Ne connaissant pas les classiques qui ont traité
de la matière, il a donné prise beaucoup trop
aux antiultramontains. Du reste, ce premier
article mis à part (et il convient à ce sujet de
procéder avec prudence) les prélats français
pensent bien maintenant. Et lorque j'ai eu à
craindre que le gouvernement voulût exiger
d'eux une déclaration portant que les doctrines
de 1682 seraient professées par leur clergé,
ils m'ont rassuré en me promettant que, si le
ministère poussait ses exigences à ce point,
ils s'y refuseraient. Avec de la sagesse, de la
douceur, je me flatte d'avoir quelque peu contribué à faire vénérer et aimer le Saint-Siège.
C'est mon invariable maxime — et je ne m'en
suis jamais écarté — de ne m'engager dans
aucun parti, mais de traiter avec les gens
de manière à les incliner à aimer les bonnes
doctrines. De l'abbé de la Mennais je ne parle
avec personne, et si quelqu'un m'en entretient
pour découvrir mes sentiments, j'ai toujours
soin de ne laisser échapper de mes lèvres
aucune parole ni de désapprobation ni d'approbation. Je crois, devant Dieu et en conscience,
que cette attitude était la seule qui convint à
un nonce de Sa Sainteté, et je n'aurais jamais
pensé que, malgré tant de précautions, je pourrais être victime de quelque calomnie. »

Après avoir observé qu'il faisait toutes ces réflexions, non pour se défendre, mais pour éclairer sa Cour, le nonce terminait en priant le cardinal Capellari de communiquer au pape tout le dossier envoyé et de vouloir bien lui donner une réponse [1].

Le préfet de la Propagande s'acquitta pouctuellement de sa mission confidentielle [2]. Il fut reçu par le Saint-Père. Et dès le lendemain de son entrevue avec Pie VIII, il écrivait à Lambruschini : « J'ai rempli ma commission avec le plus heureux succès, j'ai eu avec qui vous savez un long entretien et je lui ai laissé les deux intéressantes lettres. Je puis donc vous assurer qu'il pense très bien, qu'il est inexact que votre conduite lui ait été dépeinte comme l'assure l'anonyme ; et je suis autorisé à vous dire que vous pouvez être à cet égard parfaitement tranquille [2]. »

Lambruschini dut respirer plus librement, au reçu de cette lettre apaisante. Quant à Lamennais il était plus convaincu que jamais que Rome ignorait la véritable situation. « J'aurais bien des choses déplorables à vous raconter de celui que vous avez connu à G[ênes] : pauvre esprit, pauvre caractère, vanité étroite et mesquine, préoccupations ambitieuses, rien n'y

[1] Arch. Vat. *Dossier Lamennais*. Lettre du 7 septembre 1829.

[2] *Ibid.*, Lettre au pape, du 2 octobre 1829 ; les deux pièces envoyées par Lambruschini y étaient jointes en original.

manque. Lui aussi s'est prononcé, quoique avec plus de réserve[1], contre les défenseurs du trône apostolique, et ses paroles n'ont retenti que trop loin. Le peu de considération dont il jouit même parmi ceux qu'il flatte, en a seul atténué l'effet. Quel étrange état, mon ami, et qu'attendre de l'avenir, lorsqu'il est trahi par ceux mêmes à qui Dieu en a particulièrement confié le soin ? Je ne saurais me persuader que le pape connaisse le véritable état des choses ; il est trompé, indignement trompé par les hommes qu'il emploie. Oh ! avec quelle ardeur je demande à Dieu qu'il fasse parvenir la lumière jusqu'à lui, et qu'ensuite il lui donne le saint courage de la foi, qui sauva le monde il y a six siècles et qui pourrait le sauver encore ! Il y a une force morale qui se communique ; qu'il parle aux âmes, elles lui répondront. Mais le silence, mais l'abandon de soi, mais la crainte qui fléchit, qui cède tout et dissimule tout, c'est la mort[2]. »

Puisqu'on se taisait là où l'on aurait pu et

---

[1] Ce passage vise les conversations qu'aurait tenues, à Marseille, le nonce du Brésil, Ostini. (Voir là-dessus *Études*, 5 juin 1910.)

[2] Forgues, II, p. 115, 8 février 1830. — Même note, et plus lugubre encore, dans une lettre du 12 avril 1830 ; et dans les lettres à Ventura du 1er, 21 mars 1830 (*Études*, 5 juin 1910).

dû parler, lui ferait entendre sa voix. Il se mit
à crier de toutes ses forces ; et ce fut comme
un rugissement qui ébranla tous les échos de
l'Europe.

La scène politique était d'ailleurs aménagée
pour le plus grand retentissement. En quelques jours, la monarchie de Charles X avait
été emportée, la Belgique et l'Italie s'étaient
soulevées, l'Angleterre, la Prusse, l'Autriche
se demandaient quelle attitude il convenait
de garder en face de la révolution, en France
la religion était laissée par le gouvernement
de Juillet en proie aux émeutes de la rue,
aux violences des clubs, à la dérision des
journaux et des théâtres. C'est alors que
Lamennais, laissant la solitude de la Chênaie,
accourut à Paris, sur l'appel de Gerbet, pour
lancer un journal nouveau : l'*Avenir*. Ce nom
annonçait de grands espoirs ; il obligeait
aussi à des leçons inouïes jusque-là. *Dieu et
la liberté :* tels étaient les deux mots que
l'*Avenir* portait en épigraphe, et ils procla-
maient hautement que ses rédacteurs n'entendaient être ni carlistes ni jacobins. Mais
les mouvements qui ébranlaient les trônes et
les idées de la vieille Europe, ne leur faisaient
pas peur. Lamennais disait :

« Liberté de conscience et d'enseignement,
liberté de presse et d'association, libertés
civiles et politiques, liberté de travail et d'in-

dustrie, tels sont nos droits naturels et nos droits acquis : que ceux qui tenteraient de nous en priver, quelque nom qu'ils prennent, de quelque prétexte qu'ils s'autorisent, nous trouvent devant eux debout, la tête haute, prêts à combattre et prêts à mourir, plutôt que d'en rien céder... que s'ils sont simplement menacés, la voie des réclamations nous est ouverte... on ne les écoutera pas, diront peut-être quelques personnes que préoccupent les souvenirs du passé... On ne vous écoutera pas ! Et qui oserait ne pas vous écouter ? Après tout, s'il arrivait qu'on fermât l'oreille à vos plaintes, qu'on repoussât vos justes réclamations, la loi a pourvu à ce déni de justice, comme elle a pourvu à la sûreté publique et au maintien de l'ordre, en créant les gardes nationales. Elle vous appelle à en faire partie, elle vous confie elle-même la défense de vos propres droits. S'ils vous étaient ravis, elle s'est absoute d'avance et vous ne pourrez en accuser que vous [1]...

« Qui possède le pouvoir en France ? Un souverain que nous a fait la révolution de juillet. A quel titre règne-t-il ? En vertu du choix national, sous la garantie des serments qu'il a prêtés de respecter nos droits à tous. Ou le pouvoir ne peut pas ou il ne veut pas être fidèle

---

[1] *Avenir*, 30 octobre 1830.

à ce qu'il a promis. S'il ne le peut pas, qu'est-ce que cette moquerie de souveraineté, ce fantôme misérable de gouvernement; et qu'y a-t-il entre lui et nous? Il est à notre égard, comme s'il n'était pas et il ne nous reste, en l'oubliant, qu'à nous protéger nous-mêmes. S'il ne le veut pas, il rompt le contrat qui nous liait à lui, il déchire son titre; car nous nous tenons obligés à lui être soumis, à le soutenir, mais à la condition expresse qu'il tiendra lui-même ses engagements envers nous. Sinon, non[1]. »

Tels étaient les accents passionnés et les principes douteux, avec lesquels Lamennais inculquait le droit d'insurrection aux catholiques comme aux libéraux; à l'heure même où la révolution déchaînée à travers l'Europe menaçait tous les gouvernements traditionnels. Il est vrai que l'*Avenir* mettait un égal courage, une égale conviction, un égal entraînement à revendiquer pour le pape le plein exercice de son pastorat suprême, et pour l'Église de France le respect de ses droits imprescriptibles. Mais ces alternatives mêmes de fierté chrétienne et d'agitation politique ne devaient-elles pas jeter les esprits dans une confusion plus grande? Aussi Lambruschini assistait-il aux combats livrés par le journal

---

[1] *Avenir*, 20 novembre 1830.

de Lamennais, avec plus d'inquiétude que de joie. Quelques semaines après les articles dont on vient de lire des passages, il écrivait au cardinal Albani, secrétaire d'État :

« Je le déclare franchement à Votre Éminence, si cette feuille rend des services à la cause de la religion, ses doctrines politiques m'épouvantent. L'abbé de la Mennais a de bonnes intentions, il est doué d'un talent supérieur, on le regarde avec raison aujourd'hui comme le premier et le plus éloquent écrivain de France ; mais il va trop loin, si loin qu'à mon avis il tend par ses principes à mettre la société dans un état de révolution. Je crains qu'il ne lui manque une plus grande humilité. Il a une foi solide ; mais il a conscience de son génie. Et dès lors il convient de le ménager beaucoup ; d'autant qu'il a le mérite d'avoir fait au gallicanisme une guerre à mort, si bien que celui-ci, peut-on dire, est comme à l'extrémité.

« Je l'ai déjà écrit, il vint me voir quand j'arrivai à Paris. Je l'accueillis avec la distinction qui était due à un grand esprit. Mais après lui avoir donné les éloges mérités par son zèle pour la religion, je lui fis des objections — avec les précautions nécessaires et en toute douceur et prudence — sur les bases mêmes de son action politique. J'avais l'espoir que la vue des conséquences que je déroulais à ses yeux pourrait l'arrêter. Chaque numéro de son journal me fait comprendre que j'ai perdu mes paroles. A ce qu'on m'a dit, il est entouré de jeunes rédacteurs plus excessifs encore que lui-même. C'est une nouvelle calamité, que les bons semblent conspirer au mal avec les méchants. Ici l'atmosphère, pour ainsi parler, n'exhale que libéralisme et démocratie[1]. »

Lamennais en serait demeuré d'accord avec Lambruschini ; mais au lieu de se lamenter sur le fait, il y applaudissait comme à un état de transition nécessaire, voulu de Dieu, et dans lequel il appartenait à la papauté de reprendre les rênes du monde. Lorsque Pie VIII mourut, après quelques mois de règne, le journaliste s'écriait :

« O toi que nous pleurons, Pontife saint, dont la grande âme a porté avec tant de vigueur et de calme le poids aujourd'hui si pesant de la sollicitude de toutes les Églises... nous te rendons grâce de ta tendresse qui jusqu'au bout n'a point défailli et nous te supplions de nous aimer, de nous aider encore de ta puissante prière...

« Et toi qui, de toute éternité, dans les secrets conseils d'en haut, as aussi été sacré Père de tous les chrétiens, toi que nous ne pouvons encore nommer par ton nom, notre

---

[1] Arch. Vat. *Corr. Nonc.* Dépêche du 1er décembre 1830.

foi te salue d'avance ; nous apportons d'avance
à tes pieds l'hommage de notre soumission
sans bornes et d'un amour indéfectible, qui,
nous en avons la confiance, t'adoucira le dur
labeur, les chagrins, les soucis, qui bientôt
courberont ta tête vénérable[1]. »

S'il lut jamais avec confiance ces paroles,
le cardinal Mauro Capellari dut éprouver,
lorsqu'il fut devenu pape, une amère déception. « La « soumission » de Lamennais devait
être « sans bornes » à la condition que le
souverain Pontife comprit le gouvernement
de l'Église à la manière de l'*Avenir*. Déjà dans
son livre du *Progrès de la Révolution*, le prophète des temps nouveaux avait tracé au successeur de saint Pierre ses devoirs : à suivre
une autre règle, on risquait de tout perdre.
Pendant dix-huit mois, cette leçon sera donnée tous les jours, sans lassitude, avec une
vigueur croissante, par le journal qui est
devenu la chaire du moniteur des papes.
Certes, le langage de Lamennais est sincère.
Il parle, non pour tenir un rôle, mais pour
proclamer la vérité qu'il croit, et que sa
conscience lui défend de renfermer dans le
secret de son cœur. L'indépendance de son
caractère, la force de ses convictions, le
souci du bien, l'amour de l'Église et de la

---

[1] *Avenir*, 22 décembre 1830.

France ne lui laissent pas le loisir de considérer qu'il s'attribue un rôle anormal et périlleux. Depuis des années qu'il le tient, Rome garde une réserve significative. Léon XII, dont il estimait les lumières et dont il pensait avoir la laveur, n'a jamais avancé d'un pas dans la voie qu'on lui montrait comme celle du salut. Pie VIII est demeuré dans la même immobilité. Grégoire XVI imite ses deux prédécesseurs. Que conclure ? Lamennais conclut qu'il faut remettre aux mains du nouveau Pontife une déclaration solennelle des principes de l'*Avenir*. Gerbet la rédige[1], elle est envoyée au pape par l'intermédiaire du cardinal Weld[2]. Le pape n'y répond que par le silence. Au milieu des troubles politiques qui éclatent dès les premiers mois du nouveau pontificat, la déclaration des journalistes français disparaît comme une feuille morte dans une rafale.

Entre temps, deux amis d'Italie essayent d'expliquer à Lamennais qu'il se trompe. L'un, l'abbé Baraldi, de Modéne, le fait par une lettre privée toute remplie d'émotion et de tendresse. Dès les premiers numéros de l'*Avenir*, il a été « affligé et effrayé » ; il regrette « qu'un

---

[1] Voir dans *Documents d'histoire* (septembre 1910, p. 474) la lettre inédite de Lacordaire (12 avril 1841) précisant ce point.

[2] Forgues, II, p. 198, 214. Lettres du 27 février et du 15 août 1831.

des plus grands génies de l'Europe s'égare
dans une fausse voie » ; il craint que les premiers pas engagés, il ne finisse par embrasser
« la cause du jacobinisme ». Au nom de l'amitié et la fraternité sacerdotale, il le supplie
de rompre ses relations avec les libéraux [1].
Lamennais mande là-dessus à son ami le
comte de Senfft : « Lorsque vous aurez occasion d'écrire à Modéne, veuillez faire dire à
l'abbé Baraldi que je suis fort sensible à l'intérêt qu'il a coutume de prendre à moi, et à
l'amitié qu'il me témoigne ; que j'espère avec
l'aide de Dieu ne rien dire ni ne rien faire
qui ne soit digne d'un prêtre catholique ; mais
que placés dans des situations si différentes,
il n'est pas surprenant que nous n'envisagions
pas les choses sous le même point de vue et
que le temps éclaircira tout. C'est en vérité
tout ce que je puis répondre aux choses de
l'autre monde qu'il m'a écrites [2]. »

Ventura était beaucoup plus avant que
Baraldi dans l'amitié de Lamennais. Ils étaient
liés depuis dix ans ; leurs idées étaient communes en beaucoup de points, tous deux

---

[1] Lettre inédite du 8 novembre 1830. Je l'ai publiée dans
Documents d'histoire, février 1911.

[2] Forgues, II, p. 185. Lettre du 21 novembre 1830. Deux
mois plus tard, en écrivant à la comtesse Riccini, de Modène,
Lamennais annonce qu'il écrira à Baraldi et s'excuse du
retard sur sa maladie et ses occupations (*Ibid.*, p. 192. Lettre
du 14 janvier 1831) ; mais il n'écrivit point.

avaient la passion du savoir, l'amour de l'Église, le désir de faire rayonner son influence dans le monde moderne ; ils échangeaient sur les événements et les problèmes contemporains, la correspondance la plus confiante[1]. Alarmé des témérités de l'*Avenir*, Ventura avertit Lamennais que, s'il ne montrait pas plus de réserve, il serait contraint de se séparer ostensiblement de lui. Lamennais répliqua qu'il ne pouvait pas ne pas dire ce qu'il considérait comme des vérités évidentes et nécessaires. Ventura publia dans *la Gazette de France* une lettre éloquente dans laquelle il adressait aux rédacteurs de l'*Avenir* ses remontrances et ses prières. Dans son journal, Lamennais réfuta point par point les objections ; il terminait par ces lignes hautaines : « Vous avez complètement méconnu les doctrines et travesti les intentions des rédacteurs de l'*Avenir* ; vous vous êtes permis à leur égard des imputations aussi fausses que violentes ; vous êtes descendu jusqu'à l'outrage. Vous savez à quoi vous oblige, en cette occasion, le devoir rigoureux de l'homme et du chrétien. L'offense a été publique, la réparation doit l'être ; et pour user de vos propres mots, c'est à cette condition que je vous assure la continuation de mon estime et

---

[1] J'ai publié dans les *Études* (5 mars, 20 avril, 5 juin 1910) les lettres conservées de Lamennais à Ventura.

du respect avec lesquels je suis votre très humble serviteur[1]. » Aux amis, Lamennais écrivait plus simplement, de Ventura : « Ce pauvre homme a perdu la tête[2]. »

Telle dut être, un peu plus tard, l'impression produite par un livre de Rozaven. Celui-ci était jésuite et habitait Rome; il attaquait résolument la philosophie de l'*Essai* expliquée par Gerbet; il démontrait, dans l'introduction de son travail, que la doctrine de l'*Avenir* sur les libertés modernes n'était pas acceptable : triple raison pour Lamennais de mépriser ce nouveau donneur de leçons[3].

Ainsi ni les objections ni le silence d'outre-monts ne le déconcertent. Il s'étonne, s'im-

---

[1] *Avenir*, 12 février 1831. Sur cet incident, voir *Études*, 5 juin 1910.

[2] Forgues, II, p. 198. Lettre du 14 février 1831.

[3] Rozaven publia à la fin de 1831 son *Examen d'un livre intitulé : Des doctrines philosophiques sur la certitude dans leurs rapports avec les fondements de la théologie, par l'abbé Gerbet*. Je ne connais aucune lettre de Lamennais s'expliquant là-dessus en 1831. Mais, de Rome, le 8 janvier 1832, il écrit à Gerbet : « Vous ferez bien de répondre au P. Rozaven. » Un mois après (1er février), nouvelle tactique : « Le mieux est de ne pas répondre au P. Rozaven. Dans la nouvelle édition de votre livre, ayez soin seulement de faire revenir parmi vos additions les réflexions que les attaques de ce jésuite pourraient rendre utiles; mais sans faire la moindre mention ni de lui ni de son ouvrage. Il ne cherche autre chose qu'à entamer une discussion qui lui donnerait une importance que par lui-même il n'a pas. Il faut laisser ces gens-là tranquilles dans leurs intrigues et leur bêtise et continuer de marcher en avant. » (Blaize, II, p. 89, 95). — Sur tout cela, voir *Études*, 5 juin 1908.

patiente, se scandalise ; mais sa confiance en
ses idées n'est point ébranlée. « Quels flots de
lumière se répandent chaque jour sur l'avenir
du monde? Et qu'est-ce que cela fait que
tant d'hommes, encore esclaves volontaires
de leur amour-propre et de leurs préjugés,
s'obstinent à fermer les yeux et à contrarier
l'action de la Providence. Cette lumière en
est-elle moins vive et cette action moins puissante? Pendant qu'ils disent *non*, le *fiat* divin
agite dans le monde les éléments de l'ordre
nouveau et l'œuvre d'en haut s'accomplit. Que
faut-il de plus[1]?... Je crois profondément à
une transformation universelle de la société
sous l'influence du catholicisme qui, affranchi
et ranimé, reprendra sa force expansive et
accomplira ses destinées, en s'assimilant les
peuples qui ont jusqu'ici résisté à son action ;
tout se prépare pour cela et la politique européenne n'a été et n'est encore que l'instrument aveugle de la Providence, qui se sert
d'elle comme elle se sert du libéralisme anti-
chrétien pour réaliser cette grande promesse :
Et erit unum ovile et unus pastor[2]... La dernière ère de l'humanité commence. Il ne faut
plus songer au passé ; il est mort à jamais.
Notre tâche est de préparer l'avenir que Dieu
réserve aux peuples destinés un jour à se ras-

---

[1] *Ibid.*, II, p. 195. Lettre du 14 janvier 1831.

[2] *Ibid.*, p. 205. Lettre du 18 avril 1831.

sembler, comme une seule famille, à l'ombre de la croix. Je ne dirais pas que je comprends que cela doit être ; il me semble que je le vois plus clairement et plus vivement qu'aucune chose présente. Mais *là* [à Rome], on ne voit rien, on ne comprend rien ; on est plongé, perdu dans *les ténèbres extérieures* des intéréts terrestres, qui ne laissent pénétrer aucun rayon de lumière. Dieu le veut ainsi[1]. »

Donc Grégoire XVI est aveugle, comme l'a été Pie VIII, comme l'a été Léon XII. Mais cet aveuglement n'est qu'un moyen de plus prévu par la Providence pour hâter la destruction du monde ancien, dont les débris fourniront à la main toute-puissante de Dieu les éléments d'une société chrétienne insoupçonnée. Seuls les écrivains de l'*Avenir* aperçoivent, par delà l'horizon présent, les lignes du futur édifice et ils en peuvent tracer le plan.

Le plan se dérive des lois éternelles de la société comme de la connaissance de l'Europe contemporaine. C'est uniquement parce qu'ils ignorent cette philosophie fondamentale et l'état véritable des esprits, que l'épiscopat français et la cour pontificale se refusent

---

[1] *Ibid.*, p. 213. Lettre du 6 août 1831.

à admettre la séparation de l'Église et de
l'État, la liberté d'enseignement, la liberté de
la presse, la liberté d'association, l'extension
du principe d'élection et la décentralisation
administrative. On a cru que les difficultés de
la Restauration venaient de la faiblesse du
pouvoir; et on regarde les événements de
juillet comme une explosion déplorable de
l'esprit révolutionnaire. Double erreur. « Deux
principes opposés étaient en présence, se
combattant perpétuellement : le principe
monarchique sans force réelle, sans racine
dans les mœurs, sans appui solide dans la
nation ; et le principe démocratique dans
toute la vigueur d'une première sève, lié aux
intérêts publics, en harmonie avec les habitudes et les idées régnantes, consacré fonda-
mentalement par les lois. On s'est obstiné à
faire prévaloir le premier de ces principes, le
second a réagi et le trône est tombé. Qui
pouvait le soutenir [1] ? » Et sur cette révolution
de 1830, voici visiblement le but prochain de
la Providence. « L'Église était aux fers ; Dieu
brise ses fers par la main des peuples, afin
que l'Église affranchie rende aux peuples ce
qu'elle aura reçu d'eux, et les régénère en
affermissant l'ordre et la liberté, qui ne sont
unis, ne peuvent être unis que par elle. De

---

[1] *Avenir*, 17 octobre 1830.

Rome, maîtresse d'elle-même et dégagée des liens dont l'enlaçaient depuis des siècles les souverainetés temporelles , émanera tout ensemble et le mouvement régulier qui portera les nations chrétiennes vers les magnifiques destinées qu'elles ne font qu'entrevoir encore, et la confiante énergie qui, pénétrant les peuples jusqu'ici rebelles au christianisme, constituera dans l'unité, selon les divines promesses, l'humanité entière[1]. »

Le journal de Lamennais n'est pas seulement français, mais européen et mondial. Quand il philosophe sur les incidents de la politique nationale, à chaque instant il les dépasse et sort des frontières. Il voit, il juge, à la lumière des principes les plus généraux, ceux-là même qu'il a exposés, pour ainsi dire *ex professo*, dans les deux articles intitulés : *de l'avenir de la société ; ce que sera le christianisme dans la société nouvelle.*

Il y a une croissance des nations comme de l'homme. Elle se traduit par un développement d'intelligence et d'amour qui a pour conséquence inévitable un développement de la liberté. C'est le plan providentiel; 1830 et 1789 ont là leurs origines sacrées et le secret de leur force irrésistible. Quels que soient les desseins et les crimes des révolu-

---

[1] *Avenir*, 22 décembre 1830.

tionnaires, les révolutions dérivent du sentiment du droit mis dans les âmes par le christianisme. Sans lui, d'ailleurs, le nouvel ordre
social auquel tend le monde moderne est
irréalisable : seul le christianisme a un principe d'ordre capable de régler l'amour de la
liberté, et une charité capable d'unir ce que
la liberté diviserait ; de lui seul peut sortir
une philosophie de l'univers, conforme aux
besoins du temps, fondée sur les lois consti-
tutives de l'esprit, et qui soit le refuge obligé
des intelligences ramenées à la foi parce que
celle-ci leur apparaîtra comme la source même
de la science. Et, d'autre part, une fois établi, ce nouveau système social aura pour résultat de « réaliser toutes les vérités dont
l'Église a la tradition, et tous les vœux dont
les hommes ont l'instinct » : « l'unité progressive du genre humain » dans une fraternité universelle, « la royauté temporelle du
Christ » sur les consciences libres et les peuples affranchis [1].

« L'Évangile ne peut pas plus vieillir que
Dieu lui-même »; il est la loi dernière et parfaite de l'humanité; elle s'y soumettra tout
entière. Les schismes touchent à leur fin, le
protestantisme n'est plus qu'une philosophie,
l'islamisme s'écroule, le vieil édifice religieux

[1] *Avenir*, 28 et 30 juin 1831.

de l'Inde est miné par la base, la Chine ne conserve plus dans ses lois qu'une lettre morte. « Une grande époque approche ou plutôt elle commence déjà. La civilisation chrétienne, à l'étroit dans ses anciennes limites, presse sur tous les points la barbarie qui cède et recule devant elle. Bientôt une parole puissante et calme, prononcée par un vieillard dans la Cité-Reine, au pied de la Croix, donnera le signal, que le monde attend, de la dernière régénération. Pénétrés d'un esprit nouveau, conduits à la science par la foi, à la liberté par l'ordre, les peuples ouvriront les yeux, se reconnaîtront pour frères, parce qu'ils auront un père commun ; et, fatigués des longues discordes, ils se reposeront aux pieds de ce père qui n'étend la main que pour protéger et n'ouvre la bouche que pour bénir[1]. »

Ces perspectives brillantes ne séduisirent pas plus Grégoire XVI, qu'elles n'auraient séduit Pie VIII et Léon XII. Moins encore que ses prédécesseurs, il pouvait se croire à l'aube de cet empire universel et incontesté, lorsqu'il voyait la Révolution, déchaînée à travers l'Europe, franchir les frontières du patrimoine de saint Pierre ; comme si elle eût voulu, par la violation de la plus auguste des souverainetés, consommer son triomphe.

---

[1] *Avenir*, 22 décembre 1830.

La logique condamnait l'*Avenir* à applaudir
à cette révolte des sujets du pape, comme il
applaudissait à d'autres. Il y avait là, pour
les peuples, des garanties à conquérir, aussi
bien qu'en Pologne, aux Pays-Bas ou en
Irlande. Là encore, le développement intel-
lectuel et moral devait amener un développement proportionnel de la liberté. Là enfin le
tumulte de la rébellion ne cachait que le pro-
longement de l'action libératrice du christianisme, laquelle ne finira qu'avec les siècles,
lorsque l'homme, ayant parcouru le cercle
entier de son développement possible, entrera
dans le cycle immuable de l'éternité [1].

Sans doute, entre le tsar qui déniait aux
Polonais la liberté de pratiquer la religion
catholique et le pape qui n'admettait pas les
habitants des Légations à prendre une part
légitime au gouvernement, la différence était
énorme. Mais, de part et d'autre, le mouvement qui soulevait les peuples était un instinct

[1] Ces formules sont celles par lesquelles l'*Avenir* du
22 décembre caractérisait le sens des efforts révolutionnaires.
En en faisant l'application aux révoltés des Romagnes, je ne
fausse certainement pas la pensée de Lamennais. Il suffit de
lire l'Avenir des 5, 9,30 avril et 3 mai 1831. Le journal assurément maintient la nécessité du pouvoir temporel des papes
et blâme les excès de l'insurrection, mais il plaide pour les
réformes nécessaires ; avec une réserve visiblement contrainte,
il fait la leçon au chef des États de l'Église comme aux autres
souverains ; et même il se hasarde à dire que la suppression
du principat civil serait pour le vicaire de Jésus-Christ « une
position de progrès » (*Avenir*, 7 janv. 1831).

du droit et un souffle du christianisme ; sur les bords du Tibre comme sur ceux de la Vistule, le pouvoir du souverain n'existait que s'il était juste ; partout où une liberté légitime était refusée, il n'y avait qu'un parti à prendre, la réclamer hautement, se coaliser avec tous pour l'obtenir, et alors la prendre au besoin de vive force. C'est seulement quand on est une minorité, qu'il est permis de s'abandonner aux lamentations, de se borner à prier le Dieu des opprimés, ou de chercher en s'exilant en pays barbare l'indépendance que rend impossible la tyrannie des pays civilisés [1].

Ce programme provoquait à Rome des inquiétudes et en France des polémiques.

L'émotion était d'autant plus vive qu'au journal, chargé d'inculquer ses idées, Lamennais avait joint deux associations en vue de coaliser ses partisans. L'*Agence générale* était destinée à constituer « une vaste société d'assurance mutuelle » entre Français, — de n'importe quelle opinion ou croyance, — décidés à protéger leur part de légitime liberté. L'*Acte d'union* avait pour but de créer « une grande confédération morale des peuples », afin de promouvoir partout, en dépit des gouvernements établis, la liberté de conscience, la

---

[1] *Avenir*, 16 octobre, 26 novembre 1830, 28 juin 1831.

liberté de la presse, la liberté d'enseignement.

Au surplus, l'*Avenir* pouvait se féliciter, à ce qu'il disait, d'une influence quasi miraculeuse : « Nous ne parlons que d'hier, et déjà notre cri d'affranchissement religieux a volé au delà de nos frontières. L'Irlande l'a reconnu, la Belgique le chante; ou la liberté périra en Pologne, ou elle l'inscrira sur ses drapeaux triomphants. Nous apprenons qu'il commence à réveiller en sursaut, dans l'Allemagne catholique assoupie, les vieux souvenirs du libéralisme chrétien. L'Italie pensive et souffrante le cache dans son sein profond comme une espérance [1]. » — C'était se vanter d'être les entrepreneurs de la révolution universelle.

Il va sans dire que dans les matières purement ecclésiastiques, l'*Avenir* poursuivait aussi de profonds bouleversements. Non seulement il discutait sévèrement les personnes — par exemple tels candidats à l'épiscopat — mais il prenait parti sur des questions générales (telles que le budget des cultes, le concordat, la nomination aux cures et aux évêchés) avec une résolution et une ardeur véritablement despotiques [2]. L'on ne pouvait là-dessus penser autrement que lui, sans encourir le reproche d'ignorance ou de lâcheté. Un seul fait suf-

[1] *Avenir*, 28 déc. 1830.
[2] *Avenir*, 18, 27 octobre, 3, 5, 15, 25 novembre, 28 décembre 1830, 17, 19 janvier, 20 avril 1831.

fira pour caractériser l'absolutisme de cette
sorte de police que le journal s'était attribuée
sur l'Église de France. L'abbé Guéranger était
un ami et presque un disciple. Il était en correspondance avec Lamennais et écrivait dans
l'*Avenir*[1]. En juin 1831, il publia un volume
de 300 pages intitulé *De l'élection et de la
nomination des évêques*. A travers les siècles,
l'auteur suivait les phases diverses par où
avait passé le choix des premiers pasteurs ;
parvenu au gouvernement de juillet, il ne
manquait pas de signaler les raisons pour
lesquelles celui-ci ne pouvait réclamer le droit
de nommer aux évêchés ; toutefois les concordats lui paraissaient une institution respectable et bienfaisante et il raillait, en
particulier, ceux qui « ne connaissant l'histoire que par leur imagination » considéraient
le concordat de 1516 comme une « entreprise
du gallicanisme ». Lacordaire rendit compte
de l'ouvrage dans l'*Avenir*. Son article est
consacré presque tout entier à réfuter ce que
dit Guéranger du concordat de Bologne ; il
terminait par cette leçon d'un goût douteux :
« On s'effraye soi-même de penser comme
ceux que tout le monde trouve hardis, et l'on
cherche dans les abîmes de la logique et de
l'histoire des distinctions qui donnent le mé-

---

[1] Voir *Dom Guéranger* (I, p. 42-67), *Demain* (24 nov.,
1er déc. 1908).

rite d'être modéré, en disant les mêmes choses que ceux dont l'âpreté fait peur. L'honorable écrivain, nous n'en doutons pas, est au-dessus de ces frayeurs d'un siècle timide, et il n'aura besoin que de jeter un regard dans son cœur pour y apprendre que quiconque aujourd'hui n'a pas une plume de fer trahira la vérité[1]. »

Avant de renoncer au budget des cultes et de déchirer le traité de 1801, la pensée ne venait même pas à ces réformateurs intrépides de se demander quelle était la pensée de ceux à qui est confié le gouvernement de l'Église. Non, leur avis personnel était l'expression infaillible de la vérité; et on n'avait qu'à s'y ranger docilement.

Moins d'imprudences auraient suffi pour rendre Lamennais suspect aux souverains, à l'épiscopat français, au nonce de Paris, au Vicaire de Jésus-Christ. Combattu publiquement par des journaux catholiques, déserté peu à peu par ses abonnés, ruiné dans ses finances par des administrateurs sans scrupules, l'*Avenir* fut suspendu. Lamennais l'annonça à ses lecteurs dans le numéro du 15 novembre 1831. Ni son indignation contre le gouvernement de Louis-Philippe n'était refroidie, ni son impatience d'un « joug

---

[1] *Avenir*, 17 juin 1831. — Voir sur cet incident *Mois littéraire* (avril 1911) ; il y a là 8 lettres inédites de Lamennais à Guéranger.

infâme » diminuée, ni son espoir ralenti de le briser un jour et de « planter dans sa poussière la liberté ». Il comptait bien voir la masse des catholiques s'ébranler au combat et reparaître alors lui-même à leur tête. Mais les soldats d'Israël remettaient parfois au fourreau le glaive, *pour consulter le Seigneur en Silo*. Ainsi feront les rédacteurs de l'*Avenir*. « Le bâton du voyageur à la main, ils s'achemineront vers la chaire éternelle » pour prier le pape de prononcer entre eux et leurs contradicteurs.

CHAPITRE III

Lamennais a vu tous les cabinets de l'Europe conjurés pour sa perte, au moment où il prenait le chemin de la ville éternelle avec ses deux compagnons « obscurs chrétiens, vrais représentants d'une autre âge par la simplicité naïve de leur foi[1] ». Des notes diplomatiques de l'Autriche, de la Prusse, de la Russie avaient, dit-il, précédé les voyageurs. « Ou y pressait le pape de se prononcer contre ces révolutionnaires audacieux, ces impies, séducteurs des peuples qu'ils poussaient à la révolte au nom de la religion. Le gouvernement français agissait dans le même sens[2]. »

Les historiens ont répété ces assertions catégoriques, sans se demander assez où en étaient les preuves. Voici exactement ce qui eut lieu.

[1] *Affaires de Rome* (éd. Cailleux, 1836), p. 13.
[2] *Ibid.*, p. 14.

Trois jours avant le départ de Lamennais pour Rome, le ministre de l'Instruction publique et des Cultes, Montalivet, écrivait à Sébastiani ministre des Affaires étrangères :

« Je crois devoir fixer votre attention particuliére sur ce voyage de l'abbé de la Mennais, qui vous paraîtra sans doute devoir être l'objet d'instructions spéciales à transmettre à M. l'ambassadeur du Roi auprès du pape. La révoltante absurdité du système religieux de l'écrivain pourrait être considérée comme un préservatif suffisant, dans une cour connue pour sa circonspection et sa lenteur à se prononcer. Mais comme il ne manquera pas de se prévaloir de sa couleur ultramontaine au foyer même de l'ultramontanisme, il importe que M. le comte de Sainte-Aulaire soit prévenu et invité à prendre des mesures contre l'usage que M. de la Mennais pourrait faire de ce moyen de séduction.

« Je n'ai pas besoin d'insister sur l'intérêt que doit mettre le gouvernement à ce que cet ecclésiastique ne puisse pas, à son retour en France, se vanter d'avoir obtenu la moindre approbation du Saint-Siège en faveur de ses opinions, dont l'effet, si elles pouvaient jamais se propager, serait de troubler l'harmonie des rapports de l'État avec l'Église, réglés par le concordat passé en 1801 entre le Saint-Siège et le gouvernement français et les lois qui en découlent[1]. »

Après avoir ainsi pris ses positions, le ministre gardien du Concordat assurait à son collègue que « le système » et le journal de Lamennais, repoussés par l'épiscopat, la presque unanimité du clergé, n'avaient d'autres partisans qu'un petit nombre de « jeunes prêtres dépourvus de lumières et d'expérience ».

Si diligent qu'il fut, le zèle de Montalivet se trouvait en retard. Dès la veille, Sébastiani avait écrit à Sainte-Aulaire :

« Vous savez que cet ecclésiastique [L. M.] se rend en ce moment à Rome, avec deux dc ses collaborateurs, dans le but ou sous le prétexte d'y défendre ses doctrines, bizarre mélange de l'ultramontanisme le plus exagéré et d'un ardent républicanisme. Quelque peu de chances qu'ait un tel système d'être accepté par un gouvernement aussi sage et aussi expérimenté que le gouvernement romain, il pourrait se faire que M. de la Mennais, dont on ne saurait méconnaître la vive intelligence et les talents distingués, réussit à ourdir, dans le chef-lieu du catholicisme, des intrigues dont nous éprouverions la fâcheuse influence. Je dois donc vous prier de le sur-

---

[1] Arch. Aff. étr., *Rome*, 969, f⁰ 319. Lettre du 19 nov. 1832.

veiller et de vous attacher à déjouer des tentatives aussi dangereuses pour la tranquillité
publique que pour les intérêts de la religion.
Les rapports où vous êtes avec M. l'évéque
d'Hermopolis[1] et la modération de ce prélat,
connu depuis longtemps pour son opposition
aux thèses de M. de la Mennais, pourront
vous donner quelque facilité à cet effet[2]. »

Ces recommandations étaient plus vagues
et moins pressantes que celles dont Montalivet aurait souhaité la transmission. Dans une
dépêche du 24, Sébastiani n'ajoutait que ces
lignes :

« Comme il est possible que vous ne rece-
viez pas régulièrement cette feuille [l'*Avenir*],
je crois devoir vous adresser un exemplaire
du numéro dans lequel elle a annoncé le départ pour Rome de trois de ses rédacteurs.
Il vous fera connaître le plan que s'est tracé
M. de la Mennais et vous aurez dès lors plus
de facilité à le déjouer. Si, ce qui nous
paraît impossible, il pouvait surprendre même
en apparence les suffrages du Saint-Siège,
je ne dois pas vous cacher que cette circonstance compliquerait, de la manière la plus
déplorable, les embarras que les dispositions
d'une partie du clergé suscitent déjà au gouvernement du Roi. »

---

[1] Frayssinous était alors à Rome.
[2] *Ibid.*, Dépêche du 18 nov. 1832.

Au reçu des instructions du 18 novembre, Sainte-Aulaire répondit qu'il verrait le pape et qu'il le croyait « disposé à comprendre ». Deux jours après ayant eu occasion de causer avec Bernetti, il reçut du secrétaire d'État l'assurance que Grégoire XVI ne favoriserait en aucune sorte les entreprises de Lamennais [1]. Après l'audience obtenue du pape, l'ambassadeur confirmait ses dires précédents :

« Je l'ai trouvé [le pape] disposé ainsi que nous pouvions le désirer à l'égard de l'abbé de la Mennais et de ses doctrines. Il les juge fâcheuses et menaçantes pour la paix de l'Église et le gouvernement. Plusieurs articles de l'*Avenir* l'ont personnellement blessé; il n'est point encore décidé à admettre les voyageurs en sa présence. Quoi qu'il en soit, je doute qu'ils aient lieu de s'applaudir de leur voyage [2]. »

Telle est la pression que le gouvernement français exerça à Rome pour obtenir qu'elle se prononçât contre Lamennais. On le voit, Rome s'était déjà prononcée, avant le voyage des trois pèlerins de Dieu et de la liberté. Car, dans la conversation du 9 décembre 1831, Grégoire XVI ne fit que répéter à Sainte-Aulaire ce qu'il lui avait déjà dit une autre fois. Bien

[1] Arch. Aff. étr. *Rome*, 969, f⁰ 347, 356. Dépêches du 6 et 8 décembre 1832.

[2] *Ibid.*, f⁰ 359. Dépêche du 10 décembre 1832.

mieux, le langage de Grégoire XVI n'était
qu'un écho de celui que jadis il avait entendu
de la bouche de Pie VIII.

Lamennais a résumé lui-même d'une façon
saisissante les leçons que l'*Avenir* donnait à
Rome : « Votre puissance se perd et la foi
avec elle. Voulez-vous sauver l'une et l'autre ?
unissez-les toutes deux à l'humanité telle que
l'ont fait dix-huit siècles de christianisme.
Rien n'est stationnaire en ce monde. Vous avez
régné sur les rois, puis les rois vous ont
asservi, séparez-vous des rois ; tendez la
main aux peuples, ils vous soutiendront de
leurs robustes bras et ce qui vaut mieux de
leur amour[1]. » De pareilles invites ne cho-
quaient pas seulement les « idées reçues » et
les « habitudes prises », mais d'autres choses
infiniment plus respectables. Et voilà pourquoi l'*Avenir*, dès qu'il eut pris le rôle en vue
duquel Lamennais l'avait fondé, fut regardé
à Rome comme suspect. Qui croira jamais que
Ventura se fût décidé à réprimander publiquement ses amis de la veille, par sa fameuse lettre
du 7 février 1831, s'il n'avait pas eu la con-

[1] *Affaires de Rome*, p. 26.

viction que le Souverain Pontife était le premier à blâmer la politique de l'*Avenir*[1] ?

Il ne faudrait point d'ailleurs s'imaginer que Grégoire XVI eût besoin du réquisitoire dressé par le général des Théatins pour savoir que penser de la feuille nouvelle. Avant qu'elle ne parût, il connaissait les doctrines dont elle était l'organe. Les historiens ont vu en lui un moine camaldule, absorbé dans la contemplàtion des choses éternelles et fort étranger à celles de ce monde. C'est une fantaisie. Avant de monter sur le trône pontifical, le cardinal Capellari était préfet de la Propagande, il avait été mêlé à la négociation du concordat avec les Pays-Bas ; avant d'être cardinal, il avait longtemps été consulteur de plusieurs congrégations romaines ; on peut dire, sans forcer les termes, qu'il était rompu aux affaires ecclésiastiques. Pour revenir à Lamennais, durant l'automne de 1829, — Pie VIII était pape — le cardinal Capellari avait reçu de Lambruschini la longue lettre citée plus haut où étaient exposées les raisons pour lesquelles le nonce ne croyait pas pouvoir se domestiquer à ce qu'il appelait la « faction menaisienne ». Il serait ridicule d'insister davantage. Évidemment ce

---

[1] Cette lettre suivit de cinq jours l'avènement de Grégoire XVI ; mais nous savons, par la correspondance de Lamennais, que Ventura était décidé à l'écrire dès avant janvier 1831 (Voir *Études*, 5 juin 1910).

n'est pas du comte de Sainte-Aulaire, ambassadeur de France, que Grégoire XVI avait à
apprendre en novembre 1831, l'existence de
Lamennais, la nature de ses écrits, quel
accueil méritaient à Rome la personne et la
doctrine de cet homme célèbre.

Il n'avait pas davantage à l'apprendre de
Metternich. Le chancelier de l'Empire s'était
préoccupé des « pèlerins de Dieu et de la
liberté ». Le 2 décembre 1831, il avait envoyé
à ce sujet au comte de Lutzow une sorte de
méditation politique qu'il faut transcrire ici.

« La grande et véritable maladie du temps
c'est un mouvement déréglé dans les esprits
qui sont exaltés jusqu'à la folie ou abattus
jusqu'à l'affaissement. Parmi les folies, celles
dont sont atteintes des têtes françaises comp-
tent au nombre des plus dangereuses dans
leurs effets, car elles ne manquent jamais
d'une certaine pratique.

« Deux causes inséparables dans leur essence,
celles de la paix religieuse et de la paix civile,
sont minées en France jusque dans leurs
fondements : le désordre règne dans ce
malheureux pays, lequel, on n'en saurait
douter, va au-devant d'une dissolution complète ou d'une régénération véritable. Aussi
souvent que dans des circonstances semblables
les hommes veulent maîtriser la force natu-

relle des choses, ils ne font qu'en troubler le développement et en arrêter les crises que la Providence seule peut amener. Deux hommes, dont le caractère et l'esprit offrent plus d'un rapport, suivent aujourd'hui en France une même direction : M. l'abbé de la Mennais et le vicomte de Chateaubriand. Tous deux veulent renverser ce qui existe et ce qui n'est que le désordre revêtu de certaines formes légales, insuffisantes toutefois pour parvenir jamais à fonder solidement le pouvoir. Le premier le veut pour y substituer ce qu'il appelle le triomphe de la religion, et le second ce qu'il caractérise de celui de la légitimité. Et pour atteindre le but qu'ils se proposent, ils conduisent l'un et l'autre leur char sur une pente rapide, qui entraînerait la monarchie et la religion à leur perte certaine, si la religion pouvait périr, et si la monarchie réduite en cendres ne devait pas tôt ou tard renaître de ses cendres mêmes.

« En annonçant qu'il va se rendre à la source de la vérité religieuse, M. de la Mennais se rend coupable ou d'une impardonnable légèreté, ou d'un crime que les sentiments de la charité me défendent de caractériser. Si, dans l'*Avenir*, il n'était question que de dogmes religieux, le reproche pèserait toujours sur ses auteurs de ravaler l'essence de la religion jusqu'à la forme d'une gazette

chargée de défendre en même temps des
intérêts politiques. Mais tel n'est pas le cas.
Cette feuille est toute politique. Elle appartient au désordre, comme les feuilles dévouées
au pur radicalisme. Et c'est la censure de
pareils actes que M. de la Mennais ose réclamer de l'infaillibilité du chef de l'Église ! Le
Saint-Père séparera-t-il la question religieuse
de la question politique, les doctrines évangéliques des doctrines de législation civile, les
doctrines gallicanes de celles des doctri-
naires français politiques ? L'entreprise est
difficile. Et s'il ne le fait pas, l'éloge comme
la censure portera constamment sur le bien
confondu avec le mal.

« M. de la Mennais prêche pour la liberté
de l'autorité ecclésiastique. Mais il défend en
même temps celle de l'enseignement et de la
presse. Le Saint-Père, en soutenant la pre-
miére de ces libertés, réprouvera-t-il les deux
autres ? L'Avenir confond l'égalité sociale avec
l'égalité évangélique ; il défend les théories
les plus subversives de l'ordre social, avec la
même chaleur avec laquelle il défend la hiérarchie de l'Église. En un mot, les rédacteurs
de cette feuille amalgament les choses les
plus diverses, ils mesurent à un même degré
la persécution d'un bon prêtre et la condamnation judiciaire d'un rédacteur en chef d'un
journal révolutionnaire. »

Lutzow était prié de mettre sous les yeux du pape cette dépêche d'un caractère très spécial. Il sentit — mieux que Metternich, ce semble — ce qu'une pareille démarche avait de pédantesque suffisance. Il commença par avoir avec Bernetti un entretien; puis il lui envoya les réflexions du chancelier, en les accompagnant de la note ci-jointe.

« Je vous le répète, Monseigneur, on a cru remplir un devoir de conscience en traitant un sujet qui, sous plusieurs rapports, dépasse les limites de l'autorité séculière ; et assurément on ne s'est pas cru autorisé de hasarder un conseil vis-à-vis de l'autorité suprême. Mais il peut être permis à l'homme d'État placé dans une position qui le met au fait de la situation des choses en France et en Europe, et qui les embrasse dans leur grand ensemble, de faire un appel à la haute sagesse de cette même autorité, dans une circonstance dont on ne saurait méconnaître l'extrême importance. »

Sans entrer dans une discussion de principes sur les limites de l'intervention des puissances séculières, Bernetti écrivit à Lutzow :

« Je puis assurer à Votre Excellence que le Saint-Père partage pleinement les idées indiquées dans la feuille [venue de Vienne], et qu'il regarde l'*Avenir*, non comme un

organe religieux, mais comme un périodique
à tendances révolutionnaires. Votre Excellence peut assurer le prince de Metternich
que Sa Sainteté saura distinguer, dans cette
affaire, ce qui est religieux de ce qui est
politique... Le Saint-Père voit la difficulté
de la position dans laquelle l'imprudente
démarche de l'abbé de la Mennais aboutit à
le placer. Mais, Votre Excellence peut en
être persuadée, de la part du Saint-Siège, la
pondération et la sagesse ne feront pas
défaut pour prendre le meilleur parti, en
défense des justes principes religieux et des
salutaires principes sociaux qui seuls peuvent
garantir l'ordre public et la tranquillité des
États[1]. »

On voit par là à quoi se réduit la formi-
dable poussée qui, au dire de Lamennais,
serait venue de Vienne pour entraîner à condamner l'*Avenir* le Saint-Siège qui n'y pensait
pas. Loin de recevoir d'ailleurs une sentence
dictée, le pape fait savoir qu'il a son jugement formé déjà ; quant à la conduite qu'il
tiendra à l'égard de Lamennais, il ne s'en
explique point avec le cabinet autrichien. Sa
dignité le lui interdisait, comme les convenances auraient défendu à Metternich de s'en
enquérir. C'était là une question de pur gou-

---

[1] Arch. Vat. *Corr. Amb.*

vernement ecclésiastique, pour laquelle Rome se suffisait à elle-même; à bon droit elle aurait regardé comme une prévarication d'en discuter avec un homme d'État; les hommes d'Église ne lui manquaient pas pour la résoudre, A Paris l'avènement de la monarchie de juillet avait amené le départ du nonce Lambruschini; mais un chargé d'affaires était demeuré, déjà familiarisé avec notre pays, intelligent, actif, prompt à démêler les affaires, empressé à instruire sa Cour de ce qui lui importait. De plus, les évêques étaient là pour exprimer un avis, si besoin était. Et autour de lui, Grégoire XVI avait ses conseils ordinaires, pour l'aider à tirer des rapports venus de France les conclusions opportunes.

Avec une attention très éveillée, l'épiscopat avait suivi du regard les trois rédacteurs de l'*Avenir* faisant le voyage de Rome. Fort probablement la pensée de beaucoup d'entre les prélats du royaume se retrouve dans celle de l'archevéque de Paris. A la veille du départ des pèlerins, Mᵍʳ de Quélen faisant visite à l'abbé Garibaldi, chargé d'affaires à la nonciature, lui communiquait ses inquiétudes et ses désirs. Il était étonné que

Lacordaire et Lamennais fussent partis sans prendre congé de lui et sans lui demander un *celebret*. Sans doute, dans un entretien qui avait eu lieu au mois d'août, il avait été plus satisfait de l'attitude de Lamennais, mais ce contentement ne modifiait en rien son opinion sur les doctrines de l'*Avenir*. Sur celles-ci, il était d'accord avec la plupart de ses collègues. La crainte seule de soulever des questions déplaisantes pour le Saint-Siège ou alarmantes pour le gouvernement, empêchait l'épiscopat de se prononcer ouvertement contre le journal. Rome, saisie par les intéressés eux-mêmes, pourrait difficilement garder la même réserve. A tous les partis qu'elle pourra prendre, il y a d'ailleurs des inconvénients. Si on se tait, les menaisiens diront qu'on n'a pu les condamner. Si on les encourage, même vaguement, ils abuseront de ces encouragements. Si on les blâme, fût-ce sur un point, n'auront-ils pas la tentation de se révolter ? Que le Dieu de lumière inspire le Saint-Père pour le plus grand bien de la religion ! Personnellement, l'archevêque aimerait assez une sorte de *via media*. Le pape, sans porter un jugement sur les doctrines de l'*Avenir*, dirait à Lamennais avec une bonté paternelle et une fermeté apostolique : « Vos discussions mettent le trouble dans l'Église de France ; cessez d'agiter des questions pareilles ; je vous impose là-dessus le plus absolu silence. » Une telle démarche pourrait être utile ; et en tout cas, elle n'aurait aucune conséquence fâcheuse.

Ayant rapporté au cardinal secrétaire d'État ces propos de Quélen, Garibaldi ajoutait :

« Je n'ai rien de particulier à dire sur l'abbé de la Mennais. Il est bien connu à Rome et ses idées y doivent avoir l'appréciation qu'elles méritent. Ici il est regardé comme un homme d'un singulier talent, un des premiers, pour ne pas dire le premier écrivain de France. Il a un parti, et qui n'est pas mince, dans le jeune clergé. Mais il est hors de doute que l'épiscopat et tous les ecclésiastiques graves et un peu âgés lui sont contraires. Parmi les fidèles, quelques-uns le désapprouvent entièrement, d'autres avouent que généralement ses idées sont bonnes et que son journal, à un certain point de vue, est bien méritant de la religion ; mais ils déplorent qu'il ne consacre point son talent à des ouvrages plus utiles, qu'il lie les intérêts de la religion à des principes politiques mauvais ou du moins dangereux. Peut-être quelques laïques partagent-ils au contraire toutes les opinions de la Mennais. Personnellement, il me paraît que ce prêtre a beaucoup de foi et beaucoup de zèle, mais je crains que par malheur ces belles qualités

ne soient pas accompagnées de l'humilité chétienne qui les rendrait encore plus
belles[1]. »

Avant de quiter Paris, Lamennais et Lacordaire se présentèrent à Mgr de Quélen pour
prendre congé de lui. L'entretien dura plus
de deux heures. De son mieux, le fondateur
de l'*Avenir* expliqua au prélat ses idées, plaidant leur justesse et leur convenance. Il ne
put rien gagner. « Si vous vous étiez contenté,
répliquait Quélen, de soutenir les vrais
intérêts de la religion, de défendre le dogme,
la discipline, les prêtres, de réclamer contre
les injustices et les outrages dont le catholicisme est victime, vous auriez eu pour vous
tous les évêques et tous les hommes de bien.
Mais vous vous êtes mis en tête de ruiner le
système actuel d'administration ecclésiastique, pour lui en substituer un autre qui
n'est ni défendable, ni utile ; et vous avez
mêlé aux questions religieuses d'absurdes
principes politiques ; vous avez pris le langage des journaux démagogues, vous avez
loué et prêché la révolution ; et vous vous
plaignez que les évêques, le clergé et les
bons catholiques vous blâment. » A ces observations Lamennais n'opposant que des
réponses vagues, le prélat conclut : « Si vous

[1] Arch. Vat. *Dossier Lamennais.* Dépêche du 16 novembre 1831.

aviez eu le dessein d'aller à Rome sans bruit,
pour vous éclairer sur la valeur de vos doctrines, la chose serait simple et sans inconvénient. Mais vous avez annoncé votre voyage
et son but solennellement ; et vous voilà dans
une position déplorable. Vous ne pouvez
espérer que le pape vous approuve, soit
parce qu'il n'y est point personnellement
disposé, soit parce qu'il sait que l'épiscopat
en France vous est contraire et qu'il doit plus
d'égards à l'épiscopat qu'à vos personnes.
Reste donc que Rome vous condamne ou
qu'elle ne veuille pas s'expliquer sur votre
cas. Mettons qu'on ne vous condamne point
formellement; si on ne se prononce en rien,
quelle figure ferez-vous, de retour en France?
Quelle sera votre conduite ? » Lamennais
répondit : « Je ne cherche point une approbation pontificale ; il me suffit qu'on me dise
que mes idées n'ont rien qui soit digne de
censure. » — « Je ne sais, reprit l'archevéque,
si le pape vous dira cela ; en revanche, il
pourrait vous dire : pourquoi, au lieu de faire
appel directement au Saint-Siège, n'avez-
vous pas soumis votre doctrine au jugement
des évêques? » — Cette question parut émou-
voir Lamennais et l'embarrasser un peu. Il
répondit pourtant : « Chacun des évêques
pris à part n'aurait pas voulu porter un jugement sur mon compte; et dans les circons-

tances actuelles, ils ne peuvent se réunir
pour prononcer en commun. »

Telle est, selon le récit de Quélen, la substance de la conversation échangée entre les
pèlerins et l'archevêque de Paris, à la veille
du départ. Garibaldi, à qui celui-ci en fit confidence, s'empressa de la rapporter au cardinal Bernetti[1]. Quélen n'avait que trop raison,
les événements devaient le montrer. Malheureusement, Lamennais était convaincu que
l'approbation, au moins tacite, de Rome
était certaine. Ce qu'il n'osa dire à l'archevêque de Paris, il l'avait dit à Montalembert :
« Une condamnation est impossible. »

Le pape n'avait pas attendu que les visiteurs eussent franchi les portes de la Ville
éternelle, pour examiner quelle conduite
tenir à leur égard. Suivant l'usage constant
à Rome pour les affaires de quelque importance, il avait consulté et tenu conseil.

Le premier des personnages interrogés fut
Ventura ; et rien ne fait plus d'honneur à
l'esprit comme au cœur de Grégoire XVI. Le
général des théatins était très lié avec Lamennais ; il s'était expliqué publiquement sur

---

[1] *Ibid.* Dépêche du 21 novembre 1831.

l'*Avenir*. Le *votum* qu'on lui demandait sur l'accueil à faire aux « pèlerins de Dieu et de la liberté » a donc un intérêt particulièrement vif. En voici le résumé fidèle.

En écrivant sa lettre du 7 février 1831, Ventura avait cru remplir un devoir et donner à l'*Avenir* la preuve d'une clairvoyante et courageuse amitié. Il n'a rien à retirer de ce qu'il avait énoncé pour le plus grand bien de ses frères d'armes. Mais il s'empresse d'ajouter que « les torts réels » de ces écrivains, en matière politique, n'empêchent pas qu'ils n'aient de « réels mérites » en matière religieuse ; et il énumère ces mérites avec une complaisance oratoire : mérite d'avoir fait tomber la prévention que beaucoup d'hommes, en France et à l'étranger, avaient contre la religion catholique ; mérite d'avoir mis obstacle aux entreprises du gouvernement de juillet, lequel est essentiellement anti-catholique ; mérite d'avoir brisé cette arme du gallicanisme, dont la politique française a tant abusé ; mérite d'avoir toujours été les défenseurs intrépides de l'autorité pontificale.

Il est vrai, si les rédacteurs de l'*Avenir* eussent pris son avis, ils ne seraient point venus à Rome avec tant de fracas, après avoir pour ainsi dire sommé le Saint-Siège de se pronoucer sur leurs doctrines. Malgré tout, cet

appel au pape est édifiant ; il est un rare
hommage rendu à la souveraineté pontificale ;
surtout si l'on considère que celui qui le rend
est « un écrivain supérieur, un apologiste de
premier ordre, un homme qui a consacré à
la défense et à la propagation de la vérité
vingt-quatre ans de travaux, de contradictions,
et de polémiques ». Accusé d'être peu catholique, il proteste avec ses collaborateurs que
le jugement du pape sur la querelle demeu-
sera le sien. « Dans un siècle d'orgueil
effréné, comme le nôtre, où les esprits font
profession de dédaigner ou de mépriser
l'autorité ecclésiastique », n'est-ce pas là un
grand exemple? Et cette soumission ne doit-
elle pas valoir à ces hommes auprès du Saint-
Siége, les dispositions les plus favorables?

A Rome, ils ont contre eux une cabale
organisée, dont le but est d'entraîner le pape
à les humilier et à les condamner. A la tête
de ce parti se trouvent le cardinal de Rohan,
M⁽ᵍʳ⁾ de Retz, auditeur de Rote, et M⁽ᵍʳ⁾ Frayssinous. Mais celui qui en est « l'âme, le conseiller, le directeur, c'est le P. Rozaven, jésuite,
ancien paccanariste, cartésien fanatique,
ennemi personnel de M. de la Mennais contre
qui il a provoqué les persécutions de la Compagnie, en abusant de l'imbécillité du défunt
P. Fortis, pour arracher à ce général un
décret où le supérieur de la Compagnie a pris

la liberté (sous les yeux de la congrégation de l'Index, du Saint-Office, et du Pontife romain) de condamner sept propositions extraites de l'*Essai sur l'indifférence*[1] ». Mais ceci est peu pour « l'activité et la perfidie » de Rozaven ; avec son parti, il cherche à créer à Lamennais, dans Rome même, une réputation de chef de secte, d'adversaire de l'épiscopat, de réformateur du catholicisme. L'auditeur de Rote pour la France aide de son mieux à cette campagne ; il a vu plusieurs fois le prince Gagarin, ambassadeur de Russie, pour lui monter la tête au sujet des idées révolutionnaires de l'*Avenir*.

Il faut que le Saint-Siège soit instruit de toutes ces manœuvres, afin de n'être point exposé à servir, sans le savoir, les intérêts des plus viles passions.

A faire mauvais accueil aux pèlerins il y aurait d'ailleurs plus de scandale et de péril qu'il ne peut sembler au premier coup d'œil.

Lamennais est « le génie le plus extraordinaire du siècle », sa vie est « irréprochable », son « désintéressement héroïque », la « générosité de ses sentiments » hors de conteste. Son nom seul est une force, dans toute l'Eu-

---

[1] Ce passage du *Votum* de Ventura nous révèle de qui Lamennais tenait ses idées sur Rozaven. — Concernant le décret de Fortis et l'attitude de Rozaven, voir *Études*, 5 juin 1908.

rope. Il a sur la jeunesse de tous les pays
une influence considérable; il a groupé en
France une centaine d'hommes en une sorte
de congrégation religieuse qui a des vœux,
des règles, un noviciat, des maisons d'études[1].
Si les desseins de ses ennemis prévalent à
Rome, qu'arrivera-t-il? Sa foi le défendra sans
doute de la tentation de retourner contre la
religion les armes dont il n'a usé que pour
la défendre. « Mais la prudence conseille
d'éviter les épreuves extrêmes à la vertu des
hommes, surtout quand ils sont français. La
science et la gloire sont choses périlleuses.
Les applaudissements engendrent dans les
âmes les plus nobles une estime d'elles-mêmes
dont elles ont peine à se garantir. Sous le
coup du mépris ou de l'oubli, elles s'irritent
au point d'oublier tous les devoirs. » Ce ne
serait pas la première fois que Rome aurait à
regretter d'avoir eu trop d'égards pour la
puissance de ceux qui peuvent faire la guerre
avec les baïonnettes, d'en avoir eu trop peu
pour la vanité des écrivains capables de
déchaîner une lutte d'idées. On dira peut-
être : l'*Avenir* n'est qu'un journal. Il faudrait
tout ignorer du temps présent pour croire

---

[1] Ventura exagère sans le vouloir l'importance de la congrégation de Saint-Pierre ; mais celle-ci, quoiqu'à ses débuts, était
une force réelle ; et l'on comprend à merveille qu'un avocat
de Lamennais le rappelât au pape. (Voir *Études*, 20 nov. 1910.)

qu'un journal n'est rien. « Un journal français particulièrement est une puissance qui vaut une armée » ; et plus que tout autre cabinet de l'Europe le gouvernement pontifical doit s'en préoccuper, parce qu'il est lui-même un pouvoir d'ordre moral.

Les circonstances sont douloureuses en France pour la papauté. Le gouvernement, par ses origines mêmes, est prisonnier de la Révolution ; s'il vient à prendre définitivement possession du pays, il faut s'attendre à une « persécution solennelle et acharnée ». Quelle ressource providentielle, en face de cet avenir, que cette poignée d'hommes, qui « sans rien demander à Rome se bat pour Rome, s'oppose aux menées antireligieuses du gouvernement, déjoue ses desseins en les dévoilant, crie librement à la face du monde ce que la prudence ne permet pas à Rome de dire, mais qu'il est important que l'on sache et que l'on dise ». Rien donc de plus sage que de ne pas abandonner à eux-mêmes ces combattants, de les « subordonner aux inspirations du Saint-Siège » pour qu'ils soient toujours « les défenseurs de la plus belle des causes et les apôtres de la vérité. »

Pour conclure pratiquement : 1° que le Saint-Père, et surtout ses ministres, accueillent courtoisement les pèlerins.

2° En applaudissant à leur zèle et à leur

courage, qu'on n'omette pas de leur faire observer avec bonne grâce qu'en beaucoup de
points ils se sont montrés plus hardis que
sages.

3° Se garder de leur promettre, et plus
encore de leur donner, une approbation par
écrit de leurs doctrines, même les plus orthodoxes, par crainte qu'ils n'abusent.

4° Pour procéder avec la maturité coutu-
miére à Rome, le pape pourrait nommer une
commission, composée du cardinal Vicaire
Zurla, du cardinal Lambruschini, de Mgr Polidori, secrétaire du Concile, de Mgr Frezza,
secrétaire des affaires ecclésiastiques extraordinaires, du P. Orioli et du P. Lajacome.

5° Cette commission aurait pour objet
d'examiner les mémoires des pèlerins, leurs
doctrines, leurs travaux, et d'indiquer au
Saint-Père les mesures à prendre afin que la
religion conserve à son service cette troupe
d'élite.

Le ton et la manière de ce *votum* sont assez
différents de ceux que présentent en général
les pièces de ce genre. Ventura insiste,
s'émeut, exhorte, comme il aurait pu le faire
dans une conversation avec le pape lui-même.
Cette liberté et cette confiance étaient dans
sa nature ; et la vive amitié qu'il avait pour
Lamennais devait forcément transformer son
rapport de consulter en un plaidoyer habile

et chaleureux. Quelques endroits sont comme frémissants de passion, ou enflés par une imagination grossissante ; d'autres sont coupés à arêtes trop vives par le désir d'être net. Dans son ensemble, ce *votum* était de nature à produire une impression profonde.

Il en produisit pourtant moins que le *votum* de Lambruschini, encore que celui-ci fut plus bref, plus simple et plus froid. L'ancien nonce de Paris observe que tout empressement auprès des rédacteurs de l'*Avenir* serait regardé par eux comme une présomption en faveur de leurs doctrines ; que l'appel de Lamennais à Rome est d'un homme qui vient chercher un triomphe ; qu'il est inouï et indécent qu'un écrivain, dont la doctrine n'a été l'objet d'aucun jugement ecclésiastique, somme publiquement le Saint-Siège de se prononcer sur sa cause ; qu'il s'agit en définitive de s'occuper de ce qu'a pu dire un journal ; que ce journal ayant touché à beaucoup de questions brûlantes, le moment troublé où l'on se trouve n'est peut-être pas très favorable pour prendre une décision qui s'impose aux esprits ; que les cabinets européens ont les yeux fixés sur le pape et pourraient s'alarmer d'une apparence de faveur accordée à des publicistes si peu favorables aux gouvernements établis.

De ces observations préliminaires, le cardinal déduit ses conclusions. Il ne convient pas, au moins à présent, de porter un jugement en forme sur les doctrines politico-religieuses de l'*Avenir*. Avant de recevoir les « pèlerins », le pape ferait bien de les renvoyer pour leurs explications à quelque membre du Sacré Collège, tels que le cardinal secrétaire d'État ou le cardinal Vicaire. Ceux-ci accueilleraient les voyageurs avec amabilité ; mais, loin d'entrer dans aucune discussion, ils leur représenteraient l'inconvenance de leur sommation au pape et son inutilité ; ils leur diraient, sans prévenir autrement la décision du Saint-Père, quelle peine on a éprouvée à Rome, en voyant les défenseurs vaillants de la religion s'aventurer en des théories politiques qui ont scandalisé les meilleurs catholiques de tous les pays. Que s'ils répliquent, comme il faut s'y attendre, qu'on les condamne parce qu'on ne les comprend pas, leur déclarer franchement « que les idées singulières, exagérées et extraordinaires n'ont jamais enrichi le monde scientifique et moral » et que tout homme « bien intentionné » doit « accorder la plus grande valeur à l'opinion des gens éclairés » quand celle-ci est contraire à la sienne. En somme — et c'est le dernier mot de Lambruschini — il n'y a qu'un parti à prendre : « leur faire un bon sermon et les recommander à Dieu. »

En ce temps-là vivait à Modéne un prêtre de vrai talent et de foi ardente qui avait fondé pour la défense de la vérité catholique une revue intitulée : *Memorie di religione, di morale e di litteratura*. Il était notoirement favorable à Lamennais puisque sa feuille en avait loué les écrits. Le pape le connaissait et avait échangé avec lui quelques lettres jadis. Par son ordre, à la date du 3 décembre 1831, Mgr Soglia pria l'abbé Baraldi de dire son avis sur les maximes de l'*Avenir* et quel accueil il convenait de faire aux « pèlerins de Dieu et de la liberté ». La réponse est admirable d'indépendance et de cordialité. Baraldi n'oublie pas l'amitié qui le lie avec Lamennais, il ne lui sacrifie pas non plus le devoir de révéler sa pensée entière. Librement, l'âme tout émue, il raconte ce qu'il sait et il expose ce qu'il juge le vrai et le meilleur.

Dès les premiers numéros de l'*Avenir*, il a pris la liberté d'écrire à Lamennais — c'était à la fin de 1830 — pour le supplier de rebrousser chemin[1]. La lettre demeura sans réponse. Ou sait que les remontrances faites un peu plus tard par Ventura ne lui valurent

[1] Voir *Documents d'histoire*, février 1911.

qu'une réplique amère. Et l'*Avenir* continua à développer ses idées favorites. Or celles-ci sont fausses : le principe de la souveraineté du peuple ayant pour corollaire le droit de révolte, est inadmissible. C'est « une erreur de logique énorme » de partir de l'état particulier dans lequel se trouve la France aujourd'hui, pour établir « une thèse qui bouleverse la constitution de l'Église et de la société, dénature l'esprit de notre religion et fait plier, à l'inquiet, troublé et mobile esprit de ce siècle le pacifique, l'éternel, l'immuable et saint caractère du catholicisme ». Lamennais rappelle Tertullien par « la force de sa dialectique et la fierté de son éloquence » ; Dieu veuille « qu'il n'ait pas une autre ressemblance fatale avec le bouillant africain ! » Et après avoir noté combien, jusque dans son concept de l'autorité pontificale, Lamennais est chimérique, Baraldi laisse échapper ce cri du cœur : « Je le confesse ingénument, Monseigneur, avant de commencer cette lettre, j'étais déterminé à excuser autant que je le pourrais les égarements d'un grand homme, mais en relisant ces feuillets de l'*A-venir*, je n'ai pu ne pas tenir un autre langage. Je serais heureux si on trouvait exagérées mes craintes, et je m'empresserais de souscrire à un jugement autorisé qui fut moins sévère que le mien, attendu qu'il s'agit d'un homme que j'estime et qui m'est si cher. »

Quant à l'accueil a faire aux rédacteurs de l'*Avenir*, s'ils viennent à Rome, il n'y a qu'à se souvenir de la parole d'or de saint Augustin : *Diligite homines, interficite errores.* Lamennais a été maltraité par les Bourbons ; quelques évêques, d'ailleurs respectables, l'ont pris en aversion ; « les bons jésuites eux-mêmes ont poussé trop loin les précautions contre son système, en donnant un catalogue de propositions fausses ; ce qui n'appartient qu'au pape »... Il a erré certainement, et « soutenu des maximes fausses et des principes dangereux ; mais il est homme, c'est un génie, il est français ; il conviendrait selon moi de l'apaiser, de le bien accueillir, de confesser qu'il a raison en certaines choses », sauf à « le prier, à lui commander même, paternellement, de ne plus s'embarrasser de questions politiques ». On ne saurait approuver ses doctrines ; il n'est peut-être pas opportun de les condamner. « Un accueil honorable, l'offre de quelque emploi, un effort pour lui gagner le cœur et lui faire entrevoir combien l'Église et le pape attendent de sa personne, pourraient peut-être le faire revenir vers nous et l'écarter de l'abîme sur les bords duquel il marche depuis plus d'un an[1]. »

[1] Arch. Vat. *Dossier Lamennais*, Lettre du 11 décembre 1831.

Tels étaient les conseils qu'on faisait entendre au souverain Pontife. Ils différaient de ton, de point de vue, de tendance; ils ne s'accordaient guère qu'en un point, à savoir que Lamennais était un homme du plus grand mérite et qu'il s'était trompé gravement. Sur la conduite à tenir à son égard, Baraldi et Ventura insistaient pour la bienveillance, et, si l'on peut dire, les caresses; Lambruschini voulait qu'on lui fît davantage sentir une leçon nécessaire. Ventura seul demandait un examen formel des doctrines. Et il était d'accord en cela avec ses amis de l'*Avenir*. Les pèlerins étaient des hommes d'action qui, au moyen d'un visa ou d'un laissez-passer pontifical, entendaient mettre hors de discussion leur programme politico-religieux.

En annonçant à son frère Jean son départ pour la Ville éternelle, Lamennais l'assurait que son cœur était exempt d'amertume. Hélas! ce ne peut être vrai que d'une minute rapide. Toute sa correspondance témoigne que la suspension forcée de l'*Avenir* — et on le comprend — avait bouleversé l'âme du lutteur.

Une fois parti de Paris, en cours de route, l'espoir dut renaître ; car les « marques de vive sympathie », lisons-nous dans *les Affaires de Rome*, furent prodiguées aux pèlerins de Dieu et de la liberté.

A Lyon, ils firent visite à Mgr de Pins; et Lamennais — comme le prélat s'empressa d'en instruire le cardinal de Grégorio[1] — renouvela les protestations de la soumission la plus absolue aux décisions du Saint-Siège, quelles qu'elles fussent[2]. A Marseille, l'évéque et son neveu se mirent en frais pour fêter les voyageurs[3]. L'abbé de Mazenod avait eu l'occasion de faire savoir qu'il tenait l'*Avenir*[4] pour un déplorable journal. Mais ce dissentiment ne l'empêchait pas d'honorer le caractère, d'admirer le génie et de partager l'ultramontanisme de Lamennais. Se souvenant de ses relations anciennes avec Pacca, il n'hé-

---

[1] Arch. Vat. *Dossier Lamennais*. Lettre du 9 déc. 1831.

[2] Lamennais avait répondu déjà dans le même sens à quelques remontrances du prélat. (Voir dans Forgues, II, p. 214, les lettres échangées en août 1831).

[3] Lamennais le mande à Gerbet dans une lettre du 20 décembre 1831 (Blaize, II, p. 87.)

[4] Le 26 octobre 1830 — dix jours après l'apparition de l'*Avenir* — le fondateur des Oblats écrivait à un supérieur d'une maison de son ordre qu'il défendait la lecture de ce journal et interdisait d'en renouveler l'abonnement : « C'est grand'pitié, ajoutait-il, de voir un homme de génie perdre son temps à faire des articles de journaux pour établir un système ridicule ». (Lettre inédite). — Un peu plus tard, en 1831, Mazenod fit part à Lamennais lui-même de ses critiques (voir Blaize, II, p. 76 et *Vie de Mgr Charles-Joseph-Eugène de Mazenod, évêque de Marseille*, I, p. 587).

sita pas à remettre spontanément à son hôte une lettre de recommandation pour le cardinal.

« Je ne partage pas toutes ses idées, disait le vicaire général de Marseille, mais je connais ses vertus, sa simplicité, son attachement au Saint-Siège... Il n'ignore pas les préventions défavorables qui l'ont devancé dans la Ville sainte ; mais fort des dispositions de son âme toute catholique, il ne craint pas de subir l'épreuve qu'elles lui préparent... Daignez, Monseigneur, admettre M. de la Mennais auprès de vous ; et ses paroles, qui sont l'expression de son âme, persuaderont, mieux encore que sa plume, à votre Éminence, qu'elle peut le présenter, à notre Saint-Père le Pape, comme un fils respectueux et soumis qui ne demande pas mieux que de faire éclater son obéissance aussi loin et aussi haut que sa renommée. »

Ces bons offices ne pouvaient qu'animer les voyageurs à l'espérance. La terre italienne leur ménagea encore quelques surprises agréables. Quand ils passèrent à Pise, le général des Servites s'empressa de visiter Lamennais pour lui exprimer son admiration pour l'*Avenir :* il en trouvait la politique au-dessus de toute censure, malgré tout ce qu'avait pu en écrire Ventura [1].

---

[1] Blaize, II, p. 80. Lettre du 20 décembre 1831.

A Florence, les voyageurs virent plusieurs fois le nonce. Mgr de Brignole les trouva très détachés des partis politiques, uniquement préoccupés de la liberté de l'Église et de l'avenir religieux de la France, bien disposés à obéir au pape. Il prit la liberté de leur recommander la prudence dans les idées, la modération du langage, et il les instruisit du caractère antireligieux des libéraux romagnols. De leur côté, les rédacteurs de l'*Avenir* s'expliquérent avec franchise sur la ligne politique de leur journal et sur le gallicanisme des évêques. Bref, de ces entretiens, le prélat retint une impression favorable : ces hommes étaient sincères, fort éloignés de la démagogie, pleins de talent et de zèle ; leur voyage à Rome servirait à les rendre plus circonspects, comme aussi il pourrait — vu leurs nombreuses relations en Irlande et en Allemagne — aider le Saint-Siège à mieux connaître l'état des affaires religieuses[1].

A Rome, Pacca fut aussi très accueillant et le général des Théatins, oubliant noblement la polémique de février 1831, se mit au service de son ami d'autrefois avec l'empressement le plus généreux. Tout cela était de bon augure[2].

Cependant, l'amertume parfois et l'ex-

[1] Arch. Vat. *Dossier Lamennais.* Lettre du 24 décembre 1831.
[2] Blaize, p. 89, 91. Lettre du 8 et du 28 janvier 1832.

tréme obstination dans les idées de l'*Avenir*
prenaient le dessus, chez Lamennais, de la
façon la plus inquiétante. Pendant son
séjour à Gênes, le fait se produisit dans
une visite chez des amis. Quelqu'un qui était
présent se hâta d'écrire à Vuarin : « J'ai
vu l'abbé de la Mennais à son passage ; il
nous a donné une soirée, et trois heures
durant nous l'avons entendu colérer, extra-
guer, déraisonner. *Quantum mutatus ab illo !*
Son hérésie politique pourrait bien le jeter
dans l'hérésie religieuse ; il va à Rome pour
convertir le pape, et si le souverain Pontife
a l'impertinence de lui rire au nez, M. l'abbé
pourrait bien lui retirer le brevet d'infaillibilité, qui, je le crains, n'a été concédé au
Saint-Siège qu'à charge par lui de reconnaître l'infaillibilité de M. l'abbé de la Mennais et de son école[1]. » L'humour ne devait
pas être étrangère au signataire de cette
lettre et un don naturel de caricaturiste
aura ici forcé les traits. Mais il faut convenir aussi que, dans les explosions violentes
comme celle de Gênes, c'était le vrai fond
de l'âme impatiente et orgueilleuse de Lamennais qui s'échappait à la surface.

Le gouvernement français avait recom-
mandé à son représentant à Rome la vigilance.

[1] *Revue des Deux Mondes*, 1er nov. 1905, p. 191.

Peu de temps après l'arrivée des voyageurs
dans la ville des papes (30 décembre 1831),
Sainte-Aulaire mandait à Casimir Périer,
chargé par intérim du ministère des Affaires
étrangères :

« M. l'abbé de la Mennais et le comte de
Montalembert sont à Rome depuis quinze
jours. Ils se sont présentés à l'ambassade
avec les égards convenables. Dans une visite
que je leur ai rendue, ils n'ont point parlé
du motif de leur séjour, mais ils ont annoncé
l'intention de le prolonger pendant plusieurs
mois. J'étais informé qu'ils n'avaient point
vu le pape. C'est sans doute en suite de l'inutilité de leurs démarches pour obtenir une
audience, qu'ils ont réclamé mon intervention. Par un billet à la date de ce matin, ils
me prient de les présenter au Saint-Père.
J'ai communiqué ce billet au secrétaire d'État,
qui prendra confidentiellement des ordres et
m'en donnera avis. Je ne ferai de demande
officielle pour obtenir l'audience que si nous
sommes d'accord sur ce qui doit y être dit. »

L'ambassadeur de France ne tarda pas à
être fixé sur les intentions de Grégoire XVI.

« La réponse n'a point été favorable quant
à l'audience particulière. On m'a prié de demander seulement la permission de présenter
l'abbé de la Mennais et ses compagnons de
voyage, auxquels on désirait ne parler qu'en

ma présence. Si ceci ne préjuge pas que le pape refuse de recevoir personnellement l'abbé de la Mennais, au moins n'y consentira-t-il que lorsque les questions auront été posées et peut-être examinées à l'avance par les théologiens[1]. »

Étant donnée l'attitude de l'*Avenir* à l'égard du gouvernement, il pouvait paraître singulier que ses rédacteurs fussent introduits au Vatican par l'ambassadeur de Louis-Philippe. Sainte-Aulaire s'en explique « avec ces messieurs », ne leur cachant pas « que la doctrine qu'ils venaient défendre semblait dangereuse pour la paix de l'Église de France » et que, par suite, un agent du roi devait se défendre d'une apparence même d'approbation. Les interlocuteurs de l'ambassadeur ne prirent pas l'observation « en mauvaise part ». Lamennais s'y appuya pour déclarer que « le carlisme » lui était indifférent et qu'il comptait même dans ce parti « ses plus vifs adversaires ».

Ces conversations se tenaient vers la fiu de janvier. Les voyageurs profitèrent de leurs loisirs pour s'occuper de la défense de leur cause.

---

[1] Arch. Aff. étr., *Rome*, 970, f⁰ 66, 74. Dépêche du 19 et du 24 janvier 1832.

CHAPITRE IV

En février 1831, l'*Avenir* avait publié un exposé de ses doctrines sur les deux puissances et leurs rapports, le droit divin, l'amissibilité du pouvoir, l'ordre légal, la liberté de la presse, d'éducation et d'association. Cette profession de foi religieuse, politique et sociale se terminait par une solennelle protestation d'obéissance : « Pour nous, la soumission, qui est notre premier devoir comme catholiques, est en quelque sorte notre être comme écrivains. Toute parole de révolte dans notre bouche, serait le suicide de toutes nos paroles. Car notre premier principe, le principe vital de nos écrits, l'âme de notre intelligence n'est pas un bien qui nous soit propre, et depuis notre doctrine sur la raison, jusqu'à notre foi en la chaire éternelle, de toutes parts nous sommes comme enveloppés d'obéissance. » Lamennais, Lacordaire et Montalembert signèrent à Rome un duplicata de cette pièce. Ils y joignirent un « Mémoire » où les mêmes questions étaient reprises, mais dans leur liaison avec l'histoire même de l'*Avenir*. Ecrit de la main de Lacordaire et rédigé par lui, ce « Mémoire » est l'expression de la pensée commune des rédacteurs du journal. S'il est moins doctrinal en apparence que l'exposé de 1831, ce n'est pas habileté ou prudence particulières de celui qui tient la plume, mais uniquement souci de ne point répéter des choses dites ; d'ailleurs depuis février 1831 — date de « l'exposé » — l'*Avenir* s'était expliqué sur bien des problèmes délicats ; il fallait donc que le « Mémoire » s'appliquât à justifier toutes les positions prises. De là la marche naturelle suivie par Lacordaire ! état misérable de la religion en France sous la Restauration ; dangers que la religion avait à craindre de la Révolution de 1830 ; avantages et inconvénients de la solidarité du trône et de l'autel ; système antireligieux, suivi par le gouvernement de juillet, en ce qui concerne le choix des évêques, l'enseignement, le culte, les ordres religieux ; nécessité pratique de séparer l'Église de l'État ; moyens de défense religieuse commandés par l'état de la société en France : un journal et une agence ; heureux résultats de l'un et de l'autre ; opposition gallicane à tous deux ; ce que la rédaction de l'*Avenir* demande et attend du Saint-Siège.

Toutes les pages de ce plaidoyer ne sont pas également irréprochables. La politique religieuse de la restauration n'y est prise que d'un point de vue défavorable ; celle de la monarchie de juillet est systématisée à plaisir ; la question des rapports de l'Église et de l'État, en droit comme en fait, n'est examinée ni à fond, ni avec justesse ; l'action très réelle de l'*Avenir* et de l'*Agence générale* est exagérée candidement ; l'opposition qu'ils rencontrèrent dans le clergé n'est expliquée que par des motifs insuffisants, alors qu'on en dénonce les actes les plus odieux. C'est ainsi qu'on plaide, en toute bonne foi d'ailleurs. Au milieu des péripéties d'un procès pendant depuis plusieurs années, il était, sans doute aucun, très difficile de parler le langage de la seule raison et de rencontrer en tout point la vérité pure. Mais il est permis de penser qu'une discussion plus exacte, plus impartiale et plus complète, aurait mieux servi la cause que Lacordaire voulait gagner.

Voici ce que l'avocat de l'*Avenir* disait au pape, en terminant sa harangue :

« C'est dans le seul intérêt de la religion catholique, et non dans aucun intérêt personnel, que les rédacteurs de l'*Avenir* ont entrepris le voyage de Rome. Ils ne demandent rien, que de pouvoir se dévouer, au prix de tous les sacrifices, à la sainte cause de l'Église...

« A cet effet, ils osent supplier Votre Sainteté : 1º Qu'afin de dissiper les soupçons d'erreur, répandus contre eux par le gallicanisme, elle daigne faire examiner l'exposition de leurs doctrines.... et que si cette exposition ne contient, sous le rapport théologique, rien de contraire à la saine doctrine de l'Église romaine, Sa Sainteté ordonne que cela soit déclaré, de la manière qui lui semblera convenable.

« 2º Qu'afin de mettre les rédacteurs de l'*Avenir* et les membres de l'*Agence catholique* à même de continuer leur action, si le souverain Pontife le juge utile à la religion, il plaise à Sa Sainteté de faire connaître que n'ayant rien de contraire aux principes catholiques, elle ne peut, par cela même, être l'objet d'aucune désapprobation. »

Et pour achever de convaincre Rome que l'heure était venue de rompre enfin le mutisme où elle se tenait renfermée depuis longtemps, le porte-parole de l'*Avenir* ajoutait :

« A l'égard des doctrines professées dans l'*Avenir*..., le silence du Saint-Siège aurait pour effet, d'affaiblir le courage de ceux qui

lui sont dévoués, de jeter l'indécision dans
un grand nombre d'esprits, de détourner leurs
pensées de Rome, d'ouvrir un vaste champ
aux craintes, aux doutes, aux réflexions tristes
et dangereuses, en même temps que le gallicanisme redoublerait ses efforts pour corrompre
l'enseignement... des séminaires...

« A l'égard du système de conduite adopté
[par l'*Avenir*] pour la défense de la religion, le
silence du Saint-Siège [serait] regardé comme
[une] condamnation, ce qui aurait deux cousé-
quences : la première, qu'il serait désormais
impossible d'opposer aucune résistance aux
oppresseurs de l'Église, et le mal dès lors,
croîtrait avec une rapidité incalculable ; la
seconde, que cette immense partie de la popu-
lation qui, en France et dans les pays circon-
voisins, était devenue l'ennemie du catholicisme parce qu'elle le supposait incompatible
avec les libertés civiles, et qui commençait à
s'en rapprocher depuis la publication de
l'*Avenir*, se persuadant que les principes de
ce journal sont désavoués à Rome, s'éloigne-
rait de nouveau de la religion et avec plus de
haine que jamais.

« Voilà ce que nous avons dû représenter
pour acquitter nos âmes envers Dieu. Le
souverain Pontife jugera dans sa sagesse. Et
maintenant, pleins d'amour pour lui et
dociles à sa voix comme de petits enfants,

nous nous prosternons à ses pieds, en implorant sa bénédiction paternelle ».

Quand ce mémoire fut achevé, et tandis qu'on cherchait un copiste pour en garder le double, Lamennais parut un instant chanceler dans ses résolutions. A ses yeux Grégoire XVI n'est qu'un « bon religieux » pieux, disposé à tout souffrir, mais vieux, ignorant de l'état du monde et de l'Église, incapable d'aucune entreprise, livré à des « conseillers ambitieux, cupides, avares, lâches comme un stylet, aveugles et imbéciles comme des eunuques du Bas-Empire », indifférents à la religion, comptant les peuples pour rien, ne connaissant d'autre divinité que dix ou douze hommes d'État qu'ils croient les maîtres de la politique. En face de ce « triste spectacle », « l'on n'a pour se consoler que les promesses divines, faites à l'Église. Et en attendant l'heure de Dieu, peut-être n'y aura-t-il rien d'autre à résoudre que de s'enfermer dans la solitude de la Chénaie pour laisser passer les mauvaises années » et « préparer » dans le silence une « action nouvelle[1] ».

Cependant, puisque le plaidoyer était fait,

---

[1] Blaize, II, p. 92. Lettre à Gerbet, 28 janvier 1831.

il fallait bien le faire entendre au juge au tribunal duquel on avait fait appel.

C'est le 2 février 1832, jour anniversaire de l'élection de Grégoire XVI, que ce « Mémoire » fut signé par Lamennais, Lacordaire, et Montalembert, et confié au cardinal Pacca doyen du sacré collège. Mais dans cet acte de déférence à l'égard de l'autorité pontificale, les hommes qui le souscrivaient avaient beau protester qu'ils avaient la simple docilité des « petits enfants », leur cœur était tumultueux et inquiet. Voici en quels termes Montalembert épanchait alors ses sentiments intimes :

« Notre démarche, si catholique et si simple, a jeté la Cour de Rome dans un embarras qu'elle ne nous a pas pardonné ; uniquement occupés de leurs intérêts temporels qui se trouvent dans la position la plus critique, les cardinaux et les prélats qui entourent le Saint-Père voient avec le plus grand mécontentement les efforts que nous avons faits pour détacher la religion et l'Église de la cause des rois qui sont, à leurs yeux, la Providence vivante de ce monde. Nous avons contre nous tous les ambassadeurs, naturellement celui de Louis-Philippe, et par-dessus tout celui de l'empereur de Russie, qui, par ordre de son gouvernement, qui nous impute la résistance persévérante et religieuse de la Pologne, a adressé au

Saint-Père plusieurs notes officielles pour demander notre condamnation. Et, chose étonnante, l'empereur de Russie, persécuteur schismatique de la foi catholique dans son empire, est le souverain qui jouit à Rome de la plus grande considération et qui y exerce la plus grande influence. Joignez à tous ces obstacles la frayeur qu'inspirent ici les mouvements de Bologne, le seul mot de liberté, etc., etc., et vous aurez une juste idée des difficultés que nous avons à vaincre. Cependant nous avons acquis la consolante conviction, de la bouche même de nos plus chauds adversaires, que le pape n'avait jamais songé à nous condamner et qu'il ne nous condamnerait jamais. Mais quant à obtenir une approbation patente et officielle, je crois qu'il ne faut pas l'espérer... [notre] mémoire vient d'être terminé et a été mis, hier ou aujourd'hui, sous les yeux du pape ; dès qu'il en aura suffisamment pris connaissance, nous le verrons et nous écouterons sa réponse[1]. »

Les pèlerins étaient donc certains de leur cause ; bien que la faiblesse de leur juge, la bassesse de ses conseils, l'acharnement des puissances ne leur permît pas d'espérer un triomphe éclatant, ils étaient sûrs d'éviter

---

[1] Lettre inédite à Guéranger, du 9 février 1832.

une défaite. Cette confiance se mêlait dans leur âme à beaucoup d'impatience et de mépris.

Cependant Pacca avait remis le mémoire au souverain Pontife qui ordonna à Lambruschini de l'examiner sommairement. Lambruschini loua l'art séduisant de la rédaction. Mais, à son estime, la pièce contenait, avec beaucoup de choses vraies, beaucoup de choses fausses ou exagérées ; elle omettait de dire que les rédacteurs de l'*Avenir* s'étaient faits comme les patrons de la révolution, partout où elle avait éclaté, et les instaurateurs de la démocratie universelle ; enfin elle raisonnait à faux sur le maintien du concordat de 1801. Pour conclure ses brèves observations, le cardinal disait : « En demandant que la censure de ses doctrines porte sur les matières théologiques, l'abbé de la Mennais montre, par cette limitation même, qu'il n'a pas la confiance que ses doctrines politiques puissent être approuvées. Et cette limitation a été imaginée avec malice ; et elle tend, si je ne me trompe, à embarrasser le Saint-Siège ; l'auteur espérant peut-être que, dans cette ligne isolée, on se trouve dans l'impossibilité de le condamner... Je ne verrais donc que deux partis à prendre. Le premier serait de faire dire de vive voix à l'abbé de la Mennais que Votre Sainteté est mécontente des doctrines révolutionnaires professées par lui ; qu'elle blâme hautement que l'*Avenir* ait fondé là-dessus la défense de la religion, comme si la religion approuvait la révolte des sujets contre les souverains, au lieu de la réprouver ; qu'enfin il doit désormais écrire de manière à faire cesser le scandale des bons. Si ce premier parti ne plaisait pas, il resterait à entreprendre un examen formel de toutes les idées menaisiennes, par le moyen de la congrégation du Saint-Office ; le jugement du Saint-Siège serait communiqué à l'intéressé, de sorte que, par sa prompte adhésion à la décision rendue, il pût éviter la condamnation que ses écrits pourraient mériter[1]. »

Après réflexion, et peut-être sur l'avis d'autres conseillers, Grégoire XVI suivit une voie un peu différente de celle que Lambruschini avait indiquée : par son ordre, le cardinal Pacca écrivit à Lamennais une lettre de remontrances et de conseils paternels.

« Sa Sainteté, disait Pacca, tout en rendant justice à vos talents et à vos bonnes intentions, ne m'a pas cependant pas dissimulé en général son mécontentement, à cause de certaines controverses et opinions, au moins dangereuses, et qui ont semé une si grande division parmi le clergé de France et offensé les bons et pieux catholiques.

[1] Arch. Vat. *Dossier Lamennais*..

« Toutefois le Saint-Père a été très satisfait d'entendre, même par votre bouche, que vous êtes, ainsi que vos collaborateurs, dans la disposition franche et bien sincère de vous uniformer, comme des enfants dociles, au jugement du Saint-Siège ; et il m'a paru disposé à faire entreprendre l'examen de vos doctrines, comme vous l'avez demandé.

« Mais un tel examen, qui sera certainement mûr et autant profond que réfléchi, ne pourrait pas être fait sitôt. Il exigera même un long temps avant qu'il soit achevé. Ainsi vous pourrez, Monsieur l'abbé, retourner chez vous avec vos collègues ; car, en son temps, on vous fera connaître le résultat de l'affaire dont il est question [1] ».

Le jour même où Pacca traçait ces lignes, Lamennais mandait à Gerbet : « Ou ne nous blâmera point parce que nos doctrines sont irréprochables, mais on ne nous approuvera pas non plus pour ne pas se brouiller avec les ennemis de l'Église. Nous n'aurions dès lors qu'à nous en retourner, si l'effet terrible que produirait, sur l'esprit des catholiques et plus encore des non catholiques, un semblable déni de justice ne nous imposait un nouveau devoir : celui de faire en sorte

---

[1] Lamennais, dans les *Affaires de Rome,* mentionne cette lettre ; mais il n'en donne pas le texte ; — la minute fut rédigée par Lambruschini.

qu'aux yeux de tous la cause demeure pendante, afin de prévenir le déshonneur du Saint-Siège[1] ».

La lettre de Pacca aurait dû éclairer les rédacteurs de l'*Avenir* sur leur position véritable et les unir dans une résolution commune de renoncer à l'action catholique comme ils l'avaient conçue. Lacordaire seul comprit[2]. Bien qu'on lui représentât qu'en restant à Rome, il avait l'air de vouloir résister en face, Lamennais s'entêta à y demeurer. Avant de quitter Paris, il avait écrit à son ami Vuarin : « Quant aux doctrines, j'ai cru et je crois encore n'avoir soutenu que celles du Saint-Siège. Si je me trompe, il me le dira, et je crierai ma sentence sur les toits »[3]. Hélas ! le mécontentement témoigné par le souverain Pontife n'arracha à Lamennais que des plaintes. Loin de courber la tête sous le blâme discret qui le frappait, il compta que le temps le réhabiliterait aux yeux du pape lui-même ; on lui parlait d'un examen possible de ses idées ; son amour-propre se précipita dans cette possibilité comme si elle lui promettait une revanche prochaine ; il transforma l'indication vague donnée par Pacca, en une promesse

---

[1] Blaize, II, p. 99. Lettre du 25 février.

[2] Lecanuet, *Montalembert*, II, p. 285.

[3] *Revue des Deux Mondes*, 1er novembre 1905. Lettre du 13 novembre 1831.

formelle [1] ; et il en déduisit le devoir absolu
pour lui de se tenir à Rome à la disposition du
tribunal chargé de le juger. Il écrivit donc à
Pacca, au reçu du message pontifical :

« J'ai eu l'honneur de me présenter chez
vous ce matin, pour vous exprimer notre vive
reconnaissance de toutes les bontés que vous
avez eues pour nous, depuis notre arrivée à
Rome, et dont le souvenir ne s'effacera jamais
de notre cœur. Si des circonstances particu-
liéres s'opposent à ce que tous nos vœux,
comme les enfants les plus dociles et les plus
humbles du Père commun, soient accomplis,
nous avons du moins la consolation de savoir avec certitude que nos doctrines seront,
par ses ordres, examinées avec un grand soin
et fixées ensuite par son autorité infaillible,
à laquelle nous sommes et serons toujours
soumis, sans réserve aucune, avec autant
d'obéissance que nous l'avons défendue avec
amour. Et comme vous nous prévenez que
l'examen ordonné par le souverain Pontife
serait nécessairement long, M. l'abbé Lacordaire, dont le séjour ici serait désormais inutile, retournera prochainement en France ;
tandis que M. de Montalembert continuera son

---

[1] Blaize, II, p. 102 : « Nous en avons obtenu tout ce que
nous demandions et que nos ennemis voulaient empêcher :
l'examen de nos doctrines et une audience du pape. » Lettre
à Gerbet, 14 mars 1832.

voyage d'Italie. Je resterai seul à Rome pour fournir les explications indispensables et répondre aux questions que l'on jugera à propos de me faire [1]. »

Avant de se séparer, les trois pèlerins voulurent voir le pape ensemble. C'était un besoin pour leur cœur catholique, une précaution à prendre devant l'opinion, pour voiler le secret de leur échec et de leur désunion. Ne pouvant recourir aux bons offices de l'ambassadeur de France, qui se refusait à les présenter, ils s'enhardirent à une démarche directe auprès du cardinal secrétaire d'État :

« Votre Eminence a sans doute connaissance du mémoire et de la déclaration que nous avons eu l'honneur d'adresser au Saint-Père. Sa Sainteté a daigné nous faire répondre qu'elle ferait procéder à l'examen de nos doctrines. Cependant, comme cet examen pourrait se prolonger un laps de temps considérable, il nous serait infiniment agréable d'être admis, dès à présent, à baiser les pieds de Sa Sainteté. Nous osons vous prier, Mon-

[1] Arch. Vat. *Dossier Lamennais*. Les *Affaires de Rome* ne donnent pas le texte de cette lettre. — Le départ de Lacordaire était résolu dès avant la lettre de Pacca (voir Blaize, II, p. 98. Lettre du 25 février).

seigneur, de vouloir bien obtenir pour nous cette faveur, que le souvenir de nos efforts, faibles mais sincères, pour la cause de l'Église, nous fait réclamer avec quelque confiance. Nous nous sommes présentés plusieurs fois chez Votre Eminence, sans réussir à la voir. C'est pourquoi nous sommes obligés de l'importuner aujourd'hui par écrit[1] ».

Bernetti répondit le 7 mars : « Les occupations de Sa Sainteté, en ces premiers jours de carême, ne permettent pas que la réception de leurs Seigneuries puisse avoir lieu cette semaine. Mais Sa Béatitude a daigné la fixer à mercredi prochain, 13 mars, une demiheure avant midi ; et elle a réglé aussi que leurs Seigneuries lui seraient présentées par le cardinal de Rohan ». En même temps qu'il écrivait ainsi aux pèlerins, le secrétaire d'État, par un court billet, avertit Rohan de sa mission d'introducteur.

Au jour marqué, l'audience eut lieu. Le journal de Montalembert nous en a conservé le récit écrit à l'instant même[2]. Tout se passa comme Sainte-Aulaire mandait à Paris, « en compliments fort gracieux »[3]. Suivant l'expres-

---

[1] Arch. Vat. *Corr. part.* La lettre originale est de l'écriture de Montalembert ; elle est signée par les trois pèlerins. Les *Affaires de Rome* ne parlent pas de cette pièce.

[2] Lecanuet. *Montalembert,* I, p. 228.

[3] Arch. Aff. étr. *Rome,* 970, f° 258. Dép. du 30 mars 1832.

sion de Lamennais, disant à Gerbet ses impressions, « il ne fut en aucune façon question d'affaires ». Bénis par le pape, les trois visiteurs se séparèrent : Lacordaire reprit le chemin de la France, Montalembert se mit à parcourir l'Italie, Lamennais se réfugia chez les théatins, à Saint-André della Valle d'abord, puis à Frascati.

Il regardait l'entrevue obtenue de Grégoire XVI comme une victoire significative. La bonté simple du pontife l'avait touché ; sa réserve au sujet de l'*Avenir* s'expliquait par les circonstances politiques du moment ; sans doute une pareille circonspection était déplorable ; mais la marche inévitable des événements allait y remédier ; et les menées des ennemis n'y pourraient rien. « Le jour de la vérité est plus près qu'on ne croit, écrivait-il à Gerbet. Dites donc à nos amis de ne pas se laisser abattre ni tromper par les mensonges partis d'ici... Notre séjour ici n'aura pas été stérile : la Providence a tout conduit et continuera de tout conduire pour le plus grand bien... N'en doutez pas, plus le pauvre arbre que nous avons planté est battu de la tempête, plus ses racines s'enfoncent profondément[1]. »

Mais jusqu'à ce que vienne le triomphe que

---

[1] Blaize II, p. 108. Lettre du 29 avril 1832. Voir aussi une lettre à Vuarin, 19 avril 1832. (*Revue des Deux Mondes*, 1er novembre 1905, p. 191).

la Providence prépare en brisant tout ce qui doit être brisé, les hommes de l'*Avenir* ne doivent pas rester inactifs. Il faut développer l'*Agence*, recueillir cinquante mille écus pour recommencer le journal à Paris, fonder une maison d'éducation en Belgique, travailler à l'organisation définitive de la congrégation de Saint-Pierre. A entendre Lacordaire, le seul parti sage serait « de s'enfermer dans sa chambre ou de s'en aller rêver aux champs ». Mais ce sont là des idées de juste milieu, dit Lamennais. Quant à lui, et « quoi qu'il en soit des autres », il est « bien résolu à continuer l'œuvre commencée il y a vingt ans » et à ne l'abandonner « qu'à la fin de sa vie »[1].

Ce n'est point là un sentiment passager, exprimé une fois en passant. La résolution de continuer « l'œuvre commencée » est arrêtée, irrévocable. Elle s'affirme vingt fois avec force dans les lettres écrites aux intimes. Quelques-unes de ces lettres, celles à de Coux, par exemple, sont des programmes détaillés d'action[2]. Il est vrai, le pape est contraire ; mais c'est par ignorance du véritable état social des nations européennes, par égard pour les monarchies

[1] *Revue des Deux Mondes*, p. 111. Lettre à Gerbet, 10 mai 1832.

[2] Voir Blaize, II, p. 99, 103, 104, 108, 111, 112, 115, 122. Lettres du 25 février, 14 mars, 29 avril, 10 mai, 15 mai, 2 juin, 31 juillet 1832. — Les lettres à de Coux sont du 5 et du 27 avril ; je les ai publiées dans les *Etudes* du 20 avril 1911.

absolues dont il a besoin pour soutenir son pouvoir temporel, par docilité aux influences des intrigants qui l'entourent ; et puis le temps et Dieu y pourvoiront. Une pareille opposition ne vaut donc pas qu'on la considère. Une seule chose peut compter à Rome, la pensée des rares hommes éminents qui s'y rencontrent : le capucin Micara, le théatin Ventura, le dominicain Olivieri, le carme Mazzetti, Mgr Castracane, Mgr Foscolo ; et tous ceux-là, à ce que dit Lamennais, jugent qu'il faut aller en avant.

Le blâme discret de Grégoire XVI n'a donc produit aucunement l'effet voulu. Non seulement Lamennais n'est pas dépris de son rôle de réformateur et de prophète des temps nouveaux, mais il s'y attache, avec une ardeur accrue encore par l'amertume et le mépris dont son cœur est plein à l'égard de Rome. Et il se met à écrire un volume de 300 pages sur les *Maux de l'Église*.

La diplomatie française était loin de soupçonner un pareil état d'âme. Elle ne savait qu'une chose : le peu de chances d'action qui restait à Lamennais. Quelques jours après l'audience du 13 mars, Saint-Aulaire écrivait à Sébastiani :

« Ainsi que je l'ai mandé dès l'origine à Votre Excellence, la doctrine de l'abbé de la Mennais est parfaitement impopulaire à Rome. Elle choque également les dispositions bonnes et mauvaises qui prévalent dans cette Cour. On y désire sincèrement que la religion n'y devienne point une arme entre les mains des partis. Ou a de plus une aversion bien prononcée contre toute espèce d'innovation et rien n'est plus étranger aux hommes influents que l'esprit d'audace et d'entreprise[1]. »

Appuyé sur ces considérations qu'il regarde comme décisives; sachant d'ailleurs que le pape a fait savoir aux « pèlerins de Dieu et de la liberté » son mécontentement, l'ambassadeur ne s'occupe plus des rédacteurs de l'*Avenir*.

Jusqu'au moment où éclatera l'encyclique *Mirari vos* (15 août 1832), Lamennais est comme inexistant pour le gouvernement français; on ne demande même pas de ses nouvelles. Plus que jamais, on est préoccupé de Rome; mais c'est de la souveraineté temporelle du pape que les diplomates parlent entre eux. Toute la politique de l'Autriche, de la Prusse, de la Russie, de l'Angleterre et de la France est concentrée sur la question de savoir comment s'apaisera la révolte qui a éclaté dans

---

[1] Arch. Aff. étr. *Rome*, 970, f° 357. Lettre du 20 mars 1832.

les Légations, et dans quelle mesure le gouvernement ecclésiastique des États pontificaux deviendra laïque et libéral. Le problème qui mettra en mouvement toutes les chancelleries, après 48 et sous le second empire, se pose déjà et à peu près dans les mêmes termes. Pendant deux ans, Rome sera comme le point fixe de l'attention des puissances ; chacune d'entre elles ayant le désir d'y limiter l'influence de ses voisines et d'y étendre la sienne. Pour le gouvernement de Louis-Philippe tout particulièrement, la chose importe, et parce que la monarchie de juillet vient de naître et parce qu'elle prétend servir au dehors les idées dont elle est plus ou moins l'incarnation dans notre pays.

On le pense bien, la gravité de ces événements n'échappait pas à Lamennais. Dans son pamphlet des *Affaires de Rome*, il y a consacré quelques pages où l'assurance des affirmations et la véhémence du ton cachent une connaissance incomplète et inexacte des faits[1]. Ce récit sommaire, outre qu'il est sujet à correction, ne donne aucune idée des circonstances au milieu desquelles se produisirent l'intervention de l'Autriche, l'occupation d'Ancône, l'action de la Russie. Les longues négociations auxquelles fut mêlé Bernetti et les intermi-

---

[1] *Op. cit.*, pp. 105-109.

nahles conversations des cabinets européens au sujet des États du pape, ne sont pas même soupçonnées du lecteur qui s'en tient à la narration de Lamennais. Les intentions de Vienne, comme celles de Paris, y sont également calomniées. Toute cette histoire est racontée de telle façon qu'une seule impression demeure : pour sauver quelques lambeaux de son pouvoir temporel, le pape est réduit à chercher un appui sur le bras du tzar : et dans le trouble où le jettent ces préoccupations misérables, il sacrifie les Polonais et il oublie la justice qu'il a promise aux rédacteurs de l'*Avenir*.

Ce n'est point le lieu ici d'expliquer toute la politique du Saint-Siège dans la question polonaise. Il suffira de dire que Grégoire XVI lui-même a pourvu à sa propre défense dans un *livre blanc* qu'il fit publier en 1842. Et quant à l'examen des doctrines menaisiennes, on le préparait dans le secret et à loisir. Tandis que le fondateur de l'*Avenir* écrivait son livre *Des maux de l'Église et de la société et des moyens d'y remédier*, des théologiens choisis par le pape rédigeaient les consultations d'où sortiront les jugements prononcés dans l'encyclique *Mirari vos*.

Seuls les dirigeants de la politique européenne ont perdu de vue le journaliste puissant, dont les articles les avait émus au lende-

main des journées de juillet. Lui s'occupe d'eux,
et fait leur examen de conscience. De sa cel-
lule de Frascati, il regarde la vie des nations,
pour chercher dans leurs entrailles profondes
le secret de leur avenir. Dans cette inspection
qu'il voulait universelle, l'Italie, l'Espagne, le
Portugal et la France ont passé sous les yeux
sévères du voyant. Le temps lui a manqué pour
achever le tour de l'Europe. Mais il n'en sait
pas moins ce qui est à faire pour *tout restaurer
dans le Christ* — c'est l'épigraphe qu'il donne
à son livre — dans cette vieille société dont
la révolution s'acharne à ébranler les fondements. « Tous les maux qui désolent le
monde, tous les désordres qui signalent certaines ères de transition ont pour cause principale les opiniâtres résistances opposées à la
loi de progrès qui régit le genre humain. »
On retrouve dans ce langage celui même de
l'*Avenir*. Mais ces mots, jadis emportés par
une feuille volante dans toutes les capitales
de l'Europe, tombent maintenant sur un papier
que seuls liront les yeux d'un ami. Absorbé
dans l'effort nécessaire pour régler le cours
des événements qui se pressent, le monde des
chancelleries ignore les méditations solitaires
du penseur perdu dans le silence d'un cou-
vent de théatins. Il faudra l'encyclique *Mirari
vos* pour rappeler Lamennais à leur souvenir.
Et cela même indique combien celui-ci était

loin de la vérité, quand il voyait dans l'acte
pontifical une pure complaisance arrachée au
chef de l'Église par les instances pressantes
des cabinets européens.

*
* *

Avant que l'examen des doctrines menaisiennes eût commencé à Rome, on s'était préoccupé de l'entreprendre en France. Quand l'archevêque de Toulouse s'ouvrit de son dessein
à l'évêque de Chartres, celui-ci lui envoya une
censure en 61 propositions (avec dissertation préliminaire, notes explicatives et justificatives) œuvre de M. Carrière, professeur à
Saint-Sulpice. Ce travail, repris par Mgr d'Astros, communiqué à des théologiens, particulièrement à MM. Vieusse, Boyer et Carrière,
sulpiciens, finit par devenir la pièce connue
sous le nom de Censure de Toulouse[1]. Dès
que celle-ci eut pris forme, et avant qu'elle
fût achevée, Mgr d'Astros écrivit au cardinal
di Gregorio, grand pénitencier[2] :
« Votre Éminence sait que cet écrivain

---

[1] C'est d'après les correspondances conservées à Saint-Sulpice, que je résume ces faits. La *Vie du cardinal d'Astros*,
par le P. Caussette, ne fournit presque aucun détail pour l'historique de la Censure.

[2] Arch. Vat. *Dossier Lamennais*. Lettre du 29 février 1832.

[L. M.], après avoir donné l'espérance qu'il deviendrait le glorieux défenseur de la religion, a publié des systèmes étranges qui nous ont singulièrement affligés.

« On a eu pour lui, depuis douze ans, tous les égards que son caractère, ses talents, ses vertus pouvaient exiger. Toutes les représentations qu'on a pu lui faire ont été inutiles, et l'on a conçu enfin de graves inquiétudes, quand on a vu qu'il travaillait à se faire de nombreux partisans, et que ses disciples formaient une vraie secte, étant pleins de l'esprit qui anime tous les novateurs. En effet, M. de la Mennais et ceux qui le suivent prétendent réformer toutes choses. Ils ont inspiré au jeune clergé le mépris pour les anciens du sacerdoce, lui ont insinué qu'il fallait savoir s'élever contre la direction des évêques. Ils ont parlé de ces derniers d'une manière tout à fait indigne. »

Et après avoir dit qu'un projet de censure est sur le point d'être envoyé bientôt aux évêques voisins de Toulouse, le prélat ajoutait :

« Nous ne voulons pas, dans le moment, demander au Saint-Père qu'il prononce aucune censure contre les erreurs de M. de la Mennais et de ses partisans, mais seulement prier Sa Sainteté de donner quelque désapprobation formelle et publique de leur doctrine en général, de manière qu'ils ne puissent pas se servir du silence du Saint-Père pour séduire les hommes de bonne foi ».

Le cardinal di Gregorio ne manqua point de soumettre à qui de droit la lettre venue de Toulouse. Le pape donna ses ordres et l'Éminence répondit en racontant tout ce qui s'était passé à Rome depuis l'arrivée de Lamennais : le mémoire remis, la lettre de blâme de Pacca, la présentation des pèlerins par Rohan.

« Je suis chargé, poursuivait le cardinal, de vous assurer de la reconnaissance du Saint-Père au zèle que vous avez pour le bien de l'Église, et de son agrément à ce que vous, avec les autres évêques, vous vous occupiez de l'examen des doctrines en question..... votre ouvrage aidera l'examen qu'on va entreprendre à Rome[1] ».

Encouragé de si haut, l'archevêque de Toulouse se remit à son travail. Le 28 avril, tout était prêt. Un catalogue de 59 propositions condamnées, avec une lettre au pape, furent envoyée à douze prélats du midi. Mgr d'Astros leur disait :

« Veuillez bien examiner les propositions censurées et le jugement qui en est porté, et me faire connaître ensuite, par une lettre particulière, ou votre adhésion, ou les observations qui vous auraient empêché d'adhérer ;

---

[1] Arch. Vat. *Dossier Lamennais*, Lettre du 16 mars 1832.

de courtes explications pourront lever les difficultés.

« Je n'ai pas besoin de dire à V. G. que je n'enverrai cette censure à Rome, avec votre adhésion, qu'après avoir corrigé ou retranché ce que vous n'auriez pas approuvé.[1]»

Le prélat terminait sa lettre en communiquant à ses collègues la réponse qu'il avait reçue du cardinal di Gregorio.

Deux mois s'écoulèrent en correspondances. Les sulpiciens Boyer et Carrière furent priés de donner leur avis. On attendit celui des évêques. L'un d'eux, celui de Montpellier, Nicolas Fournier, avait déjà préparé une énorme réfutation de Lamennais, au triple point de vue philosophique, théologique et politique. Il voulait publier son œuvre ; au reçu de la censure toulousaine, il renonça à son projet et donna à Mgr d'Astros son adhésion pure et simple[2]. Parmi les autres prélats consultés, plusieurs demandèrent des explications, des retranchements, des additions. Dans sa rédaction définitive le catalogue de propositions erronées fut réduit de 59 à 56 ; il y fut joint une lettre latine par laquelle les évêques jus-

---

[1] Arch. Vat. *Dossier Lamennais,* Lettre du 28 avril 1832.

[2] Saurel. *Marie-Nicolas Fournier*, Montpellier, 1892, p. 412. — Ce pays fut d'ailleurs fécond pour la polémique antimenaisienne : l'abbé Flottes et l'abbé Bellugou publièrent, entre 1820 et 1826, plusieurs brochures pour combattre les doctrines de l'*Essai*.

tifiaient leur démarche[1] ; le paquet partit pour Rome le 15 juillet, par les voies les plus sûres[2]. Le 28, le cardinal di Gregorio accusait réception de l'envoi.

« A la hâte, disait-il, j'ai parcouru et ce qui est manuscrit et ce qui est imprimé ; et tout de suite je me suis procuré l'honneur de le remettre entre les mains du Saint-Père qui l'a agréé infiniment ».

En soumettant à l'autorité pontificale la censure portée par eux, les prélats se défendaient habilement et sincèrement de poursuivre une revanche du gallicanisme. Suivant les exemples donnés par l'épiscopat, notamment en 1791 et en 1650, ils sollicitaient l'intervention du pape, en le priant de confirmer leur jugement, « autant et de la manière qu'il le trouverait convenable ».

Nous reviendrons un peu plus tard sur le syllabus dressé à Toulouse. Il suffira d'observer ici qu'il portait moins sur l'*Avenir* que sur l'*Essai*, moins sur la politique que sur la philosophie et la théologie menaisiennes. Cepen-

---

[1] Cette lettre était signée par Brault (Alby), d'Astros (Toulouse), Fournier (Montpellier), Dubourg (Montauban), de Chaffoy (Nimes), de Lostanges (Périgueux), Darbou (Bayonne), de Saunhac (Perpignan), de Gualy (Carcassonne), de Tournefort (Limoges), Savy (Aire), d'Hautpoul (Cahors), Giraud (Rodez).

[2] Dès le 17 juin, d'Astros avait demandé au cardinal de Gregorio comment lui faire tenir la censure.

dant quelques articles du journal étaient cités et réprouvés ; de même, quelques assertions de la déclaration du 6 février 1831.

Cette attitude de l'épiscopat était un fait important qui devait nécessairement modifier à Rome la position des « pèlerins de Dieu et de la liberté ». Le pape leur avait fait dire (le 25 février) par Pacca qu'il était disposé à faire examiner leurs doctrines. La censure de Toulouse ne rendait-elle pas cet examen urgent et indispensable ? Et en toute hypothèse, ne fallait-il pas sortir du silence que l'on avait gardé jusque-là ?

Lambruschini fut chargé d'étudier la question. Il le fit dans un bref rapport, destiné à définir l'objet des délibérations que le souverain Pontife demandait à la congrégation des affaires ecclésiastiques extraordinaires.

« Les doctrines politiques et religieuses soutenues depuis deux ans par M. l'abbé de la Mennais provoquent depuis longtemps les réclamations de l'épiscopat français, qui les regarde au moins comme extrêmement dangereuses et de nature à produire des effets graves et funestes à l'Église de Dieu. Il est démontré par les faits que ces doctrines ont répandu et maintiennent une division fatale, non seulement dans le clergé de France, mais encore parmi celui de Belgique, de Pologne et de l'Allemagne rhénane. Avec grande douleur, les bons et vrais catholiques voient ces idées gâter la tête des jeunes prêtres ; à mesure qu'ils en sont imbus, ils s'écartent de la dépendance due aux évêques, en méprisent l'autorité, deviennent orgueilleux, et au lieu de s'adonner à leur ministère sacré, s'occupent de discussions politiques, fréquentent les réunions des libéraux, deviennent suspects à la puissance civile ; en sorte que, de ministres de l'Évangile qu'ils devraient être, destinés à prêcher la soumission, l'obéissance et la paix, ils se font les instruments des discordes civiles, et sont transformés en démagogues et en factieux. »

Après cet exposé, le rapporteur rappelait que les évêques de France avaient plusieurs fois soit directement soit par l'intermédiaire du nonce, prié le Saint-Siège d'intervenir ; et que les évêques belges ne sentaient pas moins la nécessité de cette intervention. Les cabinets des puissances catholiques étaient d'ailleurs alarmés de la propagande faite par l'*Avenir*. Et enfin les rédacteurs de ce journal réclamaient eux-mêmes un jugement de leurs doctrines. Dans ces conjonctures, conclut Lambruschini, un examen s'impose et le Saint-Père soumet à la sagesse de la congrégation les quatre questions suivantes :

1. Est-il expédient que le Saint-Siège continue à garder le silence, ou doit-on lui conseiller de parler?

2. Si le pape doit parler, sous quelle forme doit-il le faire : par une simple désapprobation manifestée en quelque acte solennel, ou par un jugement doctrinal qui qualifierait certaines propositions, ou par la mise à l'index de l'*Avenir*?

3. Si ces trois partis ne conviennent pas, vu l'étendue du mal, le pape devrait-il lancer une encyclique dans laquelle, sans parler de Lamennais, serait exposée la vraie doctrine de l'Église sur l'autorité des souverains et des sujets?

4. Si ce dernier projet était adopté, quelles seraient les maximes erronnées et périlleuses à condamner, et quels enseignements devraient faire le fond de l'encyclique[1]?

---

[1] Arch. Vat. *Dossier Lamennais*. — A cette *posizione* de la question étaient joints quatre fascicules de pièces annexes. Le premier contenait le Mémoire des rédacteurs de l'*Avenir* et leur déclaration de 1831. Dans le second, on avait réuni un extrait des pages consacrées à l'*Avenir* par Rozaven dans sa préface à l'*Examen* du livre de Gerbet sur la certitude, des observations du même auteur sur le dernier numéro de l'*Avenir* et la profession de foi présentée au Saint-Siège par les rédacteurs. Au troisième fascicule, on trouve un article de l'*Ami de la religion* (27 octobre 1831) et un travail anonyme imprimé à Toulouse sous ce titre : *Idée sommaire du système politique et religieux de l' « Avenir »*. Le quatrième contient des réflexions du P. Orioli sur l'*Acte d'Union*; trois écrits de Lambruschini : jugement sur l'abbé de la Mennais, observations sur le mémoire des rédacteurs de l'*Avenir*, dissertation sur l'origine, de la nature et des droits de la puis-

Suivant l'usage usité dans la procédure des congrégations romaines, la *posizione* de la question fut imprimée avec les pièces annexes qui pouvaient éclairer les juges ; on demanda en outre à plusieurs consulteurs, pris en dehors du sacré collège, leur *voto* par écrit sur les questions posées. Quatre au moins d'entre eux nous sont connus : le P. Orioli conventuel, le P. Rozaven jésuite, les deux prélats Soglia et Frezza ; et nous allons présenter leurs conclusions.

Lamennais a écrit dans les *Affaires de Rome* : « Nous avions soumis au Saint-Siège une exposition exacte et nette de nos doctrines. Jamais, que nous sachions, elle n'a été examinée. Cependant il semble que c'était là surtout qu'il fallait chercher nos sentiments, les principes que l'on devait condamner ou approuver : on en jugea différemment ; sur quels motifs, nous l'ignorons. Il ne paraît pas qu'on éprouvât un désir excessivement vif de connaître nos pensées et d'en occuper les consulteurs romains [1] ».

sance souveraine et des devoirs des sujets à son égard ; deux lettres de l'abbé Baraldi, ami de Lamennais ; une note de Mgr de Quélen ; l'extrait d'une lettre adressée au cardinal de Rohan ; deux lettres de Garibaldi, internonce à Paris ; deux articles de l'*Invariable* de Fribourg.

[1] Dans une lettre à Emm. d'Alzon Lamennais écrivait le 10 avril 1842 : « On dit que cet examen [de nos doctrines] est commencé ; mais quand finira-t-il ? » (*Mois littéraire*, juillet 1901, p. 16).

Les historiens jusqu'ici ne se sont pas assez tenus en garde contre ces assurances et ces ironies du grand homme. Peu au courant des habitudes romaines, ils ont pensé qu'après tout Lamennais devait être informé; et ils ont répété son dire, en l'atténuant à peine[1]. On voit ce qu'il en faut croire. La procédure en usage dans les affaires de quelque importance a été suivie dans celle-ci. Le désir exprimé par Ventura dans le *voto* dont il a été fait mention plus haut, s'est réalisé. Une commission, plus nombreuse même que celle qu'il souhaitait, a été chargée d'examiner la cause de l'*Avenir*. Et voici l'avis exprimé par les consulteurs.

Tous sont d'accord pour estimer que le pape ne peut plus garder le silence. Il doit la vérité à ceux qui la réclament de lui, et les menaisiens, comme l'épiscopat, demandent une sentence. Si Rome continuait à se taire, on continuerait à penser qu'elle tolère, sinon qu'elle approuve, les doctrines de l'*Avenir*; à l'abri de cette fâcheuse interprétation, la contagion de l'erreur ne ferait que s'étendre. Pour remédier au mal, ni une mise à l'index, ni un simple désaveu du journal ne sauraient

[1] Cependant le P. Lecanuet, dans son *Montalembert* (1895), raconte (I, p. 491) d'après le journal de Montalembert lui-même, que Grégoire XVI, le 13 janvier 1837, s'expliqua, avec son visiteur touché et reconnaissant, sur cet examen des doctrines de l'*Avenir*.

suffire. Ce qui conviendrait le mieux assurément serait une liste de propositions qualifiées
et condamnées ; malheureusement un pareil
travail est délicat et long, et il est urgent
d'agir. Les souverains pontifes à leur avéne-
ment ont coutume d'écrire une lettre à l'univers catholique ; le Saint-Père pourrait profiter
de cette occasion, pour rappeler les vérités
opportunes. Parmi ses prédécesseurs, plusieurs ont fait ainsi. En flétrissant les idées
menaisiennes, il serait prudent de ne point
nommer leur père ; personnellement condamné, il se laisserait peut-être entraîner aux
derniers excès. Mais il faut blâmer très nettement la souveraineté du peuple, la séparation
de l'Église et de l'État, la liberté des cultes
et celle de la presse. Toutes ces théories
dérivent d'un certain indifférentisme religieux
que la foi réprouve. Et il serait bon de leur
opposer la doctrine catholique, sur l'origine
du pouvoir tant ecclésiastique que civil,
l'union des deux puissances, la nécessité
sociale de la vérité.

Telles sont, dans leurs grandes lignes, les
consultations émises par les théologiens. Évidemment chacun d'eux a sa libre allure. Les
prélats, familiers avec le travail des congrégations romaines, vont d'instinct à la re-
cherche des précédents, butinent quelques
textes heureux dans les collections patrolo-

giques ou conciliaires, s'oublient à disserter
savamment ; bref, leurs rapports trahissent
des hommes de la carrière. Orioli et Rozaven
ont une autre marque. Depuis dix ans, celui-
ci a suivi, par le devoir de sa charge, tout le
mouvement menaisien philosophique d'abord,
politico-religieux ensuite. Il vient de publier
un volume pour réfuter les théories de Gerbet
sur la certitude[1]. Dans l'introduction de ce
volume, il s'est appliqué à réfuter les idées
maîtresses de l'*Avenir*. De tous les consulteurs, c'est lui qui a la connaissance la plus
étendue de l'œuvre de Lamennais, et a le sentiment le plus vif du trouble que la propagande menaisienne a jeté dans les esprits ; il
a d'ailleurs le courage et l'habitude de prendre
ses responsabilités, et une main faite pour
gouverner hardiment. Ou ne saurait être surpris que son vote soit le plus pressant de
tous, le plus offénsif, si l'on peut dire. Nommer ou ne point nommer Lamennais dans
l'acte pontifical lui est indifférent. Mais il est
à son avis indispensable de dire sans détour
que l'on condamne les erreurs de l'*Avenir*. Et
toute la dernière partie de sa consultation est
consacrée à exposer quelles elles sont. Orioli
aussi connaissait Lamennais. Il faisait partie
de ce petit groupe de religieux qui formaient

---

[1] Voir *Études*, 5 juin 1908.

à Rome un vrai cénacle de menaisiens. Mais les témérités du maître et des disciples semblent avoir mis dans cette amitié je ne sais quel désenchantement. Le conventuel des saints Apôtres se demande avec inquiétude si ces hommes ont dans le cœur la soumission qu'ils professent de bouche si bruyamment. Néanmoins il faut parler et condamner, sans aucun doute. Orioli le dit avec la netteté des autres théologiens. Seulement — et c'est là un mouvement de la sympathie d'autrefois — il voudrait que le document pontifical, tout en taisant le nom de Lamennais, fît une allusion discrète à ses services passés, et marquât l'espoir que le Seigneur emploierait de nouveau le talent de l'écrivain à édifier et non à détruire.

Au sujet des doctrines de l'*Avenir*, l'unanimité des consulteurs est absolue : ce sont les mêmes idées qu'ils signalent et condamnent sur le pouvoir, le droit de révolte, la séparation de l'Église et de l'État, les libertés modernes. En dissertant là-dessus, chacun suit ses habitudes d'esprit particulières. Orioli, plus réservé que les autres, ne traite la question qu'indirectement en indiquant quels sont les points de doctrine catholique à rappeler par le pape. Soglia mentionne les actes de Pie VI en matière de liberté et la doctrine de Richer sur le pouvoir civil. Rozaven, sans

appareil d'érudition, caractérise et discute
brièvement, une par une, les thèses de l'*Avenir* sur la liberté religieuse, civile et politique,
la liberté de la presse et d'éducation, la
liberté universelle. Frezza analyse à loisir les
concepts, cite avec complaisance ses auteurs,
essaye des synthèses. Uni à celui de Rozaven
son travail fournit les éléments d'une discussion nette, étendue et solide, des principales
théories hasardées par l'*Avenir*, encore que
tel détail secondaire en soit mal venu et contestable. Et le docte secrétaire de la congrégation des affaires ecclésiastiques conclut de
son étude que les théories menaisiennes
peuvent être en grande partie considérées
comme respectivement fausses, erronées,
impies, téméraires, injurieuses à l'Église et
pernicieuses à son gouvernement, séditieuses,
offensives de la souveraineté et des autorités
légitimes, tendantes à la subversion de
l'ordre public tant ecclésiastique que politique
et social, fleurant l'indifférentisme et le tolé-
rantisme religieux, contraires à la doctrine et
à l'esprit de l'Église catholique, et réprouvées
par elle en d'autre temps.

Le secret le plus religieux ayant protégé cette
étude des idées de l'*Avenir*, Lamennais n'en

soupçonne rien ; il va répétant à satiété dans
sa correspondance qu'il s'ennuie à mourir,
que Rome est un cloaque des plus viles passions ; mais il a, dit-il, une double certitude :
ses doctrines ne seront pas condamnées parce
qu'elles sont « en réalité le catholicisme
même » ; bien mieux, elles deviendront « le
principe régulateur du monde nouveau que la
Providence couve sous ses ailes ». Au reste,
les complications politiques amenées par le
soulèvement des Romagnes empêcheront plus
que jamais le pape de parler. Il n'y a donc
qu'à quitter la place : c'est le moyen d'en finir
avec le spleen, d'éviter la malaria, de sortir
d'une position fausse, de reprendre en France
un rôle nécessaire[1].

Dans la dernière lettre écrite de Rome à
son frère, Féli dit résolument : « Je partirai
le 9 de ce mois (juillet), avec Montalembert
qui n'a point voulu me quitter. Notre mission ici est désormais remplie. Les hommes
les plus distingués regardent notre cause
comme gagnée près du Saint-Siège, dès
que, pressé de nous condamner si nous
avions erré sur quelque point de doctrine,
il a gardé le silence ; et ces mêmes hommes
nous pressent de reprendre nos travaux,
sans nous inquiéter des oppositions épis-

[1] Forgues, II, p. 276, 240, 242. Lettres du 10 février,
29 avril. 1er mai 1832.

copales s'il nous arrivait d'en rencontrer encore [1]. » Les *Affaires de Rome* exhalent plus d'amertume, mais témoignent la même ignorance de l'examen doctrinal fait à Rome et en France [2]. Au milieu des complications de la politique européenne, Grégoire XVI, dit Lamennais, « oubliait complètement l'*Avenir* et ses rédacteurs ; et puis l'on comprend qu'il éprouvât une répugnance à s'expliquer sur des questions liées, en des sens divers, aux plus importants intérêts de la société actuelle, à tout ce qui remue les peuples et effraie les rois. Il fallait bien cependant que notre incertitude eût un terme. Après avoir pris conseil de quelques hommes éminents, nous nous décidâmes à annoncer que ne recevant aucune réponse de l'autorité catholique, n'ayant dès lors d'autre guide que nos convictions personnelles, nous allions retourner en France pour y recommencer nos travaux... C'était au mois de juillet, vers le soir. Des hauteurs qui dominent le bassin où serpente le Tibre nous jetâmes un triste et dernier

---

[1] Blaize II, p. 117. Lettre du 1er juillet 1832.

[2] Il convient cependant de noter ici le dire d'Orioli dans son *Voto*. Ayant deviné, soit par l'attitude des cardinaux à son égard, soit par les rapports de ses explorateurs, que l'examen de ses doctrines lui serait contraire, Lamennais serait entré en fureur et aurait juré de quitter Rome. Orioli assure tenir les faits d'un confident de Lamennais ; et tel autre détail date, approximativement, cette conversation de la fin de juin.

regard sur la ville éternelle. Les feux du
soleil couchant enflammaient la coupole de
Saint-Pierre image et reflet de l'antique éclat
de la Papauté elle-même. Bientôt les objets
décolorés disparurent peu à peu dans l'obscu-
rité croissante. A la lueur douteuse du crépuscule, on entrevoyait encore çà et là, le long
de la route, des restes de tombeaux. »

Pour ce voyageur mélancolique et irrité, ces
sépulcres et cette nuit tombante étaient un
douloureux symbole. Son œil s'y arrêtait,
parce qu'il portait en son âme la vision de la
fin prochaine d'un monde auquel le pape
aveuglé se flattait de conserver l'existence. Et
combien ce spectacle l'eût obsédé et angoissé
d'une façon plus poignante encore, s'il avait
connu les secrets de sa destinée ! Tandis qu'il
quittait Rome, Mgr d'Astros prenait ses dernières dispositions pour faire tenir au cardinal di Gregorio la censure de Toulouse. Quand
le paquet parvint à destination, Lamennais
venait de traverser Florence et Bologne, dévi-
sageant au passage les toscans endormis dans
leur antique gloire, tels que les « fellahs cou-
chés sur le seuil des temples de Thèbes », et
les romagnols inquiets comme s'ils avaient vu
sur une mer stagnante « flotter quelques
plantes inconnues annonçant un monde nouveau ». En offrant à Mgr d'Astros les remerciements de Grégoire XVI et les siens, pour le

travail envoyé, le cardinal di Gregorio ajoutait : « A ce que je pense, vous aurez la
réponse avec la lettre encyclique que le Saint-
Pére veut publier le 15 août, et dans laquelle
vous trouverez publiées les maximes qui sont
à propos de l'affaire en question. Dès son
élection, le pape s'est trouvé en des troubles
bien extraordinaires, qui ne lui ont pas permis
de faire entendre sa voix aux évêques suivant
l'usage de ses prédécesseurs. J'espère que le
moment sera le jour sus-indiqué, dans lequel
il pourra accomplir son désir. Cependant ce
n'est que mon avis particulier que je vous
mande. »

Ces lignes sont du 28 juillet. A cette date,
la congrégation des cardinaux qui devait donner au pape son avis sur les quatre questions
examinées par les consulteurs, ne s'était pas
encore réunie. Mais elle allait le faire. En voya-
geant à petites journées sur le chemin de
Venise à Munich, Lamennais s'était arrêté à
Inspruck. Une visite au tombeau colossal de
Maximilien entouré de vingt-huit statues de
bronze, l'avait impressionné vivement. « Il
semble que ces morts, dit-il, quittant la fosse
où ils dormaient, se soient traînés là, sous le
poids de leurs vieilles armes, pour se dire
après de longs siècles, au pied d'un sépulcre,
les misères et le néant de la puissance, la
vanité de l'ambition qui tourmente le monde,

pour ne laisser d'elle d'autres traces que des ruines et une poignée de cendres. » Comme le grand écrivain philosophait ainsi sur le rien des grandeurs d'ici-bas, quelques cardinaux décidaient de son sort. Dans leur assemblée, ils ratifièrent les conclusions présentées par M⁅gr⁆ Frezza, et un projet de lettre apostolique conforme à ses conclusions. Sans que Lamennais fût nommé, le document pontifical flétrirait certaines doctrines sur le droit de révolte et les libertés modernes et rappellerait sur ce point la vérité catholique. C'est le 9 août que ces décisions furent prises. Le 15 parut l'encyclique *Mirari vos*.

Les historiens répètent à l'envi que si dans cette pièce quelques endroits visent l'*Avenir*, ce fut une rédaction improvisée à la dernière heure. A son passage à Florence, Lamennais aurait eu l'imprudence de confier au nonce son dessein de continuer son œuvre ; le nonce épouvanté aurait averti le pape ; celui-ci aurait donné l'ordre à M⁅gr⁆ Polidori de glisser au plus vite, dans la lettre pontificale déjà prête, quelques alinéas discrets contre le nouveau Savonarole. Cette manière dramatique d'accommoder une encyclique manque totalement de vraisemblance. Au surplus, voici la dépêche adressée à Rome par l'auditeur de la nonciature de Florence Feliciangeli.

« L'abbé de la Mennais et ses deux compa-

gnons m'ont fait une longue visite. Ils ne
paraissent pas trop satisfaits de l'accueil qu'on
leur a fait ; le premier d'entre eux surtout m'a
parlé en termes exprès d'un certain bref aux
évêques de Pologne, dont il croit que l'Émi-
nentissime Lambruschini est l'auteur, et qui
aurait selon lui d'incalculables conséquences.
J'aurais fait volontiers bien des objections sur
nombre d'articles — bien entendu, avec la
réserve et la modestie qui conviennent — et
particulièrement sur la liberté de la presse,
sur leurs opinions au sujet des Polonais et des
Belges, sur l'indépendance du clergé à l'égard
de la puissance laïque à la manière dont ils
l'entendent. Mais je n'ai pas voulu mettre le
feu à la mèche ; et d'autre part l'éloquence
d'un métaphysicien aussi raffiné me conseillait
plutôt de me taire. Je me bornai donc à lui
demander si l'entreprise de l'*Avenir* aurait
une suite. Et lui de m'assurer que de retour
en France il mettrait de nouveau la main à
l'œuvre, et rédigerait un journal sur les
mêmes bases que l'*Avenir*[1]. »

Cette réponse, que l'auditeur de la nonciature transmet à la fin de sa dépêche, et sans
la souligner autrement, n'apprenait à la secrétairerie d'État rien de nouveau. La confidence faite à Florence était un bruit public

---

[1] Arch. Vat. *Corr. Nonc.* Lettre du 21 juillet 1832.

à Rome depuis longtemps. Pendant des mois,
le propos avait jailli, à toute occasion, de la
bouche de Lamennais. L'encyclique *Mirari vos*
ne dérive pas et ne saurait dériver d'un mot
échappé dans une conversation avec un diplomate. Elle est la conclusion du laborieux travail d'examen entrepris par les consulteurs
romains ; elle est la conséquence de l'obstination mise par Lamennais à ne pas comprendre
la leçon discrète donnée par la lettre de
Pacca le 25 février.

CHAPITRE V

L'ENCYCLIQUE *MIRARI VOS* COMDAMNE-T-ELLE LAMENNAIS EST-ELLE UN ACTE DOCTRINAL OU UN ACTE DE COMPLAISANCE POLITIQUE ?

Quand on parle de l'encyclique *Mirari vos*, on a coutume d'en citer quelques passages pour ainsi dire classiques sur le libéralisme et l'indifférentisme, comme si Grégoire XVI, par son acte, n'avait pas eu autre chose en vue que d'attirer sur ces deux points l'attention des catholiques. Il faut faire à la parole pontificale l'honneur de la prendre comme elle est, avec sa largeur et sa complexité.

C'était la première fois, depuis son avènement, que le pontife s'adressait à l'univers catholique. Or il avait un sentiment profondément douloureux des conditions misérables où se trouvait l'Église en beaucoup de pays. Il témoignait trop sa peine aux ambassadeurs accrédités auprès de sa personne, pour ne pas la crier *urbi et orbi*, selon le devoir de sa charge apostolique. Sans paradoxe, on peut observer que toutes les grandes et justes plaintes dont Lamennais avait saisi l'opinion par ses livres éloquents, ont un écho discret dans l'encylique *Mirarivos*.

« Nous pouvons dire avec vérité que c'est l'heure de la puissance des ténèbres... C'est le triomphe du mal enhardi, d'une science impudente, d'une licence sans retenue. Les choses saintes sont méprisées, et la majesté du culte divin, qui est aussi puissante que nécessaire, est blâmée, profanée, tournée en dérision par des hommes pervers. Aussi la saine doctrine se corrompt et les erreurs de tout genre se propagent-elles audacieusement. Ni les lois de l'Église, ni ses droits, ni ses institutions, ni les disciplines les plus saintes ne sont à l'abri des insultes des langues d'iniquité. On attaque avec acharnement cette chaire romaine du bienheureux Pierre qui est le fondement donné par Jésus-Christ à l'Église, et les liens de l'unité se relâchent et se rompent de jour en jour. La divine autorité de l'Église est contestée, plus un de ses droits n'est debout, elle est piétinée par la politique humaine, livrée par une souveraine injustice à la haine des peuples, réduite à une honteuse servitude. L'obéissance due aux évêques est enfreinte et leurs droits sont foulés aux pieds. On entend retentir dans les académies et les gymnases des doctrines nouvelles, monstrueuses et qui font horreur ; la foi catholique y est attaquée, non plus sournoisement et

avec détour, mais publiquement, ouvertement, par une guerre criminelle qui épouvante; car lorsque la jeunesse est corrompue
par les leçons et les exemples des maîtres, que
peut-on attendre sinon de grands désastres
pour la religion et une profonde perversité
des mœurs? Et lorsqu'on a secoué le frein de la
religion divine, par laquelle seule les royaumes
subsistent et la force du pouvoir est garantie,
que peut-ou voir se préparer si ce n'est la
ruine de l'ordre public, la chute des princes,
le renversement de toute puissance légitime?
Et ces calamités accumulées proviennent surtout de la conspiration de ces sociétés dans
lesquelles tout ce qu'il y a, dans les hérésies
et les sectes les plus criminelles, de sacrilège,
de honteux et de blasphématoire, s'est écoulé
comme dans un cloaque, où seraient réunies
toutes les fanges. »

Dans ce sombre tableau, que pouvait trouver
à désirer l'auteur des *Maux de l'Église*? Et de
même, que manquait-il pour lui plaire, aux
protestations du Pontife contre les théories
des légistes au sujet du célibat ecclésiastique
et l'indissolubilité du mariage; à l'exhorta-
tion chaleureuse faite aux pasteurs de se rattacher étroitement à la chaire de Pierre,
comme au centre nécessaire de l'unité et de
la vérité catholique; à la recommandation
adressée aux jeunes clercs de ne pas peser

dans une balance humaine les mystères de la foi qui surpassent toute intelligence?

Grégoire XVI ne pouvait douter que l'adversaire le plus décidé du rationalisme, du gallicanisme et du régalisme, dans notre pays, n'applaudît à ces leçons opportunes. Mais le devoir de sa charge doctorale voulait aussi qu'il donnât à Lamennais les avertissements que ses outrances, ses erreurs et l'éclat de sa propagande avaient rendus indispensables. Le cardinal Pacca fut chargé de lui indiquer quels passages de l'encyclique réclamaient de lui une particulière attention. Comme le pèlerin était en route pour la France, par l'Allemagne et la Belgique, le nonce de Munich et l'internonce de Paris eurent ordre de s'industrier pour lui faire tenir l'encyclique pontificale et le commentaire qui y était joint. Les circonstances firent que les papiers romains furent remis à Lamennais dans la capitale de la Bavière par les soins de Mgr d'Argenteau.

C'était le soir du 30 août. Lacordaire était venu rejoindre, à Munich, le maître et Montalembert. Des amis avaient offert un banquet d'honneur aux trois hommes dans lesquels ils voyaient les meilleurs champions du catholicisme en France. Un concert acheva la fête. Tandis qu'un artiste chantait, Lamennais fut appelé à la porte de la salle. Un homme lui remit un pli en exigeant un récépissé. Sur un chiffon de papier gris de quelques centimètres, Lamennais traça ces lignes : « J'ai reçu le paquet venant de Rome qu'on a eu la bonté de m'envoyer de la nonciature de Munich. » L'écriture a la fermeté et la régularité coutumières. La main n'avait pas tremblé. Mais le cœur dut battre à rompre la poitrine, quand du paquet ouvert s'échappèrent l'encyclique du pape et la lettre de Pacca. Le convive reparut pourtant dans la salle, maître de lui. Ce fut seulement à la fin de la réunion, en se levant de table, qu'il dit à Lacordaire, à mi-voix : « Il y a une encyclique du pape contre nous ; nous n'avons qu'à nous soumettre. »

C'était bien juger et bien sentir. Au surplus Grégoire XVI, dans sa prévoyance paternelle, avait pris ses précautions pour que Lamennais fut éclairé sans être blessé. Pacca écrivait au fondateur de l'*Avenir* :

« ... Dans la lettre encyclique... vous verrez, Monsieur l'abbé, les doctrines que Sa Sainteté réprouve comme contraires à l'enseignement de l'Église et celles qu'il faut suivre selon la sainte et divine tradition et les maximes constantes du Siège apostolique. Parmi les premières, il y en a quelques-unes qui ont été traitées et développées dans l'*Avenir*, sur lesquelles le successeur de Pierre ne pouvait se taire.

« Le Saint-Père, en remplissant un devoir sacré de son ministère apostolique, n'a cependant pas voulu oublier les égards qu'il aime à avoir pour votre personne, tant à cause de vos grands talents que de vos anciens mérites envers la religion. L'encyclique vous apprendra, Monsieur l'abbé, que votre nom. et les titres mêmes de vos écrits d'où l'on a tiré les principes reprouvés, ont été tout à fait supprimés.

« Mais comme vous aimez la vérité et désirez la connaître pour la suivre, je vais vous exposer franchement, et en peu de mots, les points principaux qui, après l'examen de l'*Avenir*, ont déplu davantage à Sa Sainteté. Les voici.

« D'abord elle a été beaucoup affligée de voir que les rédacteurs aient pris sur eux de discuter en présence du public et de décider les questions les plus délicates, qui appartiennent au gouvernement de l'Église et à son chef suprême...

« Le Saint-Père désapprouve aussi et réprouve même les doctrines relatives à la liberté civile et politique, lesquelles, contre votre intention sans doute, tendent de leur nature à exciter et propager partout l'esprit de sédition et de révolte...

« Les doctrines de l'*Avenir* sur la liberté des cultes et la liberté de la presse, qui ont été traitées avec tant d'exagération et poussées si loin par MM. les rédacteurs, sont également très répréhensibles et en opposition avec l'enseignement, les maximes et la pratique de l'Église... ̄

« Enfin ce qui a mis le comble à l'amertume du Saint-Père est l'*Acte d'union* proposé à tous ceux qui espèrent encore en la liberté du monde et veulent y travailler... Sa Sainteté... réprouve un tel acte et pour le fond et pour la forme... » [1].

Mieux que toutes les réflexions personnelles, des déclarations aussi nettes étaient faites pour fixer Lamennais sur sa situation. Le pape ne le blâmait pas seulement des imprudences commises, mais des idées contraires à l'enseignement de l'Église.

Les termes sont formels. Il suffit de lire. Et il est surprenant qu'aujourd'hui encore des historiens ne voient pas comment le cardinal Pacca, en commentant la parole pontificale pour les rédacteurs de l'*Avenir*, mettait directement en cause leur orthodoxie. Il faut ici une explication loyale et complète.

Grégoire XVI appelle « absurde, erronée et

[1] Lamennais, dans les *Affaires de Rome*, a cité cette lettre de Pacca *in extenso*. Je la cite ici, d'après l'original auquel

folle la maxime qu'il faut affirmer et revendiquer pour n'importe qui la liberté de conscience » ; il dérive cette maxime, de l'indifférentisme d'aprés lequel « toutes les croyances
sont bonnes pour le salut éternel, à condition
que les mœurs soient réglées selon le juste
et l'honnête » ; il observe que c'est « préparer le chemin » à la liberté de conscience
la plus absolue que de proclamer « utile à la
religion « la pleine et entière liberté d'opinion » aujourd'hui régnante, « au grand dommage de la société civile et religieuse » ; il
proclame que le droit de tout imprimer n'est
pas plus admis par l'Église que celui de renverser les trônes.

Sur chacun de ces cinq points Lamennais
pense-t-il en antithèse ? Il a expliqué longue-
ment, dans les *Affaires de Rome* et dans la
préface des *Troisièmes mélanges*, ce qu'il
avait en tête, au moment où Grégoire XVI
promulgua l'encyclique *Mirari vos*. Au reste
son livre *Des progrès de la Révolution et de la
guerre contre l'Église*, aussi bien que le
Mémoire remis au pape en février 1832 et la
correspondance avec Senfft ou Ventura, nous
offrent le moyen sûr de contrôler les plaintes
de l'écrivain condamné, par les espérances du
fondateur de l'*Avenir*. Le rapprochement de

d'ailleurs le texte publié par Lamennais est pleinement conforme.

tous ces textes amène l'historien à des conclusions assez complexes.

Avant tout, il convient d'observer que
Lamennais ne discute que pour agir. En étu-
diant les phénomènes de la vie de son temps
il constate qu'un mouvement vers la liberté
y est déchaîné et que les princes y font obstacle. Ils se servent des lois contre les
libertés politiques des citoyens, de la censure
contre la liberté de la presse, du concordat et
des articles organiques contre la liberté de
l'Église. Avec une égale ardeur, Lamennais
réclame l'abolition du Concordat, de la censure, des formes du pouvoir absolu. Du même
cœur satisfait, il applaudit aux sujets qui le
fusil à la main arrachent aux despotes des garanties constitutionnelles, aux écrivains qui
bravent la prison plutôt que de taire la parole
dictée par le devoir, aux évêques qui tiennent
pour non avenues les ordonnances anticano-
niques des rois. Sans confondre ces nobles
causes, il les tient toutes pour sacrées ; dans
les blessures souffertes par chacune d'elles,
il voit une injure faite à Dieu même ; car de
Dieu seul dérivent les droits de l'Église, de la
conscience et des peuples. Théoriquement il
sait que le mal et l'erreur n'ont point de
droits, que les abus de la liberté ne sont ui
moins probables ni plus légitimes que ceux
de l'autorité. Mais il lui paraît évident que les

hommes d'un même pays et de n'importe quel
pays étant solidaires, et la vertu du bien et
du vrai étant indéfinie et supérieure, défendre
la liberté d'autrui est pour les catholiques le
moyen indispensable, non imprudent, et par
conséquent licite, de revendiquer leurs libertés propres. A parler rigoureusement, ce libéralisme ne distingue pas entre la thèse et
l'hypothèse. Ceci est une vue de plus tard.
Le mouvement de l'*Avenir* est un mouvement
de générosité et d'indépendance; il procède
d'une compassion sincère pour les opprimés
et d'une naturelle horreur du frein. Si à ces
sentiments on veut assigner des idées qui les
dirigent et les affermissent, il faut en venir à
trois théories maîtresses : l'une sur la souveraineté, l'autre sur le rôle historique de l'É-
glise, la troisième sur les lois providentielles
qui gouvernent les vicissitudes des sociétés
humaines.

« Ou a voulu l'erreur, on a voulu le mal, et
le mal et l'erreur agissent selon leur nature.
Ils renversent violemment ou dissolvent peu
à peu ce qui forme un obstacle à l'action répa-
ratrice du principe vital. C'est la tempête qui
purifie l'air, c'est la fièvre qui sauve le
malade en expulsant ce qu'il a de vicié dans
son organisation. Il est donc conforme aux lois
de la Providence que les fausses doctrines
qui égarent les peuples continuent de prédo-

miner, jusqu'à ce qu'elles aient accompli, au degré nécessaire que Dieu connaît, la destruction qui doit précéder l'œuvre de régénération sociale[1] ».

D'autre part la restauration de la société ne saurait être nette et durable qu'autant qu'elle sera le fruit d'une profonde persuasion. « Il s'agit de changer, non l'état matériel des choses, mais l'état des intelligences. » Or, « cette noble et pacifique conquête des intelligences, forcées par l'ascendant de la vérité et de l'amour, à venir, d'elles-mêmes, reprendre la place que leur assigna le Créateur dans la plus parfaite des cités, sous le plus parfait des monarques, pour parler avec Leibnitz ; cette sublime mission proposée par la Providence aux catholiques, et dont l'objet est de sauver une seconde fois le genre humain en le ramenant des extrémités de l'esclavage et de l'anarchie à l'unité source et perfection de l'ordre et à *la liberté des enfants de Dieu*, exige que la discussion soit de part et d'autre dégagée de toute entrave, afin que nul ne puisse dire, nul ne puisse penser n'avoir pas été entendu, et ce que la conclusion dernière, résultat général des efforts particuliers, ne semble pas être un triomphe de quelques hommes sur d'autres hommes, mais une vic-

---

[1] *Des progrès de la Révolution*, ch. III.

toire commune. » Au reste « c'est en vain qu'on essaie d'enchaîner la parole puisqu'on ne peut enchaîner la pensée elle-même. Malgré les obstacles qu'on oppose à sa manifestàtion, elle se dégage de tous les liens et se produit forcément au dehors... Le grand mal est qu'on n'a pas foi à la puissance de la vérité ; on croit à la violence de l'homme et l'on ne croit pas à la force de Dieu » [1].

Quant au pouvoir civil, ses origines même marquent la limite de ses droits. Selon l'enseignement des théologiens les plus fameux et les plus orthodoxes, le consentement de la communauté est la condition de l'établissement et de la transmission de l'autorité que Dieu donne aux souverains. Et précisément parce qu'elle est divine, cette autorité, comme parle que saint Paul, n'existe pour le bien, c'est-à-dire pour gouverner selon le décalogue, la vérité et la justice ; dès qu'il les viole, le prince perd tout droit de commander. « Ainsi dévouement sans bornes, soumission pleine d'amour au prince fidèle à Dieu. Mais si, abusant contre ce même Dieu de la puissance qu'il a reçue de lui, il s'affranchit de ses commandements, met en péril la foi des peuples, substitue la force au droit, sa volonté à la justice, renverse les règles et s'efforce d'élever

---

[1] *Des progrès de la Révolution*, ch. III.

un pouvoir humain sur ces ruines : résistance inflexible, inébranlable résolution de tout sacrifier, repos, biens et la vie même, plutôt que de subir cet indigne joug, et d'humilier devant un homme des fronts que le Christ a marqués du sceau de la liberté.[1] »

Dans ces conflits qui mettent aux prises l'autorité et la liberté, la vérité et l'erreur, quelle sera l'attitude de l'Église? On le pressent déjà. La pitié évangélique que le Christ lui a léguée doit la précipiter au secours des opprimés. Son passé lui en fait une obligation, aussi bien que la justice dont elle est la gardienne sur la terre; et sa récompense est assurée, car les bras robustes des peuples reconnaissants seront pour elle un appui plus solide que les sceptres vermoulus des rois. Ni le royalisme gallican, ni le libéralisme impie ne peuvent triompher que pour un temps. L'avenir ne saurait appartenir qu'à la doctrine politique et sociale dont l'Église seule détient le secret. Proclamer cette doctrine, sans regarder aux partis, tel est son rôle. Si elle le remplit, l'erreur cachée dans le gallicanisme politique deviendra manifeste, la justice que les tendances libérales recèlent sans le savoir se dégagera, l'opinion éclairée par la pure lumière de la vérité et les leçons

---

[1] *Des progrès de la Révolution*, ch. II. — Mêmes doctrines dans *Avenir*, 14 décembre 1830, 2 janvier, 12 juin, 2 juillet 1831.

des événements, finira par comprendre qu'en dehors de l'Église il n'est point, pour la liberté, de garantie qui vaille. En outre, la paix intellectuelle ne sera pas plus irrémédiablement compromise que la paix sociale, dans le mouvement qui emporte le monde moderne. Outre qu'il n'existe aucun moyen de refouler dans l'ignorance ou d'enchaîner dans le repos la raison humaine émancipée depuis trois siècles; le dogme catholique étant impérissable et se justifiant par lui-même selon le mot de l'Écriture, « plus la raison sera libre dans ses recherches, ses examens, ses discussions, plus s'accomplira prochainement l'indissoluble union de la science et de la foi. [1] »

Sur ce fonds d'idées, comme sur une base à toute épreuve, s'appuyait l'action de l'*Avenir*. Montalembert, Lacordaire, Gerbet avaient appris de Lamennais à raisonner de la sorte. Et Lamennais, de 1828 à 1831, était comme obsédé par ces pensées, d'où lui paraissait dépendre la fortune de l'Église et du monde civilisé. Or il est manifestement impossible de rajuster à ces enseignements ceux que, dans l'encyclique *Mirari vos*, Grégoire XVI promulgue comme l'expression de la vérité catholique.

---

[1] *Des progrès de la Révolution*, chap. IX. — Voir aussi *Avenir*, 18 octobre, 28 décembre 1830, 17 janvier 1831.

Ce n'est pas seulement l'accent qui diffère, le point de vue, la manière de poser les questions, mais bien les théories directrices et les règles de conduite pratique. Le pape regarde comme une faute d'applaudir aux insurgés, de se liguer avec n'importe qui pour conquérir les libertés dites modernes, de blâmer la censure légale des écrits, etc. Il n'a ui la confiance absolue de Lamennais dans les heureux effets de la liberté, ui la même conception du rôle de l'Église dans les conflits politiques, ni la même idée des limites du pouvoir civil. Penché sur la société de son temps, il caractérise autrement que l'*Avenir* les maux dont elle souffre et indique d'autres remèdes. Avec l'auteur des *Progrès de la Révolution*, il entend bien que seuls le christianisme et l'Église offrent, aux États, les vérités qui sauvent. Mais ce christianisme, il l'enferme dans les formules antiques; cette Église, il la maintient à égale distance de l'anarchie des peuples et du despotisme des rois. Et si chaotique enfin que soit l'Europe de 183o, il n'estime pas que la rupture de l'unité de croyances, accomplie et perpétuée depuis des siècles, doive amener les catholiques à organiser la sécularisation des gouvernements. Tolérer ce qu'on ne peut empêcher, revendiquer pour le bien l'exécution des promesses inscrites dans les constitutions, user hardiment des libertés

auxquelles la vraie religion a droit nécessairement : oui. Mais ne point regarder l'équilibre
des droits légaux pour tous et pour tout comme
un idéal ou un progrès ; ne point considérer
comme équitable, sensé et bienfaisant par
lui-même un pareil partage ; ne pas poursuivre l'établissement de chartes publiques
qui consacrent la neutralité de l'État. Car
autant vaudrait dire que, pour le développement de la civilisation, il faut que le règne
social dont l'unique vérité peut se réclamer
comme d'un bien dû et exclusif, appartienne
également à toutes les philosophies et à toutes
les croyances. Évidemment cette position
extrême du libéralisme n'était pas celle où
Lamennais voulait se tenir. Toutefois, quelques-unes de ses théories et certaines de ses
tactiques y conduisaient logiquement : Et
c'est de quoi il fut justement repris par celui
à qui Jésus-Christ a confié sur la terre la garde
de la pure doctrine.

On a dit, pour excuser les égarements des
rédacteurs de l'*Avenir :* ils écrivaient au jour
le jour ; le temps leur manquait pour calculer
leurs expressions et peser leurs idées. La circonstance n'est pas aussi atténuante qu'il
peut sembler. Lorsqu'on se donne la mission
de faire la leçon aux princes, aux évêques et
aux papes, il est élémentaire de prendre le
temps de la réflexion. Plus les intérêts et les

personnes en cause sont considérables, moins on a le droit d'en deviser au hasard. Lamennais le comprenait. Aussi n'est-ce pas à la hâte, et comme par de subites inspirations, qu'il a arrêté et développé le programme de son journal. Son esprit avait des habitudes méditatives. Avant 1830, les théories dont l'*Avenir* devait être l'ardent propagandiste, avaient trouvé leur expression définitive, ou à peu près, dans les écrits de combat publiés par Lamennais, aussi bien que dans sa corres-pondance avec les meilleurs de ses amis. Pour sa défense, il n'y a donc qu'une seule excuse à faire valoir, celle dont Grégoire XVI lui tenait compte : la droiture des intentions. Et il va de soi que ses collaborateurs n'avaient en vue, comme lui, que le bien de leur pays et de la religion catholique.

Mais ces hommes de zèle et de bonne foi voulaient procurer ce bien par des moyens discutables ; tellement discutables que le pape jugea nécessaire de se mettre en travers. Le fait est évident. Reste à montrer qu'il ne le fit point par politique.

Lamennais a dit son mot là-dessus, en des lettres intimes et en des ouvrages publics.

L'encyclique *Mirari vos* est à ses yeux une
pure complaisance à l'égard de la diplomatie
européenne, une sorte de pacte par lequel
le souverain absolu de Rome liait partie avec
les souverains absolus de Vienne et Saint-
Pétersbourg, dont l'appui était indispensable au maintien des États pontificaux troublés par une sédition inquiétante. Sensible à
la moindre méconnaissance, irrité de l'injustice la plus légère, Lamennais n'a pas vu de
quelles énormités il supposait . capable le
Pontife romain en l'accusant d'avoir écrit sa
première lettre à l'univers catholique sous
la dictée du prince de Metternich. Étant
hommes, les papes sont exposés à faillir.
Mais leurs torts, comme ceux de n'importe
qui, demandent à être démontrés. Au nom
de la vérité catholique et des maximes de
l'Évangile, Grégoire XVI réprouve les théories menaisiennes de la liberté. C'est l'exercice même du pastorat et de sa fonction
enseignante. Et le pape en aurait fait la
figure et tenu le langage, par l'unique souci
de dire ce qui convient aux chancelleries !
Quelle prévarication plus intolérable peut-il
y avoir, que de hausser une parole de pure
habileté humaine jusqu'à être la parole de
Dieu à qui tous les croyants doivent leur
assentiment sincère ? Et si l'assistance promise par Jésus-Christ à son Église ne pré-

vient pas des abus aussi révoltants, à quoi sert-elle?

Au lendemain de la promulgation de l'encyclique, l'ambassadeur de France à Rome, Sainte-Aulaire, écrivait à Sebastiani, ministre des Affaires étrangères : « Votre Excellence remarquera [dans l'encyclique] une attaque assez directe contre les doctrines de M. l'abbé de la Mennais. » C'est tout. Si le diplomate ajoute quelque réflexion, c'est pour regretter l'intransigeance pontificale. « Ou aimerait, dit-il, à remarquer dans de tels actes quelques progrès philosophiques, des dispositions à se relâcher en certains points de discipline, une tendance enfin à accorder aux idées du siècle toutes les concessions compatibles avec la pureté de la foi. Ou trouve plutôt, dans la lettre de Grégoire XVI, des traces de l'inflexibilité de son caractère, aigri encore par les difficultés de tout genre contre lesquelles il lutte depuis dix-huit mois ». Un passage pourtant du document pontifical a pleine approbation, celui qui rappelle la doctrine de saint Paul sur la soumission due au pouvoir. Fonctionnaire d'un gouvernement né de la veille, très contesté dans le clergé, et obligé de comprimer l'insurrection, Sainte-Aulaire trouve opportunes les recommandations de Grégoire XVI sur l'obéissance aux princes. Ces paroles, dit-il, ont évidemment pour objet de déconseiller la rebellion de la Vendée et du Midi[1].

Il est infiniment probable que le gouvernement de Saint-Pétersbourg faisait des réflexions analogues au sujet des Polonais. Et pourtant à ce moment même le pape, affligé des persécutions subies par les catholiques de ce malheureux pays, faisait adresser au ministre de Russie à Rome, une note d'énergique protestation contre la violation sauvage des droits de la conscience[2].

Entre le comte de Lutzow et le prince de Metternich, l'échange des correspondances se faisait sur un ton de satisfaction marquée. Mais le chancelier de l'Empire aurait voulu une condamnation plus directe de Lamennais (qu'il appelait un radical politique), et une consécration authentique et formelle des principes de la légitimité[3].

Par ses conversations avec les représentants des puissances, Grégoire XVI put se rendre compte des nuances qui diversifiaient l'accueil fait à son encyclique dans les grandes cours de l'Europe. Heureusement que tout en parlant pour elles, ce n'était point à elles qu'il avait demandé ce qu'il devait dire.

Les diplomates aimaient à dire que l'ancien

---

[1] Arch. Aff. étr. *Rome*, 972, f° 125. Dépêche du 16 août 1832.

[2] Arch. Vat. *Corr. Nonc.*, 7 sept. 1832.

[3] *Ibid.*, dép. 2 nov. 1832.

camaldule n'avait pour la politique ni goût, ni aptitude ; leur ennui, quand ils venaient causer des intérêts terrestres avec ce singulier souverain, était de se trouver en face d'un homme d'Église, dont la conscience était absorbée par le souci de la religion et des âmes. Lamennais avait du pape une idée toute pareille. On connaît le passage des *Affaires de Rome*, où il raconte sa visite aux camaldules de la campagne romaine : « Nous arrivâmes chez eux vers le soir, à l'heure de la prière commune... Rangés des deux côtés de la nef, ils demeurèrent après l'office à genoux, immobiles, dans une méditation profonde ; on eût dit que déjà ils n'étaient plus de la terre ; leur tête chauve ployait sous d'autres pensées et d'autres soucis ; nul mouvement d'ailleurs, nul signe extérieur de vie ; enveloppés de leurs longs manteaux blancs, ils ressemblaient à ces statues qui prient sur les vieux tombeaux. » Avec le tour de son imagination, nul doute qu'au milieu de cette église et de ces moines silencieux, Lamennais n'ait évoqué l'image de Grégoire XVI, au bord de la fosse où allaient disparaître les souverainetés absolues.

Mais plus on représentera le souverain Pontife, dans l'attitude d'un solitaire que fatiguent les bruits de la terre, et plus on rendra invraisemblable le rôle qu'on lui prête. Moins

que tout autre, un pareil homme pouvait
ouvrir sa bouche de prêtre pour parler en
diplomate. Une seule hypothèse est plausible; c'est qu'il ait voulu enseigner au
monde de son temps la vérité éternelle. Et
c'est ce que prouve à l'évidence le langage
qu'il a tenu. Pour combattre le libéralisme,
il fait appel à l'autorité de saint Augustin,
assurant que rien ne saurait donner la mort
aux âmes comme la liberté de l'erreur; il
invoque la discipline constante de l'Église,
qui a fait brûler les mauvais livres dès le
temps des apôtres ; il cite les encycliques
de Léon X et de Clément XIII, et les lois du
Ve concile de Latran. Même procédé dans la
condamnation du droit à la révolte. Les textes
de saint Paul, de saint Augustin, de Tertullien s'alignent sous la plume du Pontife, et le
souvenir des martyrs de la légion thébaine,
est opposé aux coupables rêveries des Vaudois, des Beguards et des Wiclefistes. Bref,
c'est le flambeau de la tradition et de l'histoire
ecclésiastique à la main, que Grégoire XVI
s'avance sous le ciel obscurci par les nuées
de 1830. Précisément parce qu'elles sont divines, ces clartés valent pour tous les siècles.
Moins il sortait de l'esprit essentiel de sa fonction, plus le pape devait être convaincu que,
pour éclairer la route du monde religieux troublé par des révolutions nouvelles, il était besoin

seulement des splendeurs de l'antique foi.

Dans les *Affaires de Rome* et dans la préface des *Troisièmes mélanges*, Lamennais a accumulé les observations grâce auxquelles il lui semblait certain que, dans l'encylique *Mirari vos*, Grégoire XVI n'avait pu parler comme docteur de la vérité catholique[1]. Toutefois regardant autour de lui, pour savoir comment on prenait la parole du pape, il ne pouvait s'empêcher de trouver « les plus conséquents » ceux des fidèles qui, ayant « fait taire leur esprit, comprimé les battements de leurs cœurs, les yeux fermés, silencieusement, s'acheminaient, statues vivantes », dans la route que leur indiquait le « guide suprême[2] ». Sauf que cette image donne à l'obéissance je ne sais quel aspect humilié et inhumain, Lamennais dit vrai : « les plus conséquents » devaient accepter sans conteste le langage du souverain Pontife. Car dans ce conflit qui met aux prises un écrivain de génie et un moine assis dans la chaire de saint Pierre, il s'agit uniquement de savoir lequel des deux a la garde des principes de la morale chrétienne. Loin de croire celle-ci compromise par une accommodation au mouvement politique qui entraîne le monde moderne, Lamennais juge que cette précaution marque un progrès néces-

[1] p. 161.
[2] *Ibid.*, p. 281.

saire et voulu de Dieu. Grégoire XVI, au contraire, estime que s'ajuster ainsi aux événements révolutionnaires, c'est trahir les
maximes de l'Évangile; et plutôt que dé consentir à cet abandon du code éternel des
âmes baptisées, il en dresse les vieilles-for-
mules en travers des idées qui se répandent
et montent dans la société contemporaine.
Sans les événements qui bouleversaient l'Europe occidentale, il est possible que Rome
eût négligé les livres de Lamennais. Mais
parce que sur ceux-ci, ceux-là attiraient singulièrement l'attention publique, il a bien fallu
s'en occuper. C'est d'ailleurs sur ses propres
paroles et non sur leur commentaire écrit
dans le sang des émeutes, que l'illustre journaliste a été condamné au tribunal du pape.

Entre ces deux autorités, l'une humaine et
l'autre divine, l'une du justiciable et l'autre du
juge compétent, quel catholique « cousé-
quent » pouvait hésiter?

Rien donc n'était plus facile que de prévoir
ce qui allait advenir : ou le fondateur de
l'*Avenir* se rangerait docilement à l'avis du
pape, et son exemple y entraînerait tous les
siens ; ou il persisterait à décider contradictoirement avec Rome, sur les vraies limites du
pouvoir, et son isolement deviendrait le châtiment de sa présomption.

CHAPITRE VI

LA DÉCLARATION SOUSCRITE PAR LES RÉDACTEURS DE
L'*AVENIR* LE 10 SEPTEMBRE 1832 : SES LIMITES EXACTES,
COMMENT GRÉGOIRE XVI S'EN DIT SATISFAIT, CONTRE-
COUP DES FÉLICITATIONS PONTIFICALES.

Les protestations de soumission filiale avaient été multipliées par les rédacteurs de l'*Avenir*. Leur déclaration du 27 février 1831, leur profession de foi quand ils annoncèrent leur pèlerinage à Rome, leur mémoire du 2 février 1832, exprimaient les sentiments de la docilité la plus parfaite : « Toute parole de révolte dans notre bouche serait le suicide de toutes nos paroles... O Père, si une pensée de vos enfants, une seule, s'éloigne des vôtres, ils la désavouent, ils l'abjurent. Vous êtes la règle de leurs doctrines ; jamais, non jamais, ils n'en connurent d'autres. »

Dans sa correspondance, Lamennais n'avait pas une autre attitude. Pendant l'été de 1831, lorsque Mgr de Pins, administrateur apostolique du diocèse de Lyon, lui fit part de ses inquiétudes au sujet des hardiesses de l'*Avenir*, le fougueux journaliste lui répondit : « j'ai

écrit au cardinal Weld pour le prier de
mettre aux pieds du pape mon obéissance
entière »; j'ai « supplié le souverain Pontife
de me redresser, si j'étais involontairement
tombé dans quelque erreur », protestant de
toute mon âme que « sur le premier avertissement de sa part, je m'empresserais de
donner à ma rétractation toute la publicité
possible, n'ayant rien tant à cœur que de me
montrer l'enfant le plus docile, comme le
plus dévoué, du Père commun ». En passant
à Lyon, pour aller à Rome, Lamennais fit au
prélat les mêmes protestations. Celui-ci pouvait écrire au cardinal di Gregorio : « Je l'ai
vu à son passage le 26 novembre. Il me parla
de nouveau de sa profonde soumission pour
le souverain Pontife et docilité à sa décision,
quelle qu'elle fût[2]. »

Au premier avertissement secret mais
officiel de Grégoire XVI, l'homme se trouva
au-dessous de l'épreuve. Non seulement il
ne confessa point qu'il s'était trompé; mais
il se tut sur le blâme exprimé au nom du pape,
estimant faire assez en protestant de sa déférence future aux jugements que le Saint-Siège

---

[1] *Forgues*, II, p. 215. Lettre du 15 août 1831. Même protestation dans une autre lettre du 18 octobre 1831 (Inédite).

[2] Lettre du 9 décembre 1831. — Mgr de Pins avait déjà
communiqué au même cardinal la correspondance échangée
avec Lamennais, le 8 et le 15 août.

pourrait porter sur sa cause. Ce fut une
déception pour Rome. Malgré tout, on espéra
que Lamennais obéirait. En lui notifiant confidentiellement quelles idées de l'*Avenir* se
trouvaient visées par l'encyclique *Mirari vos*,
Pacca ajoutait : « Sa Sainteté se rappelle avec
une vive satisfaction la belle et solennelle
promesse faite par vous, à la tête de vos collaborateurs, et publiée par la presse, de vouloir imiter selon le précepte du Sauveur
l'humble docilité des petits enfants, par une
soumission sans réserve au Vicaire de Jésus-
Christ. Ce souvenir soulage son cœur. Je suis
sûr que votre promesse ne manquera pas. De
cette manière vous consolerez l'âme affligée
de notre Très Saint-Père, vous rendrez la tranquillité et la paix au clergé de France... et
vous ne ferez que travailler à votre solide
célébrité selon Dieu... »

Lamennais attendit d'être retourné à Paris,
pour écrire au cardinal. Le 11 septembre, il
lui mandait

« En réponse à la lettre que Votre Éminence m'a fait l'honneur de m'écrire le
16 août dernier, je m'empresse de lui envoyer
copie de la déclaration que moi et mes amis
nous venons de rendre publique.

« Je remercie Votre Éminence des choses
obligeantes qu'elle a personnellement la bonté
de me dire et la prie d'agréer les sentiments

respectueux avec lesquels j'ai l'honneur
d'être etc.[1] ».

Cette brièveté marque un peu de contrainte.
Les effusions éloquentes, par lesquelles les
rédacteurs de l'*Avenir* protestaient par avance
de leur soumission, avaient une autre sponta-
néité et une autre allure. La déclaration
publique dont Lamennais envoyait le texte à
Pacca était ainsi conçue :

« Les soussignés... convaincus, d'après la
lettre encyclique du souverain Pontife Grégoire XVI, en date du 15 août 1832, qu'ils ne
pourraient continuer leurs travaux sans
se mettre en opposition avec la volonté formelle de celui que Dieu a chargé de gouverner
son Église, croient de leur devoir, comme catholiques, de déclarer que, respectueusement
soumis à la suprême autorité du Vicaire de
Jésus-Christ, ils sortent de la lice où ils ont
loyalement combattu depuis deux années. Ils
engagent instamment tous leurs amis à donner
le même exemple de soumission chrétienne. »

En conséquence l'*Avenir* était supprimé,
l'*Agence générale* dissoute.

Cette résolution dut coûter beaucoup aux
hommes qui la prirent : une vie publique où
le courage fut grand et que la gloire couron-
nait, s'effondrait tout à coup. Nul sacrifice

---

[1] Arch. Vat. *Dossier Lamennais.* Les *Affaires de Rome*
ne donnent pas cette lettre.

n'est comparable à celui-là. Ceux qui le firent se seraient montrés héroïques dans leur abnégation, si leur amour-propre, par un secret détour, n'avait conservé un culte intime et fidèle aux idées qu'ils paraissaient désavouer publiquement par docilité au Pontife romain.

Mais, bien qu'imparfaite, leur obéissance n'en avait pas moins son mérite et ses heureux effets. Et c'est ainsi qu'opina Garibaldi, dès le premier instant. En envoyant à Rome les journaux où était publiée la déclaration du 10 septembre, l'internonce mandait au cardinal secrétaire d'État : la pièce « pourrait être conçue en termes plus entièrement approuvables »; telle quelle, elle n'en aura pas moins pour résultat de « mettre fin aux divisions funestes » que l'*Avenir* semait, parmi le clergé de France et d'ailleurs ; elle « montrera aussi quelle force garde, dans l'Église catholique, la parole de son chef suprême[1] ». En trois mots, on ne pouvait mieux marquer la portée de l'acte souscrit par les pèlerins de Dieu et de la liberté.

Lamennais a écrit dans les *Affaires de Rome* :

[1] Arch. de la Nonc. de Paris. Dépêche du 12 septembre 1832.

« Ce fut pour moi un jour heureux et doux que celui où je pus, l'âme tranquille, rentrer dans une vie moins agitée. Certes aucune pensée de nouvelle action ne se présenta même vaguement à mon esprit. C'était bien assez de combats, assez de fatigues. Rome me rendait le repos; et j'en embrassais l'espérance avec une joie que je me serais presque reprochée, s'il ne s'était offert à moi sous la forme d'un devoir. Retiré loin de Paris, à la campagne, y vivant au sein de la nature, dont l'attrait toujours si puissant le devient davantage encore quand on a vu de près les passions des hommes et les bruyantes misères de la société, nul regret, nul désir, nul ennui n'y vint un seul instant troubler la paix de mes solitaires heures d'étude. Cette paix cependant ne devait pas être de longue durée. Certaines âmes malheureuses recèlent dans leurs tristes profondeurs des animosités que rien ne calme, de secrètes haines honteuses d'elles-mêmes qui éclatent dès qu'elles peuvent se couvrir d'un prétexte de zèle. A peine notre déclaration avait-elle paru, que déjà l'on murmurait à voix basse des paroles de défiance et de mécontentement. Elle n'était pas assez complète, assez explicite; elle rappelait trop le silence respectueux des jansénistes. Des intrigues s'ourdirent, on sema la calomnie, on inquiéta les âmes timorées par des charitables impostures dites sur le ton de la douleur... Puis vinrent les provocations directes, les insultes, les outrages publics. »

Cette page accusatrice, fière et poétique, laisse dans l'àme une émotion contre laquelle on a peine à se défendre. En entendant cette plainte d'une victime, on se demande si vraiment Lamennais n'aurait pas été poursuivi, à ce moment décisif de son existence, par une implacable injustice. Mais l'étude attentive des faits tempère ces craintes.

Quel est le sens précis que donnaient, à l'acte de soumission du 10 septembre, ceux qui le souscrivirent ? Dans les *Affaires de Rome* et ailleurs, Lamennais a expliqué qu'il avait bien pu faire au pape le sacrifice de sa propagande, mais non celui de ses opinions. Cette distinction entre l'action et la doctrine — si elle n'est pas antérieure — date du jour même où l'encyclique arriva à Munich. De cette ville, le 31 août 1832, Lamennais écrivait à un prêtre florentin de ses amis : « Nous devons abandonner toutes les œuvres dont nous avions jeté les fondements, et demeurer dans l'inaction aussi longtemps qu'il plaira à la divine Providence, qui conduit selon des vues bien supérieures aux nôtres[1]. »

---

[1] Arch. Vat. *Dossier Lamennais*. Lettre à l'abbé Rambaldi.

Sous la plume d'un écrivain aussi averti que Lamennais, ces expressions laissent suffisamment entrevoir la pensée cachée. Plus clairement, il écrivait à Vitrolles un peu plus tard[1] : « Notre ami de Coriolis a eu très fort raison de vous dire que je n'étais pas le moins du monde ébranlé dans mes opinions, que je n'en abandonnerais aucune et qu'au contraire j'y tenais plus que jamais. La lettre du pape, qui n'a aucun caractère dogmatique, qui n'est aux yeux de tous ceux qui entendent ces choses qu'un acte de gouvernement, pouvait bien m'imposer momentanément l'inaction, mais non pas une croyance; et ma déclaration... n'implique non plus que la cessation des travaux que j'avais commencés pour l'affranchissement des catholiques en France. »

Avec plus de fougue, comme il convenait à son âge, Montalembert expliquait dans le même sens, au comte Rzémowski, l'état d'âme où l'encyclique *Mirari vos* avait mis les pèlerins de Dieu et de la liberté. La lettre est datée de Munich : « Sans adopter aucune des opinions exprimées dans cet acte, le plus funeste des annales de l'Église, nous rentrons dans le silence, reconnaissant que ce n'est pas à nous qu'il appartient de sauver

---

[1] *Corr. inéd. entre Lamennais et Vitrolle*, p. 223. Lettre du 15 novembre 1832. Dans le même sens, voir la lettre écrite par Lamennais à Guéranger (*Mois littéraire*, avril 1911).

ce que le pape et les évêques veulent perdre.

... Il faut que tous les cœurs catholiques, tous les cœurs généreux, se serrent l'un contre l'autre dans ce cruel moment, afin d'éprouver quelque consolation dans une mutuelle attente de jours plus beaux, même pour cette pauvre terre. Nous avons le droit d'espérer que l'on ne verra pas toujours l'épouse du Christ briser entre les mains de ses fils les armes qui lui assuraient la victoire, ni tendre une main reconnaissante à leurs bourreaux[1]. »

Tels étaient les sentiments qui bouillonnaient dans ces âmes troublées. La révolte grondait sous la protestation de leur obéissance. Et comme s'il n'avait pas suffi de leur orgueil personnel, pour amasser au fond de leur cœur une réserve secrète de mépris pour l'encyclique, des amis leur écrivaient de Rome :

« Je puis vous assurer que cette lettre a été accueillie ici avec un profond dégoût. Plusieurs en ont blâmé l'à-propos, d'autres la doctrine, les plus clairvoyants ont été choqués des contradictions et des méprises qui y fourmillent. Tous en ont censuré le style tout-à-fait indigne du chef de l'Église. A présent personne n'en parle, elle est morte presque dans sa naissance et elle passera inaperçue... Le cardinal Micara a blâmé haute-

---

[1] Arch. Vat. *Dossier Lamennais*. Lettre du 1er septembre 1832.

ment l'encyclique, ainsi que tout ce qu'il y a dans Rome d'hommes sages. Les jésuites en triomphent. [1] »

Ces confidences d'amis se disant bien informés, Lamennais les croyait au pied de la lettre, il les répétait mot pour mot à ses disciples inquiets. Dans cette atmosphère factice, créée par l'imagination et l'amitié, l'illusion des désirs et la sympathie des confideuces, les textes de la lettre pontificale s'atténuaient jusqu'à disparaître. En face d'un acte discuté, à Rome même, par les gens les plus éminents, quelle attitude prendre, sinon de se taire, par respect et par discipline, et d'attendre le triomphe certain des idées étouffées un moment par un pape mal inspiré ?

Au milieu d'une bataille d'idées qui durait depuis deux ans sans rien perdre de son ardeur, il eut été héroïque de garder dans le secret des cœurs la conscience d'une orthodoxie irréprochable. Plus celle-ci avait été contestée, plus elle l'était depuis l'encyclique, et par les feuilles de toute nuance, plus le besoin était vif de répéter partout que les doctrines de l'*Avenir* étaient hors de cause. Et on en donnait plusieurs raisons estimées péremptoires. Les propos, qui alimentaient d'abord

---

[1] Arch. Vat. *Dossier Lamennais*. Lettre du 4 sept. 1832.

les discussions privées, au hasard des rencontres, finirent par s'étaler dans les journaux.

A mesure que le temps s'écoule dans les rêveries solitaires de la Chênaie, par le contraste même avec la vie dévorante de journaliste qu'il a menée pendant plus d'une année, Lamennais s'aigrit et s'exalte chaque jour davantage.

« Le catholicisme était ma vie, parce qu'il est celle de l'humanité, écrit-il à la comtesse de Senfft; je voulais le défendre, je voulais le soulever de l'abîme où il va s'enfonçant chaque jour ; rien n'était plus facile. Les évêques ont trouvé que cela ne leur convenait pas. Restait Rome ; j'y suis allé et j'ai vu là le plus infâme cloaque qui ait jamais souillé les regards humains. L'égoût gigantesque de Tarquin serait trop étroit pour donner passage à tant d'immondices. Là, nul autre Dieu que l'intérêt ; on y vendrait les peuples, on y vendrait le genre humain, on y vendrait les trois Personnes de la Sainte Trinité — l'une après l'autre ou toutes ensemble — pour un coin de terre, ou pour quelques piastres [1]. »

L'encyclique de Grégoire XVI « ressemble au son des cloches qui disent tout ce qu'on veut ». Mais pour qui sait entendre, « le

---

[1] Forgues, II, p. 251. Lettre du 1er novembre 1832.

bourdon de Saint-Pierre » vient de sonner
afin de « convoquer les peuples à l'office
solennel du despotisme gallican, protestant
et grec ». Et précisément parce que cela est
horrible, « Dieu a ses desseins [1] ». L'Europe
va voir une « belle procession » de souverains qui s'en iront, leur trône perdu ;
« *Andate, dunque, e buon viaggio* [2] ». « Adieu
le passé, adieu pour jamais ; il n'en subsis-
tera rien. Le jour de la justice est venu, jour
terrible où il sera rendu à chacun selon ses
œuvres ; mais jour de gloire pour Dieu qui
reprendra les rênes du monde, et jour d'espérance pour le genre humain, qui, sous
l'empire du seul vrai Roi, recommencera de
nouvelles et plus belles destinées [3]. » En
attendant, prendre patience, laisser s'accomplir les destructions nécessaires, et demeurer
persuadé que les idées du journal disparu,
loin de périr, « resteront comme le germe
d'un meilleur avenir [4] ».

Donc, un indicible mépris pour ses juges
de la Ville éternelle, un appel convaincu aux
événements qui vont lui donner raison, la
résolution d'attendre dans le repos l'heure

---

[1] Forgues, II, p. 253. Lettre du 13 novembre 1832.

[2] *Ibid.*, p. 248. Lettre du 9 octobre 1832.

[3] *Ibid.*, p. 252. Lettre du 1er novembre 1832.

[4] *Ibid.*, p. 253. Lettre du 13 novembre 1832.

vengeresse : c'est à quoi se réduit la soumission du principal signataire de la déclaration
du 10 septembre. Et c'est ce qui explique
comment Lacordaire, après quelques mois
d'hésitation, finit par quitter la Chênaie
(11 décembre 1832). A vrai dire, le plus
ardent des rédacteurs de l'*Avenir* démêlait
assez mal la portée de l'encyclique; mais,
comme en témoigne sa lettre d'adieu, ses
« pensées sur l'Église et sur la société »
divergeaient chaque jour davantage de celles
du maître [1]. La rupture s'imposa comme un
devoir de conscience et d'honneur.

Lamennais la considéra comme « un mystère » qu'il valait mieux ne pas sonder,
une conséquence de l'esprit inquiet et de la
sécheresse d'âme de son ancien disciple [2];
l'idée ne lui vint pas de chercher là une
leçon. N'avait-il pas, pour se rassurer lui-
même sur le chemin qu'il tenait, la fidélité
de ses compagnons de route, Montalembert,
de Coux, Rohrbacher et Gerbet?

Un journaliste ultramontain de Fribourg
était plus difficile dans ses exigences. Ayant
l'occasion d'enregistrer des désaveux d'erreur,
très explicites et très complets, signés par

---

[1] *Lamennais à Montalembert*, p. 29. Lettre du 2 décembre 1832. Lamennais envoya à Montalembert une copie de la
lettre de Lacordaire.

[2] *Ibid.*, p. 30, 34. Lettres du 12 et du 26 décembre 1832.

d'humbles prêtres, anciens partisans de l'*Avenir*, il n'en trouvait que plus insuffisante la déclaration souscrite par Lamennais le 10 septembre. Et il cédait à la tentation de rappeler au traducteur de l'*Imitation*, ses éloquents commentaires sur l'obéissance [1].

Assurément, les polémiques passionnées n'étaient du goût ni de Rome ni même des évêques. En envoyant à ses collègues la censure de Toulouse (17 juillet) Mgr d'Astros n'avait pas manqué de témoigner de l'esprit le plus pacifique. Mais vu les circonstances, il était impossible de lier les plumes et les langues. Et Lamennais était dupe de sa propre passion, quand il voyait le jeu des mobiles les moins avouables, dans la conduite des adversaires trouvés sur son chemin. Une telle interprétation manque de vraisemblance comme d'esprit chrétien. En raison même de l'éclat de sa gloire, le grand écrivain a pu avoir des envieux, dont l'âme méprisable aura pensé triompher en essayant de lui nuire. Mais il est absolument impossible de ramener

---

[1] Voir L'*Invariable* de Fribourg (10e et 11e livraisons, p. 324-334) ; art. d'O'Mahony sur les *Premiers effets de l'encyclique*. L'*Ami de la religion*, à cette date, est moins défiant à l'égard de Lamennais ; mais il argumente contre des menaisiens dont la réserve à l'égard de l'encyclique lui paraît significative (voir, par exemple 15, 25 septembre, 30 octobre, 17 novembre 1832) ; son argumentation, d'ailleurs, part de textes et de faits précis.

à cette basse catégorie tous les esprits que
l'acte du 10 septembre laissait dans l'inquiétude. En fait, cette déclaration ne conténait
mot sur la portée doctrinale de l'encyclique.
Cela sautait aux yeux, à première lecture. Et
puis les bavardages bruyants des menaisiens
donnaient la triste explication de cette discrétion voulue dans l'obéissance[1]. Comment
ces calculs n'auraient-ils pas rappelé « le
silence respectueux » des jansénistes à l'égard
de la bulle *Unigenitus?* Quand on s'emparait
de cette formule célèbre pour l'appliquer aux
condamnés de l'encyclique *Mirari vos*, on ne
les calomniait pas ; on articulait un fait public
et malheureusement incontestable.

Parti le 11 septembre de Paris, l'acte de
soumission de *l'Avenir* rejoignit Pacca à
Naples. Le cardinal s'empressa de le transmettre à la secrétairerie d'État. Quand elle
parvint à Bernetti, déjà celui-ci connaissait
la pièce par les journaux et il avait donné
ordre à l'internonce de témoigner à Lamennais le contentement du pape.

Malheureusement Lamennais était alors
absent de Paris. Garibaldi ne put voir que

---

[1] On verra plus bas un exemple et une preuve dans une
lettre de Mgr de Lesquen.

de Coux. Celui-ci assura le prélat des dispositions sincères où étaient les rédacteurs de l'*Avenir* d'obéir à Rome et il promit de faire part au maître de l'entrevue. Sur la fiu de la visite, le diplomate répéta les termes de sa commission, demandant à son interlocuteur de vouloir bien les redire textuellement à Lamennais. De Coux écrivit à la Chénaie :

« M. Garibaldi m'a dit qu'il était chargé par le souverain Pontife de vous exprimer toute la satisfaction que lui avait causé votre déclaration et celle de vos collaborateurs ; qu'il était pleinement satisfait de votre soumission et que si vous jugiez à propos de lui écrire, au pape, soit d'écrire au cardinal Pacca, vous recevriez une réponse qui vous ferait à la fois honneur et plaisir[1]. »

Ou connait la réponse faite par Lamennais :

« Le Saint-Père a désapprouvé notre action, nous nous sommes arrêtés. C'était notre devoir, et autant je me réjouis de la satisfaction que le Saint-Père éprouve de cet acte d'obéissance, autant je suis loin de m'en faire un mérite. Nous avons agi en catholiques, voilà tout.

---

[1] Lettre du 15 octobre 1832. *Forgues*, II, p. 249. — J'aurais voulu contrôler sur la minute même de Bernetti les termes de le commission donnée à Garibaldi. Malheureusement, je n'ai pu trouver cette minute.

« Or a présent que le danger paraît devenir plus pressant et plus alarmant, de jour en jour et d'heure en heure, à présent que la haine du catholicisme et la haine de Rome s'accroissent incessamment avec une rapidité sans exemple ; à présent que les âmes sont partout pénétrées des prévisions les plus désolantes et des plus sinistres pressentiments ; que dirai-je au Saint-Père et quelles paroles lui adresser du fond de mon inconsolable douleur ? La sienne, je n'en doute pas, est encore plus vive, et mon silence doit la respecter. Aux approches des maux qui se préparent, de la tempête qui ébranlera la société jusqu'en ses fondements, je ne désire qu'une chose, être oublié dans une obscure retraite ; je ne goûte qu'une consolation, celle de prier au pied de la Croix. Tels sont mes sentiments, mon cher ami, et je me trompe fort, si ce ne sont pas aussi les vôtres[1]. »

C'est dans le même sens que Lamennais avait déjà écrit au P. Orioli. Celui-ci, ayant eu l'occasion de voir le Saint-Père, Grégoire XVI lui avait parlé de la soumission des condamnés et du bien qu'il en espérait pour l'Église. Heureux de ce langage pour son ami, le moine s'était hâté d'envoyer à la Chênaie le récit de sa conversation avec

---

[1] *Ibid.*, p. 249. Lettre du 20 octobre 1832.

le pape. Le solitaire lui répondit : « Je me réjouis sincèrement, mon respectable ami, que la résolution que j'ai prise avec mes amis de nous retirer du combat où nous nous étions engagés pour la défense de l'Église, ait dissipé les inquiétudes, quelles qu'elles fussent, que vous aviez conçues à mon égard. Dès que le chef de l'Église désapprouvait nos efforts, nous devions sur-le-champ nous arrêter; et c'est ce que nous avons fait, ravis, quoi qu'il arrive, que le Saint-Père ait trouvé au milieu de tant d'amertume quelque motif de consolation dans notre démarche. Cette pensée adoucit pour moi la douleur que je ressens des maux actuels de la religion et de ceux plus grands encore que je prévois[1]. »

Il faut oser le dire, toutes ces lettres pieuses, mélancoliques, humbles, sont par dessus tout pleines de réticences. Lamennais ne veut pas s'avancer plus loin que la déclaration du 10 septembre. Mais en même temps il entend se donner l'attitude d'un homme soumis selon son devoir. Il juge que Grégoire XVI lui-même n'attribue à l'encyclique « aucun caractère dogmatique ». Mais en même temps, il refuse de lui écrire, « de peur que la réponse [de Rome] ne fut con-

---

[1] Arch. Vat. *Dossier Lamennais*. Lettre du 15 octobre 1832. — Montalembert voulait publier la lettre d'Orioli. Lamennais s'y refusa (*Lamennais à Montalembert*, p. 22).

çue en des termes qui impliquassent une soumission plus étendue » que celle où il se borne.
Il pense que la lettre de Pacca est « loin d'être
en tout d'accord avec l'encyclique ». Mais en
même temps, il assure qu'il faut laisser aux
adversaires le soin de la publier et il en
dérobe le texte, même à ses religieux de
Saint-Pierre. Ces contradictions et ces calculs
misérables seraient croyables à peine, si
Lamennais ne nous en livrait lui-même le
secret dans sa correspondance[1]. Cette nature
loyale est engagée, sous l'inspiration de l'orgueil, dans une voie d'équivoques d'où elle
ne sortira plus.

Grégoire XVI n'ignorait pas cet état d'âme.
Les pensées secrètes de ces égarés qui se ré-
voltaient en se soumettant lui étaient connues
depuis des semaines, quand ses ministres lui
remirent le texte des lettres de Lamennais à
Orioli et à de Coux. Il n'est pas jusqu'à certain plaidoyer venu d'un évêché de France
qui ne l'eût éclairé, s'il en eût eu besoin, sur
le sens vrai de l'acte du 10 septembre. Parmi
les rares prélats dévoués à l'*Avenir*, l'évêque
de Pamiers était demeuré fidèle Jusque dans le
malheur. Dans une lettre chaleureuse au souverain Pontife, il observait que la déclaration
signée par les rédacteurs du journal disparu

---

[1] Blaize, II, p. 125. Lettre du 19 octobre 1832. — *Lam. à Montalembert*, 12 février 1833.

était la preuve de leur « soumission entière à la chaire éternelle » et un « monument impé-·rissable de leur dévouement complet à la suprême autorité du Vicaire de Jésus-Christ ». Il osait espérer que ceux qui avaient « poursuivi avec amertume ces généreux défenseurs des droits du Saint-Siège, avaient quelque regret d'avoir pu élever des doutes sur la soumission catholique de ses enfants les plus dévoués ». Pour son propre compte, Mgr de Latour-Landorte mettait sa profession de foi, aux pieds du pape : « Pleinement soumis à tous les décrets, à toutes les bulles, à tous les actes du successeur de saint Pierre, l'évêque de Pamiers déclare adhérer à tout ce qui est contenu dans l'encyclique de V. S., il désapprouve tout ce qu'elle désapprouve, selon le sens propre et naturel des expressions qu'elle renferme et selon la pensée du Vicaire de Jésus-Christ[1]. »

En employant une formule aussi nette, l'évêque faisait toucher du doigt, pour ainsi dire, ce qui manquait à la déclaration de Lamennais. Dans la différence des textes se trahissait la différence des âmes. Et ce constraste devait d'autant plus frapper le regard du pape, que les deux pièces lui parvenaient en

---

[1] Arch. Vat. *Dossier Lamennais.* Lettre du 14 septembre 1832. — Voir dans Blaize (II, p. 127) la lettre écrite à Lamennais par le même prélat pour le féliciter de sa déclaration « si prompte, si simple, si franche, si respectueuse ».

même temps, et venaient toutes deux du même bord.

Et puis, comme nous l'avons rappelé plus haut, l'internonce à Paris n'avait-il pas, dès le premier moment, marqué que l'obéissance des « pèlerins » laissait à désirer ? N'était-ce pas évident à la simple lecture de leur acte de soumission ?

Malgré tout, la suppression de l'*Avenir* et de l'*Agence* était un acte hautement méritoire, un hommage rendu à l'autorité pontificale. Grégoire XVI en fut d'autant plus heureux qu'il y comptait peu [1]. Ajouter à cela la détestation des erreurs propagées et la ferme profession des vérités contraires, ç'eut été parfait. Mais pourquoi ne pas attendre de la réflexion, de l'apaisement des passions, et de la bénédiction du Ciel, une perfection qui maintenant coûtait trop à l'amour propre et rebutait la faiblesse humaine ? Quelque marque de bonté hâterait peut-être ce jour de grâce. Peut-être, en gagnant le cœur de l'errant, aiderait-on son esprit à se courber docilement sous le joug de la vérité. Des évêques amis pourraient collaborer à cette œuvre de salut [2]. On l'espérait à Rome, où toujours l'on

---

[1] Arch. Aff. étr. *Rome*, 972, f⁰ 203. Dep. de Sainte-Aulaire, 27 sept. 1832.

[2] Le cardinal di Gregorio mandait à Mgr de Pins (18 oct. 1832) que le pape, joyeux « des fruits salutaires du premier moment »

compta beaucoup sur l'action pacifiante du
temps et des bons procédés, pour guérir les
têtes et les cœurs malades. Et voilà pourquoi
Garibaldi et Pacca furent chargés de dire à
Lamennais la satisfaction du pape.

Contrairement aux vues de Grégoire XVI,
cette marque de condescendance confirma les
menaisiens dans leur résistance et jeta le
désarroi parmi les défenseurs de l'encyclique.
C'est particulièrement dans le diocèse de
Rennes que ce phénomène inquiétant se produisit avec plus d'éclat. Mgr de Lesquen, pour
libérer sa conscience et avoir un mot d'ordre,
crut devoir en écrire au souverain Pontife.

« On dit que la lettre de Votre Sainteté ne
désignant point le journal où M. de la Mennais
avait exposé et soutenu son système, on peut,
sans manquer de soumission à Votre Sainteté, et jusqu'à ce qu'elle ait fait connaître sa
pensée, douter qu'elle ait eu en vue les opinions de ce journal; que ce doute pourrait
paraître d'autant mieux fondé que celles-ci
n'ont été présentées que comme devant avoir
pour fondement les vérités de la foi et les

en espérait « de plus abondants dans la suite » ; et il ajoutait
que les « sages conseils » de l'administrateur de Lyon à
Lamennais, son ami, y contribuaient sans doute.

décisions de l'Église ; ce qui établit une différence essentielle entre ces opinions ainsi soutenues et les sentiments des impies qui
méconnaissent dans la religion le seul fondement solide de toute société ; que par cousé-
quent les sentiments de ceux-ci ont pu être
justement condamnés par Votre Sainteté,
sans que cette condamnation retombe sur les
sentiments de M. de la Mennais et de ceux
qui ont concouru avec lui à les publier dans
l'*Avenir* ; de sorte que tout ce qu'on peut
conclure, c'est que dans les circonstances
actuelles il serait inopportun de soutenir encore publiquement ces sentiments,
de peur qu'on ne les confonde avec les doctrines perverses d'hommes irréligieux ; et que
M. de la Mennais et ses collaborateurs, à la
publication de Votre encyclique, n'out eu
rien de plus à faire que de « se retirer de la
lice où ils avaient combattu » — ainsi qu'ils
se sont exprimés dans leur déclaration
publique, laquelle ne saurait être considérée
comme une rétractation de leurs opinions et
dont cependant Votre Sainteté a fait témoigner
qu'elle était satisfaite ».

Après cet exposé, l'évêque poursuivait :
« Quelle que soit la pureté d'intention de ceux
qui les tiennent, ces discours n'ont d'autre résultat que celui d'affaiblir la force de l'enseignement catholique exposé dans l'encyclique de

Votre Sainteté. Plein de confiance en votre bonté paternelle pour nous et pour le diocèse qui nous est confié, nous vous conjurons de nous faire connaître ce que nous devons dire, et quelle conduite il nous convient de tenir, afin d'assurer dans le clergé éminemment attaché aux décisions du Saint-Siège la précieuse unité, sans nous exposer au danger de vouloir dominer sur la foi des ecclésiastiques et des laïques, en leur prescrivant de croire ou de rejeter autre chose que ce que le successeur de saint Pierre recommande lui-même de croire ou de rejeter[1]. »

Le jour même où cette lettre partait de Rennes, d'Agen un vicaire général priait lui aussi le pape d'éclaircir ses doutes. Parmi les idées visées par l'encyclique il fallait certainement ranger les théories sur la liberté de conscience, la liberté de la presse, la liberté d'association, la séparation du sacerdoce et de l'empire. Mais on pouvait donner un sens fort différent à ces théories. Entendues dans un esprit anti-catholique, elles étaient condamnées par le pape. Entendues comme on l'avait fait à l'*Avenir*, elles paraissaient au vicaire général d'Agen une question réservée : « 1° parce que la cause du journal s'instruit en ce moment; 2° parce que, ce fait admis,

[1] Arch. Vat. *Dossier Lamennais.* Lettre du 24 novembre 1832.

une condamnation ou même une improbation, avant l'examen complet de la cause, serait une sentence préventive, contraire aux règles constamment suivies[1]. »

De telles incertitudes étaient rares peut-être dans l'épiscopat. Mais ceux des prélats — Mgr d'Astros par exemple — qui étaient les plus convaincus des erreurs de l'*Avenir*, de leur condamnation par l'encyclique, de l'insuffisance calculée de la déclaration du 10 septembre, n'en étaient pas moins émus d'apprendre que Rome avait donné un *satisfecit*. Ils demandaient une explication. Il leur semblait évident que le clergé menaisien perdait pied dans cette sorte de maquis théologique où il essayait de s'embusquer. Mais plus l'attitude des condamnés apparaissait misérable, moins on comprenait que le pape parût l'ignorer ou l'approuver[2].

La question d'ailleurs franchissait l'enceinte spéciale des évêchés, des séminaires et des presbytères. Par les périodiques, elle envahissait l'opinion pour la déconcerter. Dans la *Revue européenne* parut une longue étude, concluant que l'encyclique *Mirari vos* laissait pendante la cause de l'*Avenir*. La sincérité de l'exposé, la pénétration des analyses, la modération du langage, la piété, les connais-

---

[1] *Ibid.* Lettre de l'abbé Chambret, du 24 nov. 1832.
[2] Arch. Vat. *Dossier Lamennais.* Lettre du 3 novembre.

sances, la profession de foi ultramontaine de
l'auteur, tout semblait réuni pour gagner la
confiance et communiquer la persuasion. Il
protestait contre le mépris que faisaient de la
lettre pontificale des publicistes libéraux, et il
l'appelait sans hésiter « l'un des grands événements du siècle ». Loin de pousser à la
révolte, il disait que l'encyclique était un
« acte de gouvernement » auquel tous les
catholiques devaient obéissance ; il conseillait aux fils de l'Église opprimée d'imiter les
premiers chrétiens laissant à Dieu et au temps
de pourvoir au triomphe de la justice. Assurément le pape avait « désapprouvé la ligne
politique de l'*Avenir* » ; mais il n'en avait pas
« condamné les doctrines dans le sens rigoureux du mot ». Aussi les rédacteurs avaient-
ils rempli, par leur déclaration de septembre,
« tout leur devoir » d'écrivains, donnant « un
exemple d'obéissance fait pour édifier tous les
catholiques sincères et dont le Saint-Père a
dit que c'était la plus grande consolation qu'il
ait reçue depuis son pontificat[1] ».

L'argument revenait toujours le même. Ou
en appelait du pape affligé par les idées de
l'*Avenir* au pape consolé par sa soumission.
Pour justifier cet appel devant l'opinion, il
n'y avait plus qu'à imprimer selon sa teneur

---

[1] *Revue européenne*, 15 nov. 1832. L'article n'était pas signé ;
il était de Cazalès.

la lettre de Pacca, témoignant « la satisfaction » de Grégoire XVI. La lettre parut dans
la *Tribune catholique* du 2 décembre.

Le cardinal disait : « Pendant mon séjour
à Naples, j'ai - reçu la lettre que vous avez
bien voulu m'écrire avec la déclaration que
vous avez publiée. Je me suis fait un devoir
de soumettre à Sa Sainteté l'une et l'autre,
et avec un vrai plaisir je puis vous annoncer
que le Saint-Père en a pris connaissance et
m'a autorisé à vous faire connaître sa satisfaction... [1] »

A la vérité, ce document à lui seul ne suffisait pas à trancher la question de savoir si
Rome attendait de l'*Avenir* une soumission
plus complète. A considérer la portée de l'encyclique, il était manifeste que l'acte du 10 septembre n'était pas celui d'une obéissance sans
réserve. Mais l'opinion ne raffinait pas de la
sorte. Le mot de « satisfaction » avait été
prononcé. Il suffisait que l'écho en retentît
en France, pour donner aux menaisiens un
argument qui paraissait sans réplique. Voilà
pourquoi la *Tribune* publia la lettre de Pacca.
C'était comme si, faisant face aux esprits

---

[1] La lettre de Pacca, écrite de Bénévent, le 27 octobre, fut
envoyée à la secrétairerie d'État, qui la transmit à la nonciature de Paris. Garibaldi la confia à de Coux, et celui-ci la fit
parvenir à la Chênaie ; d'où elle arriva à la *Tribune catholique*. — Ce journal avait déjà raconté la démarche de Garibaldi auprès de Lamennais, dont nous avons parlé plus haut.

trop exigeants ou encore incertains, Lamennais leur eût soudain crié : Rome est contente; en voilà l'indéniable preuve; que
me voulez-vous ?

Ainsi étaient mis en échec les desseins
paternels du souverain Pontife. Pour « éviter
d'irriter un homme célèbre qui pourrait faire
beaucoup de bien » — selon l'expression
du cardinal di Gregorio[1] — le pape n'avait
nommé dans l'encyclique ui Lamennais, ni
l'*Avenir ;* et d'aucuns en concluaient que ceux-
ci n'y étaient point visés. Par une lettre très
claire, mais confidentielle, il avait fait avertir
Lamennais des points sur lesquels ses idées
étaient contraires à l'enseignement de l'Église;
et l'intéressé disait avec ses amis que ses
doctrines n'avaient pas été jugées par le Saint-
Siège. A la nouvelle que l'*Avenir* et l'*Agence*
étaient supprimés par leurs fondateurs, il
s'était empressé de montrer qu'il savait gré
de cette résolution; et voilà que ce témoignage devenait une arme de polémique,
brandie par les menaisiens comme un signe
irrécusable de leur parfaite obéissance et de
leur orthodoxie sans reproche.

De telles déconvenues remplissaient sans
nul doute d'amertume l'âme de Grégoire XVI.
Mais les lettres venues de toutes parts pour

[1] Archiv. Vat. *Dossier Lamennais.* Lettre du 17 août 1832,
à Mgr de Pins.

lui exprimer une adhésion filiale et joyeuse aux leçons du docteur suprême, prouvaient que sa voix ne s'était pas perdue dans le vide. Et quant au retour de Lamennais aux vrais principes, le Pontife comptait sur la grâce de Dieu, le temps, et la continuation de sa propre indulgence. Loin de regretter, à cause de l'abus qui s'en était suivi, les procédés de sa patience évangélique à l'égard d'un fils errant, il y persévérera, à l'encontre même des désirs de tout l'épiscopat français.

———————

CHAPITRE VII

En même temps qu'il avait envoyé à Rome
son catalogue des principales erreurs menaisiennes (15 juillet), l'archevêque de Toulouse
en avait fait part à tous ses collègues (17 juillet). Il voulait que, dans cette circonstance
importante, l'épiscopat donnât « le spectacle
d'une précieuse et sainte unanimité ». En
priant les évêques de transmettre au Saint
Père, dans le plus bref délai, leur adhésion à
la censure ou le jugement qu'ils en auraient
porté, Mᵍʳ d'Astros ajoutait : « Les écrivains
dont nous censurons la doctrine se montrant
disposés à se soumettre au jugement du
Saint-Siège, vous trouverez peut-être couve-
nable d'empêcher, autant qu'il est en vous,
qu'on ne publie, soit dans les journaux, soit
de toute autre manière, les pièces que j'ai
l'honneur de vous adresser. Peut-être même
sera-t-il à propos qu'on ne se livre à aucune

controverse publique sur ces matières, jusqu'à ce que Sa Sainteté ait porté un jugement.
On ne ferait que blesser l'amour-propre des
personnes intéressées et l'on nuirait à la parfaite réunion des esprits. »

Le jour même où parut l'encyclique *Mirari*,
vingt et une adhésions étaient parvenues à
l'archevêque de Toulouse[1]. Peu à peu elles
se multiplièrent. A mesure qu'elles se pro-
duisaient, Mgr d'Astros en donnait à Rome la
nouvelle, marquant avec exactitude les
nuances des réponses reçues, dressant ses
statistiques[2]. Quand il vit que le nombre des
adhérents devenait imposant, il proposa
d'envoyer à Rome un théologien pour soutenir la censure devant la Congrégation com-
pétente. Mais l'apparition de l'encyclique
modifiait la situation. Le cardinal di Gregorio
manda à l'archevêque qu'il convenait d'attendre l'effet de la parole pontificale. Si
Lamennais rétractait ses erreurs, tout serait
fini ; dans le cas contraire, le souverain Pontife aviserait aux mesures à prendre ; pour le
moment il ne jugeait pas à propos de soumettre la censure à une commission cardina-
lice. Afin de ramener « la brebis errante »,
il préférait le silence à une procédure qui

---

[1] Lettre d'Astros à ses collègues, 15 août 1832.

[2] Archiv. Vat. *Dossier Lamennais*. Lettres au cardinal di
Gregorio, 4, 5, 15 août 1832.

risquait d'irriter. « Prions le bon Dieu, concluait le cardinal, que les promesses, publiées
avec tant d'éclat, et répétées de vive voix
aux pieds de Sa Sainteté, soient accomplies,
et qu'un grand talent se persuade qu'en rétrac-
tant ses erreurs, il ne s'humiliera pas, mais
au contraire se remplira de gloire[1]. »

Hélas! ni Lamennais ni les siens ne son-
geaient à faire amende honorable. On se
rappelle la teneur de leur déclaration du
10 septembre : l'*Avenir* supprimé, et l'*Agence*
dissoute, ils pensaient avoir rempli tous leurs
devoirs de catholiques. Cependant, l'archevêque de Toulouse cessa de faire des instances à Rome. Il attendit jusqu'au 3 novembre
pour reprendre sa correspondance avec le
cardinal di Gregorio. Voici comment il expliquait son long silence.

« En premier lieu, la crainte de fatiguer
Votre Éminence par des lettres multipliées
sans nécessité.

« D'ailleurs, je ne doutais pas qu'on ne
jugeât très bien à Rome que la déclaration
était captieuse et insuffisante.

« De plus, je pensais que M. de la Mennais
pouvait avoir envoyé à Rome une rétractation formelle de ses erreurs, et n'avait publié la déclaration insérée dans les journaux

---

[1] *Ibid.*, Lettre du 17 août 1832.

que pour ne pas avouer publiquement qu'il s'était trompé. »

Ceci dit, le prélat en vient à exposer la situation présente.

« De Rome, on m'écrit que la déclaration de M. de la Mennais a été jugée bonne et que le R. P. Orioli aurait été chargé d'écrire à l'auteur que le Saint-Père en était satisfait.

« En France, si on excepte un bien petit nombre d'ecclésiastiques de bonne foi qui se sont empressés de publier leur bien sincère soumission aux doctrines de l'encyclique, les menaisiens en général prétendent que l'encyclique ne condamne pas leurs doctrines, puisque M. de la Mennais n'y est point nommé, qu'il y est moins question de dogmes que de politique, et qu'en conséquence rien ne peut les empêcher de continuer à soutenir leurs principes. »

L'archevêque était d'autant plus autorisé à tenir ce langage que, dans Toulouse même, circulait sous le manteau une lettre de Montalembert où se lisaient ces lignes : « Nous n'avons rien à rétracter, puisque le Saint-Père en nous envoyant l'encyclique nous fit savoir par le cardinal Pacca que nos doctrines n'étaient pas encore examinées[1]. On ne rétracte point ce qui n'est pas condamné ; et

---

[1] La lettre de Pacca ne dit rien de tel ; il suffit de la lire pour s'en convaincre.

on ne condamne point ce qui n'est pas encore examiné. Nous n'avons pu et dû voir dans l'encyclique qu'une chose, c'est que le pape place l'Église dans un camp, dans une position toute différente de celle où nous désirions la placer. Et comme c'est lui (et non pas nous) qui est obligé de gouverner l'Église, nous nous sommes respectueusement soumis à sa volonté, sans pour cela renoncer à aucune de nos opinions, à aucun de nos principes. »

D'autre part, il ne pouvait être douteux que la formule du 10 septembre ne fut calculée en vue d'éviter une rétractation. Le prélat le démontrait en discutant le texte souscrit par les rédacteurs de l'*Avenir*. Le prospectus d'un nouveau recueil intitulé *Des études religieuses* lui donnait lieu de craindre que le menaisianisme ne fût prêt à une nouvelle propagande. Il concluait donc, afin de remédier au mal :

« 1° Que le moyen le plus sûr serait que le Saint-Père confirmât par son autorité apostolique, en y apportant toutes les modifications qu'elle jugera nécessaires, la censure des évêques...

« 2° Que cependant, comme cette confirmation pourrait exiger un temps assez long, il serait singulièrement à désirer que le Saint-Père donnât, dès à présent, à la censure des évêques toute l'autorité que Sa Sainteté peut y donner sans porter un jugement proprement dit ; Sa Sainteté accomplira facilement cette fiu, par la manière dont Elle pourra s'exprimer dans le bref qu'elle paraît avoir l'intention de nous adresser, en réponse à notre lettre du 23 avril.

« 3° Je ferai une dernière observation. S'il est vrai que le Saint-Père ait fait écrire aux signataires de la déclaration qu'elle en était satisfaite, il faut au moins entendre cette déclaration dans le sens le plus conforme aux intentions du Saint-Père ; et par conséquent supposer que, quand les signataires disent qu'ils sortent de la lice où ils ont loyalement combattu, ils se sont engagés par là à ne plus soutenir leurs funestes doctrines. »

Pour donner à l'expression de ces désirs une autorité plus grande, Mgr d'Astros terminait sa lettre en donnant les noms des prélats qui avaient souscrit à la censure, depuis l'encyclique, ou s'étaient prononcés d'une manière quelconque contre les erreurs menaisiennes ; le chiffre total des évêques non favorables à Lamennais s'élevait à 63[1].

---

[1] Avaient adhéré à la censure : Coutances, Séez, Valence, Saint-Brieuc, Viviers, Soissons, Saint-Claude, Blois, Moulins, Belley, Amiens, Fréjus, Luçon, Clermont, Saint-Flour, Nancy.

S'étaient prononcés contre les doctrines nouvelles les archevêques de Paris, Bourges, Auch, les évêques de Nantes,

Le cardinal di Gregorio communiqua cette lettre importante au pape qui la garda pour la méditer à loisir. En répondant à Mgr d'Astros, il loua son zèle et son attachement au Saint-Siège et soumit à ses réflexions des considérations temporisatrices. La déclaration du 10 septembre avait cela de bon que Lamennais, comme on pouvait le craindre, ne s'était pas entèté à défendre publiquement ses erreurs. Se taire est le commencement d'une soumission plus complète. Par des attaques personnelles, ne risque-t-on pas d'irriter Lamennais et de le pousser, sans le vouloir, à la révolte? « Il y a quelques évêques, parmi ceux qui ont adhéré à la censure, qui ont été frappés de cette crainte. » Et même un prélat « observe qu'en quelques diocèses on a commencé, avant d'admettre dans les ordres les jeunes ecclésiastiques, à exiger d'eux le serment de réprouver les doctrines de M. de la Mennais et de se conformer à la censure des évêques ». Sans prononcer que de telles mesures sont imprudentes, le cardinal le laisse entendre; il préfère au bruit des polé-

Vannes, Tulle, les vicaires capitulaires de Beauvais, Verdun, Dijon, Langres.

D'après les statistiques dressées par l'archevêque, sur 73 prélats français, 51 adhéraient à la censure de Toulouse purement et simplement, 6 avaient donné une réponse équivalant à une adhésion pure et simple, 5 sans énoncer leur sentiment avaient déclaré s'en rapporter au jugement de Rome, 3 avaient gardé le silence.

miques l'attention à « ménager l'amour-
propre du chef et des disciples[1] ».

C'était renvoyer à un avenir mal défini
l'examen de la censure. L'archevêque de
Toulouse le comprit et s'inclina. « Après
avoir exposé au Saint-Père mes réflexions et
les faits dont j'avais connaissance, je n'ai
autre chose à faire qu'à respecter la sagesse
de ses conseils. Nous sentons tous ici combien il importe de ne pas aigrir le mal par
des mesures qui humilieraient ceux qui sont
tombés dans certaines erreurs. S'ils renoncent
à les professer, nous aurons atteint le but
désiré. Si au contraire ils renouvelaient leurs
efforts pour les répandre, le Saint-Père dans
sa sagesse examinerait de quelle manière
elle devrait remédier au mal, et chaque évêque
dans son diocèse y pourvoirait autant qu'il
est en son pouvoir[2]. » Dans une circulaire
envoyée à tout l'épiscopat, le prélat rapporta
à ses collègues où en étaient les choses
(18 janvier 1833).

Par tous ces détails, il est facile de voir
comment Lamennais, dans ses *Affaires de
Rome* a défiguré sa propre histoire. A l'en
croire, le cardinal di Gregorio aurait dépensé
dans cette affaire un zèle qu'il tenait du sang

---

[1] Archiv. Vat. *Dossier Lamennais*. Lettre de décembre 1832. La date du jour manque à la minute.

[2] *Ibid.*, Lettre du 1er janvier 1833.

et la chaleur d'un partisan de l'absolutisme[1].
Quelles lettres plus calmes et plus mesurées
que celles écrites par le grand pénitencier à
Mgr d'Astros.

Les pensées de Lamennais sur la conduite
à tenir, à l'égard de la censure de Toulouse,
ne se fixèrent pas en un moment. C'est à
Munich — et probablement par Lacordaire
arrivant de Paris — qu'il apprit l'acte des
évêques français. Son premier mouvement
fut de le prendre fort au sérieux et de demander
à Ventura un conseil ; il était prêt, d'ailleurs,
à ce qu'il disait, à remplir son devoir quel
qu'il fût[2].

Le général des Théatins demeure muet. A
cinq ou six reprises, nouvelles instances de
la Chênaie. Toujours le silence. Troublé d'une
attitude dont il ignore les causes et croyant
à une infidélité de la poste, Lamennais écrit
de nouveau à Ventura, sous le couvert de la
comtesse Riccini, une longue lettre. Il y
explique comment il entend plaider à Rome,
si on veut y juger la censure de Toulouse.
Les évêques ont dénaturé sa pensée. Un
avocat la rétablira dans sa vérité. Et Ventura

[1] *Affaires de Rome*, p. 11.
[2] Lettre du 29 août 1832, publiée dans *Études*, 5 juin 1910.

est prié de tenir ce rôle ou de le confier à un
ami. En exigeant cette procédure, on ne fait
du reste que se conformer aux exemples des
saints, comme il appert de l'épître 75 de
saint Basile[1].

Une lettre, écrite par Ventura le 6 octobre,
finit, après de longs circuits, par arriver à la
Chênaie. Nous ignorons sa teneur. Mais elle
semble avoir eu pour effet de faire oublier à
l'intéressé la censure de Toulouse. Dans sa
réponse à son ami italien, Lamennais est
absorbé tout entier par le souci de faire
l'anatomie de la société contemporaine, particulièrement en France. A ses yeux, il y a
quatre classes d'hommes : les incrédules qui
veulent détruire jusqu'au germe de toute
pensé religieuse ; les indifférents dont l'âme
grossière ne se remue que pour l'intérêt ; les
routiniers qui retiennent la pratique et les
croyances du passé sans trop savoir pourquoi ;
et enfin la phalange chaque jour grossissante
des esprits qui tournent le dos au catholicisme vieilli, pour s'avancer à la rencontre
d'une religion nouvelle, issue du catholicisme, mais différente de lui, et seule capable
de ramener les âmes à l'unité de culte et de
procurer aux peuples le bonheur social. D'autre
part, « chrétiens ou non chrétiens tous ont

---

[1] Forgues, II, p. 254. Lettre du 15 nov. 1832.

eu une égale horreur des exécrables systèmes politiques qui écrasent partout les peuples et créent de jour en jour une misère sans exemple, une servitude morale et physique contre laquelle se révoltent et la raison et la conscience et tous les sentiments les plus profonds et les plus invincibles du cœur humain. Et comme partout l'Église adopte et défend ces systèmes, se fait, se déclare l'alliée de ceux qui les ont établis à leur profit, il s'ensuit qu'elle aliène d'elle, et par conséquent tend à séparer du christianisme, des populations encore croyantes ; de sorte qu'il faut prévoir, si rien ne change, une défection universelle... La société européenne, si longtemps imprégnée, saturée de christianisme, ressemble à une éponge que serrerait une forte main pour en exprimer jusqu'à la dernière goutte de l'eau qu'elle renferme. »

Nous retrouvons là l'idée que Lamennais a exprimé cent fois. Dans la solitude de la Chênaie, ses méditations vont et viennent dans cet éternel sujet. Et la conclusion de ses tristes pensées est toujours la même : pendant que la foi est menacée de disparaître de l'Europe, « on s'occupe, oubliant tout le reste, de quelques intérêts matériels, de questions d'amour-propre, d'éplucher les phrases d'un journal et de disputer sur des mots avec la gravité des Grecs du Bas-Empire. O mon Dieu, où en sommes-nous[1]? »

Malgré cette incurie de la vérité dont il accusait Rome, Lamennais revint au projet de s'y défendre. Il enverrait au pape une *Justification* en réponse à la censure des évêques ; ce seraient comme les éléments du plaidoyer à faire valoir, dans une sorte de débat contradictoire sans lequel toute sentence équitable paraissait impossible ; et on aurait, en publiant ce plaidoyer, un moyen d'agir sur l'opinion. Après avoir ainsi dressé ses plans, sur l'avis de ses disciples Lamennais y renonça, aux premiers jours de janvier 1833.

A partir de ce moment il semble bien que son parti fut pris. Aucune correspondance à entamer avec Rome ; cela n'aboutirait à rien qu'à se lier un peu plus et rien ne serait pire[2]. Pas un mot sur l'encyclique en publiant le dernier compte rendu de l'*Agence*[3]. Inutile d'envoyer un mémoire pour répliquer à la censure ; « les gens de science et de conscience savent à quoi s'en tenir sur le fond et il n'y a rien à dire aux autres... il s'agit bien de discuter avec l'Autriche, la Prusse, avec les Lambruschini, les Bernetti, les Rozaven. Laissons

[1] Forgues, II, p. 258. Lettre du 30 novembre 1832.
[2] *Lam. à Montalembert*, p. 44, 21 janvier 1833.
[3] *Ibid.*, p. 70, 12 février 1833.

aller les choses et n'entamons ni controverses ni négociations, avec les hommes dont la perversité abuserait de notre bonne foi et envenimerait nos paroles les plus innocentes. Jésus-Christ ne se justifia point devant les princes des prêtres, il se tut. Le Verbe divin s'enveloppa dans un silence non moins divin. Il savait que ce qu'on cherchait n'était pas la vérité, mais le prétexte d'une condamnation, prononcée d'avance. Sa conduite nous trace la nôtre[1]. »

Ce cri d'orgueil méprisant nous fait deviner avec quels sentiments Lamennais s'explique sur la solution donnée par Rome à l'affaire de la censure de Toulouse :

« Des hommes, a-t-il écrit, tels qu'il s'en trouve toujours, de bonne foi peut-être, de petit esprit et à petites passions, furent poussés à se rendre près du pape l'écho de mille bruits vagues, inventés par la méchanceté hypocrite et propagés par la crédulité dévotement maligne. Osa-t-ou alléguer des faits nécessairement controuvés ? ou se fit-on écouter sans en alléguer ? Comment admettre, sans rougir en soi, une de ces suppositions ? Quel moyen de les rejeter toutes deux ? Quoi qu'il

---

[1] *Ibid.*, p. 98, 29 mars 1833.

en soit, bientôt après les démarches faites à Rome, les journaux publièrent un bref de Grégoire XVI à Mˢʳ l'archevéque de Toulouse, dans lequel on avait l'intention évidente de nous désigner. [1] »

L'origine du bref *Litteras* n'a point la bassesse qu'il plaît à Lamennais de dire. Le dilemme passionné par lequel il veut établir ou que ses ennemis ont trompé Rome ou que Rome a procédé avec une légèreté coupable, conclut uniquement contre lui. La vérité est beaucoup moins ténébreuse et elle fait plus d'honneur au Saint-Siège.

Au commencement de 1833, la Congrégation des affaires ecclésiastiques extraordinaires fut priée de donner son avis sur la conduite à tenir au sujet de la censure de Toulouse. Le rapport préparatoire est un modèle d'analyse pénétrante et calme. Toute la carrière de Lamennais y est rapportée, ses mérites d'apologiste, ses combats pour la liberté de l'Église et les droits du Saint-Siège, ses excès de polémiste que l'on attribue à un manque de culture sacrée et à la méconnaissance de l'esprit dont s'inspire l'Eglise dans les questions délicates. Au point de vue philosophique, politique, religieux, le grand

---

[1] Lamennais assigne la même origine au bref *Litteras*, dans une lettre à Emm. d'Alzon, 10 août 1833 (*Mois littéraire*, juillet 1901, p. 17).

écrivain a hasardé des principes discutables. Le Saint-Siège, l'épiscopat français, les gouvernements eux-mêmes s'en sont émus. D'autant que l'influence de l'homme était profonde, aussi bien hors de France qu'en France. Malheureusement aucun moyen n'a valu pour le contenir dans les bornes de la sagesse; il s'est offensé des remontrances de ses amis, comme des mesures prises par les évêques contre l'*Avenir*; les avertissements très nets du souverain Pontife n'ont pas eu plus de succès. Jusqu'ici l'encyclique n'a abouti qu'à faire dissoudre l'*Agence* et supprimer l'*Avenir*. Et si cet acte marque un point d'arrêt dans la propagande menaisienne, il ne laisse pas sans inquiétude l'épiscopat qui se plaint que les idées condamnées demeurent en faveur. Dans ces conjonctures, que reste-t-il à faire?

La lettre écrite par Pacca à Lamennais est trop nette, pour que les menaisiens puissent se vanter d'avoir un *laissez passer* du pape. D'autre part, l'examen de la censure de Toulouse n'est pas sans inconvénients : elle porte quelque trace d'esprit de parti et de gallicanisme ; tout l'épiscopat n'y a pas adhéré purement et simplement; entrer dans cette procédure serait se départir du système d'égards auquel on s'est décidé pour Lamennais; et au surplus l'encyclique a déjà touché les points qui tiennent peut-être plus à cœur aux

évêques. Dès lors, il faut un *mezzo termine*.
L'archevêque de Toulouse réclame une réponse
à la lettre du 23 avril. Les raisons qu'il invoque, la politesse, l'honneur à rendre à un
groupe considérable d'évêques, et l'importance de la question, demandent que le Saint-
Siège ne garde pas le silence. On pourrait
écrire un bref à Mgr d'Atros. Et le secrétaire
de la congrégation en trace une esquisse.

Les archives n'ont gardé qu'un seul *voto* de
consulteur sur la *posizione* qui vient d'être
résumée. Il y est conforme, sauf quelques
observations concernant la rédaction du
bref.

A la congrégation qui se tint en présence
du pape, pour décider finalement si les conclusions du rapporteur devaient être accep-
tées ou modifiées, étaient présents Pacca, di
Gregorio, Odescalchi, Zurla, Micara, Lambruschini, Sala et Bernetti. Les avis furent
unanimes : pour le moment, il ne fallait ni
examiner la censure ni qualifier par propositions les erreurs menaisiennes ; par lettre
privée, le Saint-Siège pourrait d'ailleurs rappeler d'une manière générale son jugement ;
mieux valait ne pas adresser le bref à tout
l'épiscopat, cet éclat pouvant blesser Lamennais ; l'archevêque de Toulouse ayant été
le promoteur de la censure, c'est à lui qu'il
convenait d'écrire ; il serait chargé de com-

muniquer à ses collègues la lettre du pape[1]. Micara, comme les autres cardinaux, vota une par une ces décisions ; son amitié même pour Lamennais devait lui faire particulièrement apprécier la modération dans laquelle le Saint-Siège entendait se tenir à l'égard d'un écrivain ombrageux et jadis bien méritant.

Une fois la mesure arrêtée, l'exécution tarda encore quelque temps. On eût dit que le pape hésitait à reprendre, avec les évêques de France, même une conversation confidentielle où le nom de Lamennais viendrait se mêler ; comme si, au moindre écho qui en viendrait à ses oreilles, l'exaltation de l'orgueil et de la colère risquaient de jeter dans la révolte le malheureux prêtre. Aux premiers jours de mai (8 mai 1833), Grégoire XVI écrivit à Mgr d'Astros la lettre dont parlent tous les historiens. Telles sont les origines de cette pièce que Lamennais rattache à d'obscures intrigues dont le Saint-Siège aurait été victime et complice.

Dans sa lettre, le pape disait au prélat : « Notre encyclique [*Mirari*] a été reçue par-

[1] Arch. Vat. *Dossier Lamennais.* — Lamennais connut le résultat de cette délibération et sa date. Il s'en explique dans une lettre à Vuarin. 8 mai 1833 (*Rev. des Deux Mondes*, 1er nov. 1905, p. 193).

tout avec joie, empressement et religion,
comme nous l'ont témoigné les évêques et des
laïques recommandables dans tous les rangs
de la société. Bien mieux, les auteurs eux-
mêmes des projets qui faisaient surtout
l'objet de nos plaintes ont déclaré publiquement qu'ils se désistaient de leurs entreprises
pour ne point faire opposition à nos volontés.
Cette déclaration nous inspira d'abord la confiance qu'ils avaient accepté nos jugements
d'une façon sincère pleine et absolue, sans
équivoque d'aucune sorte, et que dans la
suite ils en donneraient les preuves les plus
convaicantes, en vertu même de cette foi
dont ils ont si souvent protesté qu'ils étaient
animés envers le Vicaire de Jésus-Christ. Cet
espoir si doux avait relevé notre âme, au
milieu des difficultés extrêmes qui nous tiennent inquiets sur le sort des intérêts de la
religion. Mais ce qu'on répand aujourd'hui
dans le public nous jette de nouveau dans la
douleur. Et c'est pourquoi, avec d'humbles
prières, nous levons les yeux et les mains
vers l'auteur et le consommateur de la foi,
afin que, tous recevant de lui la docilité du
cœur, nous puissions nous féliciter, selon les
paroles du pape saint Célestin, de ce que le
tumulte soulevé dans l'Église est enfin calmé
dans la tranquillité la plus parfaite. »

Ce bref, si impatiemment attendu qu'il

fût par l'archevêque de Toulouse, ne pouvait remplacer à ses yeux une approbation de la censure. Mais enfin, il témoignait de la confiance du pape dans les sentiments des évêques envers le Saint-Siège, il marquait l'insuffisance de la déclaration du 10 septembre, il blâmait discrètement les manifestations récentes par lesquelles les rédacteurs avaient violé leur promesse formelle de ne plus propager leurs idées. Tout cela mettait l'épiscopat en bonne posture et rendait la situation plus claire. Mgr d'Astros exprima sa satisfaction, marqua les points acquis, et termina sa lettre de remerciements au cardinal de Gregorio par ses simples paroles : « Le bref du Saint-Père produira en France, je l'espère, un très bon effet. Il confirmera dans leurs bons sentiments les ecclésiastiques qui s'étaient déjà soumis et il rendra inexcusables ceux qui renouvelleraient les erreurs condamnées. Je vais l'adresser à tous les évêques de France. Je ne pense pas aller contre les intentions de Sa Sainteté en le laissant publier dans divers journaux[1]. » Le 20 juillet le bref parut dans l'*Ami de la religion*.

Cet éclat était regrettable, mais nécessaire. Par leurs efforts incessants pour diminuer l'autorité de l'encyclique et tirer à eux la

---

[1] Archiv. Vat. *Dossier Lamennais*. Lettre du 2 juillet 1833.

lettre de Pacca, les menaisiens avaient réussi à mettre le pape dans une situation équivoque et son enseignement en échec. Une lettre de Lamennais à de Potter publiée par les journaux, l'avant-propos et l'épilogue mis par Montalembert à une traduction du *Livre des Pèlerins polonais* de Mickiewicz montraient trop clairement quelles bornes souples et. fragiles les signataires de la déclaration de septembre donnaient à leur soumission. Après ce manquement public à une promesse solennellement donnée et dont la sincérité était défendue avec une jalousie si fière, la confusion d'idées qui régnait partout, contraignit le pape à sortir de la réserve qu'il gardait depuis plus d'un an; et la parole pontificale était une lumière utile à trop de consciences troublées, pour que l'archevêque de Toulouse eût le droit de la mettre sous le boisseau.

Les journaux s'emparèrent du document nouveau avec leur fièvre habituelle. C'était un malheur. Mais quel moyen de l'empêcher? Et si Lamennais se trouva mis en demeure de s'expliquer à fond sur son obéissance au pape, à qui donc en revenait la responsabilité première, sinon à lui-mème? A l'hèure décisive, il avait biaisé, calculé, équivoqué. Au bout de quelques mois, ses artifices ne résistaient plus au choc des événements. Le châtiment avait fini par rejoindre la faute.

Hélas! il était bien à craindre que cette logique des choses fut entrevue par le malheureux écrivain, comme une abominable conspiration des hommes. Que Guéranger et Combalot aient le malheur d'adhérer publiquement
à l'encyclique, il raille ou crie à la platitude[1].
Le premier a pourtant pris la précaution de
ne point nommer l'*Avenir* et le second a
déclaré que le pape ne touche pas à la philosophie du sens commun. Qu'importe à
Lamennais ? Ou se sépare de lui pour demeurer
avec le pape : c'est une trahison.

[1] *Lam. à Montalembert*, p. 162, 178, 182. Lettres du 24 août,
21, 25 sept. 1833.

CHAPITRE VIII

VERS LA RÉVOLTE SUPRÊME : COMPLICATIONS A ROME ET
NÉGOCIATIONS A PARIS, TROIS DÉCLARATIONS SUCCES-
SIVES DE LAMENNAIS, LE MENSONGE AVOUÉ DE LA
DERNIÈRE.

Dans ses confidences à Ventura, Lamennais
ne se contentait pas d'analyser à loisir l'état
déplorable de la France de 1830, au point de
vue religieux ; il lui expliquait aussi comment
les anciens rédacteurs de l'*Avenir* pourraient
s'employer à remédier au mal. Cela était dit
dans une lettre longue presque comme un
volume [1]. Ce texte nous manque malheureusement. Mais la donnée générale nous en est
connue [2].

« Toute action catholique, c'est-à-dire toute
action qui suppose le concours du clergé ou
au moins sa neutralité, est imposible aujour-
d'hui et continuera de l'être, jusqu'à ce que

---

[1] *Lam. à Montalembert*, p. 49. Lettre du 26 janvier 1832.

[2] Les citations que l'on relève sont empruntées à une lettre
à Montalembert (12 février 1833) ; mais nous savons, par
une autre lettre au même (26 janvier), que le même fond
d'idée était développé dans la volumineuse consultation
envoyée à Ventura.

Dieu par des moyens qui nous sont inconnus ait opéré une immense réforme dans l'Église... La hiérarchie veut obstinément ce que les peuples ne veulent pas et repousse obstinément ce que les peuples veulent. Il n'y a donc pas moyen d'être tout ensemble avec les peuples et avec la hiérarchie ; et comme on ne peut, en tant que catholiques, se séparer de la hiérarchie, se constituer en guerre contre elle, il faut encore nécessairement... ou renoncer tout à fait à agir, ou renoncer à agir comme catholiques. » De la première hypothèse ni l'activité ni la conscience de Lamennais ne peuvent s'accommoder. Reste la seconde. Et il en conclut qu'il faut changer peu à peu de position. « Et par changer de position, ajoute-t-il, j'entends transporter notre action, quelle qu'elle soit, en dehors de l'Église, en cessant d'une part de nous occuper des affaires propres de la religion, et de l'autre en évitant de traiter aucune question sous le point de vue théologique. Ceci est ce qu'il y a de plus difficile, non précisément en soi, mais à raison de l'ardente et aveugle haine de certains hommes contre nous. Cependant, je conçois qu'il est possible d'y réussir à un degré suffisant[1]. » Le but de cette action politique sera l'affran-

---

[1] *Loc. cit.*, p. 65.

chissement du genre humain ; l'instrument
sera un journal. Dès maintenant on pourrait le
créer; mais les travaux philosophiques entrepris doivent être menés à leur fin[1]; et puis,
les circonstances sont encore trop mal définies
pour déterminer avec précision ce qu'il faut
dire. Mais le moment viendra, et alors, dit
Lamennais, « je ne désespère pas de me faire
une position nouvelle et qui ne manquera
pas de force[2] ». En attendant, il trace les
ébauches du livre qui s'appellera les *Paroles
d'un croyant*. « Les crimes des rois, écrit-il,
ont monté vers Dieu comme la fumée du
premier meurtre et du pied de son trône
l'ange vengeur est déjà parti. Tout se prépare
pour une commotion universelle. Le despotisme est miné, et en tombant il entraînera
tous ces indignes traîtres qui ont soudé la
crosse à la hache de la tyrannie[3]. »

Tels étaient les sentiments qui dominaient
l'âme de Lamennais, quand parut le bref de
Grégoire XVI à Mgr d'Astros. Il y vit un nouveau motif de se taire. « Pour faire avaler
aux évêques, écrivait-il à Montalembert, l'hu-
miliant échec qu'ils ont reçu, on nous injurie,
voilà tout. Cela me confirme dans mon opinion sur la seule position qu'il nous soit

---

[1] *Loc. cit.*, p. 49, 26 janvier 1833.
[2] *Loc. cit.*, p. 66, 12 février 1833.
[3] *Ibid.*, p. 80, 4 mars 1833.

désormais possible de prendre[1]... Ce serait
une très grande faute que de faire une nouvelle déclaration quelconque; elle aurait
pour conséquence inévitable ou d'être considérée comme une rétractation de nos doctrines
que le pape a refusé de condamner, ou d'a-
mener des discussions sur le sens de l'encyclique qu'on se mettrait de part et d'autre
à interpréter, au grand scandale des fidèles
et à la grande joie des ennemis de la religion. C'est bien alors qu'on nous accuserait
de tergiversation, de soumission apparente
et de désobéissance réelle. » Il est vrai,
Lacordaire et Combalot se sont déjà expliqués.
Mais il faut les prier de ne point faire de
nouvelle démarche publique. « Ils doivent
comprendre combien il importe de ne pas
présenter aux yeux du public l'apparence même
d'une division[2]. »

Il n'en était pas moins vrai que Grégoire XVI
déclarait insuffisant l'acte du 10 septembre.
Ne fallait-il pas dès lors tenter une explication?
Lamennais écrivit au cardinal Micara une
longue lettre qu'il envoya à son frère Jean
pour avoir ses observations. Tandis qu'il les
attendait, l'âme toute meurtrie et comme
dégoûté de vivre, les événements se compli-
quérent à Rennes.

[1] *Ibid.*, p. 148, 22 juillet 1833.
[2] *Ibid.*, p. 150, 28 juillet 1833.

L'évêque, nous l'avons dit, se débattait dans une situation difficile. Une partie du clergé trouvait peu satisfaisante la déclaration du 10 septembre. La publication du livre de Montalembert vint leur donner un argument de plus. Voulant se dégager de toute compromission avec les Lamennais, Mᵍʳ de Lesquen parla sans doute d'arrêter quelques mesures au sujet des écoles et de Saint-Méen. Pour mettre ses œuvres et son frère à l'abri de toute suspicion, Lamennais prit le parti de se retirer de la congrégation de saint Pierre et d'écrire au pape par l'intermédiaire de l'évéque de Rennes[1]. Dès le 8 août, le prélat

---

[1] Voici le récit de Lamennais : « Un orage s'est formé contre nous... Le prétexte était le bref du pape, la traduction de Mickiewicz, avec je ne sais combien de stupidités secondaires qui se sont logées comme d'elles-mêmes sous le crâne épiscopal de l'homme sans esprit et sans âme à qui ce malheureux diocèse est livré. A l'aide de son imbécillité et de ses passions politiques, on avait réussi, en outre, à le rendre l'instrument d'une intrigue dont le but était d'ôter à la maison de Saint-Méen le titre de Petit Séminaire, pour le donner à une institution infâme que dirige à Rennes un prêtre carliste. Il n'est point d'extravagances que l'évêque n'eût dites et point de mesures violentes qu'il ne fût disposé à prendre dans sa frénésie, car c'en était une véritable. Tout cela avait bouleversé les têtes des missionnaires de Rennes. Le prélat n'était pas moins monté contre mon frère que contre moi. Egalement incapable de comprendre et de sentir, il ne s'est modéré que sur la menace de vendre

envoyait à Rome la déclaration nouvelle, en
l'accompagnant d'une courte lettre que voici :

« M. de la Mennais qui demeure maintenant dans mon diocèse, en me communiquant la lettre qu'il écrit à Votre Sainteté,
me prie de vous la faire parvenir. Je ne me
permets aucune réflexion sur cette nouvelle
déclaration, me remettant d'avance au jugement que portera le Père commun des
fidèles.

« Je ne la rendrai pas publique, ainsi que
M. de la Mennais m'invite à le faire. Les
différents commentaires auxquels elle donnerait lieu me paraîtraient une anticipation sur
la décision du Chef de l'Église. S'il daigne
répondre, nous l'écouterons avec une docilité
filiale. S'il garde le silence, nous le garderons
de notre côté. »

Cette discrétion était la sagesse même.
L'homme qui écrivait ainsi au souverain Pontife montrait plus d'esprit et d'âme qu'il ne
plaisait à Lamennais de lui en attribuer. Quant
aux explications données par ce dernier, on
va voir en quoi elles consistaient. Les rédacteurs de l'*Avenir* ont obéi, le Pape en a témoigné

tout ce que la congrégation possédait dans son diocèse et de
s'en aller dans un autre diocèse... J'ai cru pour éviter une
persécution devoir prendre un double parti : 1° de me retirer
de la congrégation... 2° de garder la lettre que j'avais déjà
faite pour le cardinal Micara et d'écrire au pape... » (*Lam.
à Montalembert*, p. 155, 11 août 1833.)

sa satisfaction. Cependant il est maintenant en défiance. Pourquoi ? « Plus j'interroge ma conscience, moins je découvre ce qui a pu fournir contre nous le sujet d'un reproche. Ce que je sais avec toute la France, c'est que l'*Avenir* a cessé de paraître, que l'*Agence catholique* a été dissoute et les comptes rendus aux souscripteurs ; que nul d'entre nous n'a seulement songé à entreprendre rien de semblable et qu'ainsi nous avons prouvé notre obéissance à Votre Sainteté, non seulement par de simples paroles, mais par des actes effectifs aussi éclatants que le soleil. »

Tout ceci Grégoire XVI ne l'ignorait pas. Avec toute la France il savait que l'*Agence* avait été dissoute et l'*Avenir* supprimé. Il se disait cependant déçu ; il demandait des preuves plus convaincantes d'une vraie soumission d'esprit aux leçons de l'encyclique. Mais c'était justement cela que Lamennais entendait refuser, au nom de son indépendance civique et de sa dignité humaine. A ses yeux, les doctrines promulguées par Grégoire XVI étaient une trahison des droits et du bien des peuples, un reniement du rôle glorieux que les événements imposaient à l'Église. Pour mettre au clair la situation, il eût fallu le dire, au risque des inconvénients qui auraient pu s'ensuivre. Lamennais préféra garder *in petto* l'expression vraie de ses sentiments, sauf à protester, une fois de plus, de son obéissance sans réserve aux actes du pontife romain décidant comme tel. « Je déclare, dit-il :

« Premièrement que par toute sorte de motifs mais spécialement parce qu'il n'appartient qu'au chef de l'Eglise de juger ce qui peut lui être bon et utile, j'ai pris la résolution de rester à l'avenir, dans mes écrits et dans mes actes, totalement étranger aux affaires qui la touchent ;

« Secondement que personne, grâce à Dieu, n'est plus soumis que moi, dans le fond du cœur et sans aucune réserve, à toutes les décisions émanées ou à émaner du Saint-Siège apostolique sur la doctrine de foi ou des mœurs, ainsi qu'aux lois de discipline portées par son autorité souveraine. »

Pour qui ne savait point, des paroles semblables pouvaient paraître nettes et décisives. Mais Grégoire XVI était instruit depuis des mois que son acte solennel du 15 août 1832 était aux yeux de Lamennais sans portée doctrinale ; et dès lors, dans le soin que celui-ci prenait d'éviter la seule formule à prononcer : « J'adhère de cœur et d'esprit aux enseignements de l'encyclique *Mirari vos* » ; que pouvait voir le pape sinon l'obstination d'un fils rebelle à son autorité ? Il attendit que Dieu, dans sa miséricorde, apprît à cet égaré la docilité du cœur. Tout espoir ne semblait pas perdu, puisque Lamennais terminait sa lettre du 4 août par ces lignes :

« Que si l'expression [de mes sentiments] ne paraissait pas assez nette à Votre Sainteté, qu'elle daigne elle-même me faire savoir de quels termes je dois me servir pour la satisfaire pleinement ; ceux-là seront toujours les plus conformes à ma pensée qui la couvaincront le mieux de mon obéissance filiale. »

Pendant que cette pièce s'en allait vers Rome, la paisible ville de Rennes était le théâtre de scènes tragiques. Durant les exercices de la retraite ecclésiastique, un vénérable prêtre, publiquement, priait l'évêque d'ordonner à M. Coëdro — qui partageait avec M. Hoguet le soin d'exhorter ses confrères — de vouloir bien faire entendre un humble *Peccavi* au sujet des doctrines menaisiennes. L'évêque déconcerté se refusa à de pareilles exigences. Comme l'interpellateur paraissait appuyé par l'assentiment du grand nombre, M. Çoëdro s'exécuta. Ce fut l'événement dont retentit toute la ville, pour la plus grande confusion des esprits et la plus pénible division des cœurs[1]. Nul, plus que l'évêque, ne souffrait de ces déchirements. Le 30 septembre 1833, il écrivit au pape ces lignes pleines de douleur :

[1] Arch. Sém. S.-Sulp. Lettre du 10 déc. 1833. — Le P. Laveille a déjû utilisé ce document dans *J. M. de la Mennais.*

« J'ai accepté l'épiscopat avec une extrême répugnance, et jusqu'à ce jour, j'ai traîné plus que je n'ai porté ce fardeau trop accablant pour ma faiblesse.

« Je me prosterne aux pieds de Votre Sainteté et la conjure instamment de m'en décharger.

« En acceptant la démission de mon siège, elle m'arrachera au danger évident où je suis de me perdre. Ce n'est point l'humilité, c'est la conviction qui me fait tenir ce langage. Elle rendra en outre un service signalé au diocèse de Rennes où la confiance que le pasteur doit inspirer au clergé et aux fidèles s'affaiblit de jour en jour.

« Ayant eu par le passé des liaisons avec les MM. de la Mennais, qui sont mes diocésains et dont l'un a contribué à me faire nommer évêque, on s'imagine que je les favorise, parce que je ne fais pas avec eux une rupture éclatante et que je n'emploie point envers eux et leurs adhérents des voies de rigueur.

« On va même jusqu'à dire que je partage leurs opinions et que je suis tellement enlacé que je ne puis rompre mes chaînes.

« Comme le gouvernement, d'après les dernières nominations, paraît disposé à ne faire que de bons choix, je regarde que l'occasion est favorable. D'ailleurs, avant de terminer avec lui, je pourrais demander à connaître mon successeur, condition que me serait accordée, attendu qu'on se féliciterait de ma détermination.

« Un autre évêque ramènerait plus facilement que moi le clergé et les fidèles à l'unité, parce qu'on lui supposerait plus d'impartialité, et que ses antécédents n'entraveraient pas son autorité.

« Je n'ai point voulu informer le ministre des Cultes de mon projet, et de mon désir, avant de m'assurer si le Père commun accordera à son malheureux fils la grâce qu'il sollicite de sa tendresse et à l'obtention de laquelle il attache un très grand prix[1]. »

En même temps que cette supplique parvenait à Rome, un bref en partait que l'internonce avait mission de faire tenir à l'évêque de Rennes. Grégoire XVI y prenait soin d'expliquer quels étaient les faits publics capables de mettre en doute la pleine soumission des menaisiens à l'encyclique *Mirari*. Dans une lettre au libéral belge de Potter, publiée par le *Journal de la Haye* du 22 février 1833, dans la préface écrite par Montalembert au *Livre des pèlerins polonais* de Mickiewicz, le souverain Pontife voyait avec raison une preuve

[1] Arch. Vat. *Dossier Lamennais.*

manifeste que les idées de l'*Avenir* demeuraient toujours dans la tête de ceux qui s'en étaient faits en 1830 les apôtres résolus. Et pour éclairer le fond de ces deux documents, s'il en eût été besoin, il y avait toujours la fameuse lettre dont le Saint-Père avait le texte entre les mains ; lettre écrite au lendemain de la condamnation pontificale, et dans laquelle Montalembert disait : « Sans adopter aucune des opinions exprimées dans l'encyclique, nous rentrons dans le silence. » Aussi le bref à l'évêque de Rennes poursuivait-il avec assurance : « M. de la Mennais proteste qu'il nous appartient de prononcer sur ce qui convient à l'Église, mais que lui désormais demeurera étranger à la cause de la religion. A quoi peut tendre cette protestation, vénérable frère, sinon à faire connaître que, respectant notre autorité suprême, il n'entend point encore se soumettre à notre jugement sur la matière et aux doctrines enseignées par nous ?

« Voilà, concluait le pape, ce qui nous a jeté en de pénibles soupçons et a renouvelé nos cruels soucis ; mais, nous le disons avec joie, nous reprenons courage et notre espoir abattu se relève, en voyant à quoi s'engage spontanément M. de la Mennais et la profession qu'il fait d'être prêt à souscrire sincèrement tout ce qui pourra nous convaincre avec certitude de sa filiale obéissance. Il demande qu'on lui indique les formules qui pourront le mieux servir à cet effet. Nous ne répondrons qu'un mot : la doctrine exposée dans nos lettres encycliques n'impose point de nouveaux préceptes, dirons-nous avec Innocent Ier notre saint prédécesseur, mais seulement ce qui a été établi par la tradition des apôtres et des pères ; que M. de la Mennais nous assure qu'il s'en tient uniquement et absolument à cette doctrine et qu'il n'écrira ou n'approuvera rien qui lui soit contraire.

« S'il nous donne ce témoignage, et s'il y est fidèle, rien ne manquera à notre joie. »

Dès qu'il eût reçu ce bref, Garibaldi s'empressa de l'envoyer à l'évêque de Rennes. Mgr de Lesquen répondit à l'internonce :

« Je remplirai avec la plus grande fidélité et le plus grand soin la commission dont S.S. me charge. Je désire bien sincèrement que ses vues soient remplies et qu'il ait la consolation d'apprendre que ses ordres si paternellement donnés ont été exécutés avec cette franchise et cette loyauté qui ne doivent jamais être bannies du cœur d'un bon prêtre[1]. »

A Lamennais le prélat écrivit :

« En vous transmettant la réponse de S.S. j'ai la douce pensée que vous consolerez le cœur de notre tendre et vénéré père, et que

[1] Arch. Vat. *Dossier Lamennais.* Lettre du 22 octobre 1833.

par votre docilité filiale vous rassurerez l'Église trop justement alarmée.

« Le bon pasteur vous trace, ainsi que vous le lui avez demandé dans votre déclaration, le chemin qui conduit la brebis au bercail, et l'y maintient, si elle ne veut pas s'en écarter. Votre courage et votre foi me disent bien haut que vous n'hésiterez pas à être d'accord avec vos énergiques et éloquentes protestations d'amour, de respect et de soumission au Saint-Siège.

« Ce sera un bonheur pour moi d'en informer celui qui, à notre grande satisfaction, l'occupe aujourd'hui.

« Il nous conjure en gémissant, nous ne pouvons l'ignorer, de mettre un terme à toutes ces funestes dissensions qui tourmentent, qui scandalisent même le troupeau de Jésus-Christ. »

A ces effusions évangéliques de son évêque Lamennais répondit par ce laconique billet :

« Mon frère m'a remis la copie du bref que le pape vous a adressé, au moment où je faisais mes préparatifs de départ pour Paris. Je répondrai de là, et directement, n'ayant pas le temps de le faire d'ici. »

Lorsqu'au retour d'une courte absence, Mgr de Lesquen trouva à Rennes ces lignes brèves et évasives, il fut blessé au vif et lança une circulaire par laquelle il .saisissait son clergé, de l'incident (4 nov.) A la conduite déconcertante de Lamennais, il opposait la déclaration si empressée et si nette de son clergé, celle surtout lue par l'abbé Jean en pleine retraite ecclésiastique, et il concluait tristement : Si l'hésitant se soumet « nous nous réjouirons avec toute l'Église » ; s'il se révolte ou continue à se taire, « nous n'aurons pas assez de larmes pour déplorer son malheur ; mais aucun de nous ne sera assez aveugle pour le suivre dans l'abandon de ses anciens principes ». En attendant, le prélat considérait Lamennais comme ayant « renoncé de lui-même » à ses pouvoirs ecclésiastiques pour le diocèse de Rennes.

Cette déclaration paraît brutale. Mais quand on la lit, à sa place, dans la copieuse circulaire du 4 novembre, elle perd beaucoup de sa rigueur. La douleur et l'embarras du vénérable évêque sont manifestes. Au dehors, il croit entendre des bruits qui dénoncent son coin de Bretagne comme un foyer de menaisianisme ; au dedans, l'animosité de la plus grande partie de ses prêtres contre la congrégation de Saint-Pierre est tous les jours croissante. Pour sauver son propre honneur et celui de son église, Mgr de Lesquen essaye de faire face à tous les adversaires à la fois, calmant les impatients, défendant les calomniés, proclamant que si, parmi ses fils, il y a eu quelques menaisiens, il n'en connaît pas qui soient rebelles à l'autorité pontificale. Les missionnaires de Rennes et les professeurs de Saint-Méen ont fait les plus expresses professions de foi et d'obéissance à Rome; l'évêque est heureux de les venger. Celui dont ils étaient les disciples paraît vouloir, en fuyant le diocèse, se dérober à son devoir; le prélat déclare qu'il le regarde comme s'étant retranché lui-même du clergé rennois.

Au surplus, avec une candeur touchante, Mgr de Lesquen mit Rome au courant de tous les détails.

« C'est un devoir pour moi, mandait-il au pape, de mettre sous vos yeux les moyens que j'ai employés et la publicité que j'ai donnée à cette importante affaire. Si je n'ai point agi conformément à vos vues paternelles, je suis disposé à tout désavouer et à reconnaître mon erreur bien involontaire.

« J'ai cru devoir user d'un certain ménagement à l'égard de Félicité de la Mennais, en lui faisant néanmoins sentir que le délégué du Saint-Siège a des titres qu'on ne peut impunément méconnaître. J'aurais volontiers sacrifié les droits que me donnait sur lui ceux de l'épiscopat. Mais l'autorité du chef de l'Église me pressait vivement et je craignais, par une excessive indulgence, de la compromettre ou du moins de l'affaiblir.

« Je supplie et je conjure le meilleur de tous les Pères de ne pas oublier la demande que je lui ai adressée et que je réitère aujourd'hui, ayant l'intime conviction que le bien en résultera[1]. »

A Paris, l'internonce regretta que Mgr de Lesquen eût privé Lamennais de ses pouvoirs ecclésiastiques et publié sa circulaire. Mais, en fait, ces mesures n'eurent aucune influence sur l'intéressé. Ou dramatise comme à plaisir, quand on dépeint le deuil et la stupeur envahissant la Chênaie, les disciples l'un après l'autre s'en allant éperdus, comme s'ils redoutaient d'encourir les malédictions divines en restant sous le toit d'un prêtre interdit. Ces scènes de désolation sont imaginaires. La lettre de Mgr de Lesquen est du 4 novembre ; depuis le 2, Lamennais était à Paris. Il ignorait les mesures prises par son évêque, quand il rédigea le 5 novembre une lettre au pape, dont voici les passages essentiels :

« La lettre encyclique de Votre Sainteté en date du 15 août 1832, contenant des choses de nature diverse, les unes de doctrine, les autres de gouvernement, je déclare :

---

[1] Archiv. Vat. *Dossier Lamennais*. Lettre du 9 nov. 1833.

« 1° Qu'en tant qu'elle proclame, suivant l'expression d'Innocent Ier, la tradition apostolique, qui n'étant que la révélation divine elle-même est perpétuellement et infailliblement promulguée par l'Église, exige de ses enfants une foi parfaite et absolue, j'y adhère *uniquement* et *absolument*, me reconnaissant obligé, comme tout catholique, *à ne rien écrire ou approuver qui y soit contraire ;*

« 2° Qu'en tant qu'elle décide et règle différents point d'administration et de discipline ecclésiastique, j'y suis également soumis sans réserve.

« Mais afin que, dans l'état actuel des esprits particulièrement en France, des personnes passionnées et malveillantes ne puissent donner à la déclaration que je dépose aux pieds de Votre Sainteté de fausses interprétations, qui, entre autres conséquences que je veux et dois prévenir, tendraient à rendre peut-être ma sincérité suspecte, ma conscience me fait un devoir de déclarer, en même temps, que, selon ma ferme persuasion, si, dans l'ordre religieux, le chrétien ne sait qu'écouter et obéir, il demeure, à l'égard de la puissance spirituelle, entièrement libre de ses opinions, de ses paroles et de ses actes, dans l'ordre purement temporel. »

La distinction subtile que Lamennais avait faite, au lendemain même de l'encyclique, éclate enfin sous sa plume. Les formules employées sont captieuses, comme on pouvait l'attendre d'un écrivain plein de ressources et d'un homme livré aux influences du démon de l'orgueil. Mais pourtant, il est clair qu'à son jugement il y a, dans l'encyclique *Mirari vos*, des parties que l'on a la liberté de rejeter, tout en demeurant catholique; et sans s'expliquer autrement sur les points du document pontifical qui ne sauraient lier la conscience d'un vrai fidèle, il se contente d'affirmer en général que la vie civique est hors des prises de l'autorité spirituelle.

Le jour même où cette déclaration fut écrite, Lamennais la fit porter par de Coux à la nonciature. Aucune explication ne fut échangée. En expédiant le pli, Garibaldi mandait à Rome : « Je pense que cela se réfère au bref adressé à l'évêque de Rennes. Dieu veuille que cette lettre puisse satisfaire et consoler le cœur paternel de Sa Sainteté [1]. »

Grégoire XVI ne pouvait trouver dans la pièce souscrite par Lamennais que sujet d'affliction. Sans être déclarée, la révolte était menaçante. Cependant tout espoir n'était pas perdu encore et une négociation nouvelle commença, par l'intermédiaire de l'archevêque de Paris.

---

[1] Arch. Vat. *Dossier Lamennais.* Lettre du 6 novembre.

Lamennais et Quélen étaient bretons tous les deux. Le prélat avait été fort maltraité par l'écrivain ; mais la conjoncture était grave, l'âme d'un prêtre était en péril; oubliant les amertumes passées, Quélen accueillit avec bonté Lamennais, qui lui fit visite sur les instances de quelques amis. Cet accueil toucha le malheureux ; dans les *Affaires de Rome*, il a loué les « procédés », la « bienveillance », le « zèle plein de sagesse » avec lequel l'archevêque s'employa dans le conflit qui s'aggravait. L'internonce fut de moitié avec le prélat dans cette entreprise *in extremis* pour sauver un champion de la foi d'un suprême malheur. Quelques détails ici ne seront pas superflus ; les *Affaires de Rome*, sur ce point, ayant besoin de corrections et d'additions.

Des conférences de Lamennais avec Quélen sortit une nouvelle lettre au pape, en date du 1er décembre 1833[1]. Elle déplut à l'archevêque ; il lui semblait que l'écrivain le prenait trop, avec le souverain Pontife, sur le ton d'un conseiller, sinon d'un maître. L'internonce fut moins satisfait encore ; car, dans cette longue déclaration, l'indépendance de la vie civique à l'égard du Pontife romain était revendiquée avec plus de vigueur que le 5 novembre.

---

[1] C'est la pièce A transcrite en appendice sous le n° XII.

Un nouvel entretien fut jugé indispensable.
Quélen et Lamennais se revirent et celui-ci
consentit à revenir sur sa rédaction. L'archevèque et l'internonce n'étaient pas sans admirer cette docilité inattendue. Mais celle-ci
était fort relative. Lamennais se contenta de
mettre en style indirect, sans suscription, ui
signature, la pièce du 1ᵉʳ décembre qui venait
d'être déclarée inacceptable[1] ; il y joignit une
courte adresse au pape dans laquelle, tout en
affirmant que la clause regardant le temporel
n'était pas une restriction de son obéissance,
il la maintenait comme l'expression d'un
principe certain et comme une précaution
nécessaire à l'égard des libéraux (6 décembre)[2].

Mis en possession de ce double écrit,
l'archevèque l'adressa à la nonciature, avec
prière de le faire parvenir à destination.
Garibaldi refusa, et de vive voix expliqua ses
raisons. Il lui paraissait, avec justice, que si
Quélen avait obtenu quelque chose de l'obstiné breton, le principal demeurait à gagner.

---

[1] Ce mémoire est celui qui se trouve en appendice dans les
Affaires de Rome. Lamennais dit que l'archevêque de Paris
l'accepta. C'est vrai, avec les trois explications que voici :
1° Quélen avait refusé la pièce du 1ᵉʳ décembre qui est identique à ce mémoire ; 2° s'il accepta d'envoyer à Rome le mémoire,
c'est que celui-ci n'était pas visé dans la lettre adressée au
pape, laquelle était censée la seule déclaration officielle de
Lamennais ; 3° enfin, il jugea nécessaire une modification de
cette lettre elle-même.

[2] Voir la pièce B en appendice sous le n° XII.

Qu'était-ce qu'une matière purement temporelle ? Qui fixerait les limites ? Lamennais
entendait-il disputer contradictoirement avec
le pape là-dessus et demeurer finalement
juge ? Pensait-il que le pape pût se tromper
sur le caractère mixte d'une affaire, exiger à
ce propos une obéissance qu'il ne lui fût point
due ? S'il le pensait, c'était à la fois une injure
une témérité et un danger graves. S'il ne le
pensait pas, à quoi bon ce soin jaloux de
réduire, en termes exprès, sa soumission
au seul domaine spirituel ? L'argumentation
de Garibaldi était pressante. Quélen s'y
rendit ; il improvisa une rédaction nouvelle
du texte de Lamennais qui contenait cachés
tous ces germes de révolte ; et il laissa le
papier à son interlocuteur pour le méditer
à loisir, jusqu'à ce qu'ils prissent jour ensemble pour une prochaine entrevue. En
relisant les quelques lignes tracées par l'archevêque, l'internonce se persuada vite
qu'on pouvait mieux faire et il y substitua un
alinéa moins sujet à discussion et sur lequel
il espérait tomber d'accord avec Quélen[1]. Il
venait d'achever ce fastidieux travail de rac-
commodage, quand il reçut inopinément une
lettre de Pacca pour Lamennais (9 décembre)[2].

[1] C'est le texte C publié aux pièces justificatives sous le
n° XII.

[2] C'est dans deux lettres de Garibaldi que se trouvent tous

Le cardinal, par ordre de Grégoire XVI, accusait à Lamennais réception de sa lettre du 5 novembre. Après avoir relevé les incidents principaux de cette triste affaire, le doyen du Sacré Collège disait :

« Votre bonne foi, à laquelle j'en appelle, vous dira, Monsieur l'abbé, si la nouvelle déclaration par vous émise est conforme à ce qu'on vous demandait et qu'on était en droit d'attendre de vous, même d'après vos promesses. » Il déclarait insuffisante la lettre du 5 novembre, conjurait son correspondant de considérer son cas « en catholique et en prêtre, aux pieds du crucifix ». Il exprimait l'espoir que ces réflexions saintes l'améneraient à souscrire une déclaration digne de lui, c'est-à-dire « simple, absolue et illimitée ».

Le 10 décembre, Garibaldi fit remettre en mains propres à Lamennais la lettre de Pacca. Quélen avait eu avec son malheureux ami une nouvelle conférence[1]. Le 11, il envoyait à Garibaldi, pour les expédier à Rome, deux pièces nouvelles. Lamennais disait à Pacca :

ces détails ; et ils sont garantis par 5 pièces jointes (Arch. Vat. *Dossier Lamennais*. Lettres du 2 et 9 décembre 1833).

[1] Arch. Vat. *Dossier Lamennais*. Lettre du 13 décembre 1833.

« J'ai reçu hier la lettre que Votre Éminence m'a fait l'honneur de m'écrire le 18 novembre. J'y ai vu avec beaucoup de peine que Sa Sainteté ait considéré certaines expressions de ma déclaration du 5 novembre comme une clause restrictive de ma soumission à l'encyclique du 15 août. Jamais cette pensée n'a été la mienne. »

A cette protestation d'obéissance était jointe, en latin, la brève formule qui suit : « Je soussigné, suivant la teneur de la formule contenue dans le bref du souverain Pontife Grégoire XVI, atteste que je suis uniquement et absolument la doctrine enseignée dans la lettre encyclique du même Pontife et que je n'écrirai et n'approuverai rien qui y soit contraire. »

En envoyant au secrétaire de la congrégation du Concile ces lignes, l'internonce s'écriait : « Que le Père de toute miséricorde et consolation soit béni et remercié ! Je crois que la fastidieuse et périlleuse affaire de M. de la Mennais est heureusement terminée. »

Tout en effet s'annonçait sous les plus heureux auspices.

Combalot s'était publiquement expliqué sur l'encyclique et avait envoyé à l'archevêque de Paris (23 novembre 1833), une déclaration conforme à celle qu'indiquait le bref à l'évêque de Rennes.

A la date du 30 novembre, Salinis avait écrit à l'évêque de Meaux :

« Après avoir lu différentes pièces publiées dans les journaux, je considère comme un devoir de déposer dans vos mains la déclaration suivante :

« Je m'engage à suivre uniquement et absolument les doctrine exposées dans la lettre encyclique émanée de Sa Sainteté en date du 5 août 1832, et à ne rien écrire ou approuver qui ne soit conforme à cette doctrine.

« Permettez-moi, Monseigneur, de déclarer en même temps que mon obéissance à cet acte de l'autorité souveraine du Saint-Siège... a été, grâce à Dieu, pleine, entière, sans réserve et sans restriction dès le premier moment où la lettre encyclique de Notre Saint-Père me fut connue.

« Ma conscience ne pouvait pas me permettre d'agir autrement.

« Car je crois fermement que dans le Saint-Siège apostolique réside la plénitude de cette autorité infaillible et souveraine de l'Église, qui, établie de Dieu et assistée de son saint Esprit, ne peut ui errer dans ses jugements ni entreprendre de juger des choses qui lui sont étrangères. »

Le 11 décembre, Gerbet mandait à l'archevêque de Paris :

« Dans les circonstances actuelles, je crois

devoir déposer entre vos mains la déclaration suivante :

« Soumis à l'encyclique du souverain Pontife Grégoire XVI, selon la teneur du bref adressé à Mgr l'évêque de Rennes, qui date du 5 octobre dernier :

« Je déclare suivre uniquement et absolument la doctrine enseignée dans la même encyclique et que je n'écrirai ou n'approuverai rien qui y soit contraire. »

Avec plus d'élan, Lacordaire disait à Mgr de Quélen :

« Outre la déclaration que j'avais signée le 1er septembre de l'année précédente, j'étais venu peu de temps après me remettre entre vos mains, et reprendre dans votre diocèse les fonctions ecclésiastiques, afin que mes actes rendissent de ma sincérité un témoignage plus fort que tous les soupçons. Dieu m'est témoin que ce n'est pas la seule chose que j'ai pu faire, depuis deux ans, pour la paix de l'Église et la tranquillité de conscience. Nul n'a plus que moi souffert dans son esprit et dans sa plus chère affection pour arriver au but. J'ai rompu des liens qui m'étaient sacrés ; j'ai ajouté aux chagrins d'un homme qui, malgré son talent et sa gloire, n'avait plus guère ici-bas d'autre consolation que la fidélité de l'amitié. J'ai mis l'Eglise au-dessus de tout dans mon cœur et je croyais avoir mis la parole qu'elle avait reçu de moi au-dessus de toute atteinte.

« Mais, après de mûres réflexions, comprenant qu'une partie de ces choses n'est connue que de Dieu seul et de moi, et que le reste n'est connu que d'un petit nombre d'hommes, persuadé qu'on ne saurait jamais trop faire pour l'Église à qui nous devons la vie et la vérité, ui pour la paix, la gloire, l'exaltation et l'amour du Saint-Siège, je me suis résolu à leur donner une nouvelle marque de mon obéissance et de ma foi.

« En conséquence et conformément au bref de Sa Sainteté du 5 octobre, je m'engage à suivre uniquement et absolument la doctrine exposée dans la lettre encyclique du 15 août 1832 et à ne rien écrire ou approuver qui ne soit conforme à cette doctrine. Heureux d'avoir cette occasion de mettre aux pieds du souverain Pontife l'hommage de ma vénération profonde et du souvenir infini que je garde de son accueil plein de bonté. Heureux aussi, Monseigneur, de lui transmettre par vous cet acte filial, par vous en qui j'ai trouvé, depuis neuf mois, un cœur si bon que les vicissitudes n'ont point changé, si ce n'est qu'il est devenu aussi grand qu'il était bon. »

A mesure que les actes de soumission s'ajoutaient ainsi les uns aux autres, Quélen débordait de joie. Rappelant à Gerbet un mot de l'office de saint Damase *Nullum primum nisi Christum sequentes et cathedræ Petri consociati*, il le félicitait d'avoir compris que « le moindre souffle renverse en un instant et que le torrent emporte d'un coup les plus beaux édifices qui ne reposent que sur le sable mouvant des pensées humaines et l'inconstance des esprits particuliers. » Il s'empressait de confier à Lacordaire que sa profession de foi l'avait d'autant plus ému qu'il la pouvait joindre à celle de Gerbet et de Lamennais. A celui-ci le prélat conseilla d'écrire à l'évêque de Rennes. Lamennais le fit, communiquant au prélat sa déclaration du 11 décembre et ajoutant ces mots d'excuse : « Si, dans la lettre que j'ai publiée dernièrement quelques expressions avaient pu vous blesser, il n'a jamais été dans mon intention de manquer au respect que je vous dois. » Mgr de Lesquen, depuis les événements de novembre, était plongé dans la plus grande tristesse. La pensée de sa démission le hantait plus obstinément que jamais et le sort de Lamennais le tenait dans l'inquiétude. Aussi reçut-il avec une joie très vive la lettre qui lui apportait le texte d'une soumission définitive. Il en félicita Lamennais et lui rendit ses pouvoirs ecclésiastiques[1].

---

[1] Arch. Vat. *Dossier Lamennais.* Lettre du 13 décembre 1833 et pièces jointes.

Les nouvelles qui arrivaient à Rome, de Rennes et de Paris ne pouvaient que consoler le Saint-Père. Enfin on arrivait au port, après de longs mois d'attente et quelques bourrasques. Grégoire XVI écrivit à M⁣ˢʳ de Quélen et à M⁣ˢʳ de Lesquen pour les remercier et se féliciter avec eux de la paix retrouvée. Il disait à Lamennais :

« C'est avec toute l'effusion dont nous sommes capable que nous vous ouvrons notre cœur paternel, cher fils, et tout triomphant dans le Seigneur, nous vous félicitons d'avoir recouvré une paix pleine et véritable par la munificence de celui qui sauve les humbles de cœur et repousse ceux dont la sagesse est réglée par le monde et non selon la science dont il est la source. La plus éclatante victoire, la seule vraie, est de vaincre le monde. Et votre nom recueillera une immortelle gloire, parce que fermant l'oreille aux considérations humaines, et échappant aux pièges tendus par vos ennemis, vous vous êtes rendu à la voix d'un Père très aimant, comme vous y conviaient la vérité et le devoir.

« Continuez donc, cher fils, par les sentiers de la vertu, de la docilité et de la foi, à réjouir l'Église par de tels exemples, et à faire effort, avec toutes les ressources du talent et du savoir qui vous distinguent, pour

amener tout le monde à accepter et à proclamer d'une seule âme la doctrine enseignée
dans notre encyclique ».

Lorsque les brefs pontificaux arrivèrent à
Paris, ce fut une grande joie à la nonciature.
Quélen s'empressa de porter à Lamennais
l'heureux message. Celui-ci en prit lecture et
parut satisfait. « Tout est en règle, concluait
Garibaldi ; tout le monde est content et bénis
soient Dieu et la Vierge Marie. Dès que
Lamennais sera mieux, je l'inviterai à dîner
avec l'archevêque, Gerbet, Lacordaire, et
Combalot[1]. »

Ces agapes destinées à fêter le retour du
prodigue n'eurent jamais lieu. Vers le milieu
de janvier 1834, l'internonce fit visite à
Lamennais, s'enquérant de sa santé, parlant
des consolations qu'éprouvait maintenant le
pape. Le malade répliqua que, sans les intrigues de certaines gens, l'affaire aurait pris fin
dès son dernier voyage à Rome ; mais qu'enfin,
pour le bien de la paix, tout était arrangé.
Garibaldi observa que l'unité de vues dans le
clergé était plus que jamais nécessaire, ainsi
qu'un effort commun pour procurer le bien
de l'Église. Lamennais se prit à dire que sa
carrière était finie, qu'il était à bout de forces ;
que si sa santé ébranlée lui permettait de

---

[1] Arch. Vat. *Dossier Lamennais*. Lettre du 10 janvier 1834.

s'occuper de sciences et travaux semblables, il était bien décidé à ne plus se mêler de religion, l'expérience lui ayant été trop dure. L'internonce insinua que de tels propos étaient bien mélancoliques et que ses forces, sans être intactes, lui permettraient pourtant de s'employer au bien. Le malade changea de discours et la conversation s'égara en des choses banales. Quelques jours après Lamennais rendit à Garibaldi sa visite, mais il évita la moindre allusion aux affaires de Rome. En rendant compte de tous ces incidents l'internonce ajoutait : « Je ne doute pas de la bonne foi de M. de la Mennais et de la sincérité de ses sentiments catholiques ; mais au fond il n'a point, je crois, changé ses opinions. J'ai fait ce que le Saint-Père m'a demandé, et c'est ce qui importait pour la tranquillité des esprits [1] ».

Garibaldi ne voyait juste qu'en partie. S'il eût percé le voile qui lui dérobait la conscience de Lamennais, il eût eu horreur. La brusquerie avec laquelle avait été souscrite la déclaration du 11 décembre donnait lieu de craindre que la sincérité n'en fût point parfaite. Mais tous ceux qui s'étaient entremis pour négocier entre le Saint-Siège et l'écrivain étaient fatigués d'exhorter, de plaider,

---

[1] Arch. Vat. *Dossier Lamennais*. Lettre du 20 janvier 1834.

de discuter. La signature, donnée peut-être de guerre lasse, mettait cependant fin au conflit en ce qu'il avait de public. Comme disait l'internonce, « la tranquillité des esprits » avait une garantie. On pouvait laisser l'errant à Dieu et à sa conscience. Malheureusement, celle-ci était déformée, à un point que personne ne soupçonnait alors. Seuls Montalembert et Ventura eurent quelque confidence du mystère.

En apprenant au premier la déclaration du 11 décembre, Lamennais lui écrivit : « Les motifs qui m'ont déterminé à cette démarche sont tout autres que ceux qui font sur toi tant d'impression. Sur ce point, nous n'avons pas d'idées communes... Quant à moi, je renonce à la politique pratique, impossible désormais et à tout sans exception ce qui a rempli ma vie antérieure. J'essaierai, quoique bien tard, d'en commencer une nouvelle. Je ne dirai point mes idées là-dessus, parce que je ne veux associer personne à mes destinées futures, quelles qu'elles soient[1] ». Sans comprendre toute la portée de ce langage déconcertant, Montalembert s'en alarma. Au nom

---

[1] *Lam. à Montalembert*, p. 227. Lettre du 13 décembre 1833.

de sa tendresse et de sa fidélité, dans une lettre écrite le jour de Noël, il demanda des explications[1]. Elles lui furent données. Refuser une déclaration sans réserve, c'était s'exposer à être désigné au monde comme un rebelle ; la signer c'était renverser les principes fondamentaux du catholicisme sur la distinction des deux puissances. « Les réflexions que me suggéra cette position étrange, ajoute Lamennais, me conduisirent à de très grands doutes sur plusieurs points du catholicisme, doutes qui loin de s'affaiblir se sont fortifiés depuis. Alors laissant de côté la question de vérité qui m'avait préoccupée jusqu'à ce moment, je ne vis plus dans cette affaire qu'une question de paix à tout prix, et je résolus de signer, non seulement ce qu'on me demanderait, mais encore sans exception tout ce qu'on voudrait, fût-ce même la déclaration que le pape est Dieu, le grand Dieu du ciel et de la terre et qu'il doit être adoré lui seul. Mais en même temps, je me décidai à cesser désormais toute fontion sacerdotale, ce que j'ai fait. Tu comprends bien maintenant combien j'avais raison d'écrire que mes motifs, en accordant ce qui m'était demandé, n'étaient pas ceux que tu supposais, et pourquoi je répugnais à te les expliquer. En somme, je

[1] Lecanuet. *Montalembert*, II, p. 414.

crois que l'Église ne peut rester ce qu'elle est, qu'on n'a jamais nettement distingué ce qu'il y a de divin et d'humain en elle, et que tout se prépare pour sa transformation[1]. »

On devine la stupeur et l'agonie dans lesquelles Montalembert fut plongé par cette lettre de celui en qui il avait vu toujours son maître dans la foi. Qu'eût-il éprouvé s'il avait su que, bien avant d'avoir à débattre avec l'archevêque de Paris les termes d'une déclaration d'obéissance au pape, Lamennais avait déjà senti ses croyances s'ébranler ?

Dans les premiers mois de 1833, par des intrigues que nous connaissons mal, on persuada à Grégoire XVI que Ventura persiflait l'encyclique *Mirari vos* et le pouvoir temporel des papes, et qu'il entretenait à la Chênaie l'esprit de révolte. Il s'ensuivit des mesures sévères : les théatins reçurent ordre de choisir un autre général, et il fut enjoint à Ventura de quitter Rome. Le religieux s'inclina douloureusement et respectueusement ; il s'en alla attendre à Modéne, chez ses amis les Riccini, les réparations qu'il savait inévitables. A la nouvelle de cette digrâce noblement supportée, Lamennais écrivit à l'exilé :

« Je respecte et j'admire votre résignation : elle est digne de vous, digne d'un chrétien

---

[1] *Ibid.*, p. 231. Lettre du 1er janvier 1834.

qui regarde et adore en toutes choses la suprême volonté de Dieu. *Je comprends ce devoir comme vous le comprenez ; mais mon esprit ne va pas plus loin. Votre foi dans le Saint-Siège et dans les éclatants privilèges de la papauté est entière et inébranlable.* Je vois là un nouvel effort de la vertu qui, après avoir incliné le cœur au sacrifice, y incline encore la raison. La mienne, je le confesse, s'y refuse invinciblement. Les doctrines qui furent les miennes, que j'ai défendues avec une sincère et pleine conviction, pour lesquelles j'ai souffert et aurais voulu souffrir davantage, ces doctrines aujourd'hui sont bien loin de moi : non, je l'avoue qu'aucun sentiment personnel m'en détourne ; au contraire, il m'en a coûté plus que je ne puis dire pour y renoncer. Mais, en réfléchissant sur ce que je voyais, j'ai conçu la nécessité d'étudier de nouveau attentivement l'histoire, pour déterminer sans prévention, et comme en présence de Dieu même, mon opinion sur plusieurs points d'une importance extrême, en soi et par leurs conséquences. Il est résulté de ce travail de profonds changements dans toutes mes idées. Ce n'est pas dans une lettre qu'il serait possible de vous exposer mes convictions présentes, il faudrait de longs discours.[1] »

---

[1] J'ai puhlié cette lettre dans les *Études* du 5 juin 1910.

Ces lignes navrantes sont du 8 mai 1833. Et il en faut conclure que toutes les déclarations signées par Lamennais cette année-là — celles du 5 novembre et du 4 août, aussi bien que celles du 1ᵉʳ et du 11 décembre — sont mensongères. Il y exprime à l'égard du chef de l'Église, des sentiments que sa raison désavoue. Trompant à la fois Rome et l'opinion, il parle comme un croyant, alors que de la foi au pape et même de la foi chrétienne, il ne reste dans son âme que des lambeaux. Quelle aberration humiliante et répugnante d'un homme de génie et d'une âme loyale !

Hormis Ventura et Montalembert, personne ne soupçonnait les lamentables ruines faites au plus profond du cœur de Lamennais. Quand il constatait la difficulté de son compatriote à se soumettre à Rome, l'archevêque de Paris se croyait en face d'un simple cas d'orgueilleux entêtement. N'écoutant que son zèle, préoccupé de donner à Rome, après tant de péripéties douloureuses, une consolation surabondante, jaloux d'assurer à Lamennais la gloire et la douceur d'une réconciliation parfaite avec le pape, il essaya d'obtenir une filiale réponse au bref reçu de Grégoire XVI. Il se heurta à un refus. « Je ne pouvais guère en écrivant, lisons-nous dans les *Affaires de Rome*, éviter l'un ou l'autre de ces inconvénients, ou de mécontenter Rome, si je me tenais dans de vagues généralités, ou de m'engager au delà de ce que ma conscience me permettait, si je m'exprimais de manière à le satisfaire pleinement[1] ».

Ce dilemme ne convainquit pas le prélat qui recommença ses démarches dans les derniers jours de mars[2].

Elles n'eurent pas plus de succès que les premières. Lamennais protestait de sa ferme résolution de ne plus revenir sur cette affaire ; il voulait quitter Paris, s'enfuir en Bretagne pour s'y faire oublier pendant trois ou quatre ans. Ces réponses désolantes ne découragèrent pas Quélen ; il fit de suprêmes instances, dans une lettre du vendredi saint, pour fléchir la volonté du malheureux prêtre :

« Ne regardez pas cette lettre d'instances comme une persécution de l'autorité, mais comme une poursuite de l'amitié. Les pensées et les réflexions de ces saints jours, où nous honorons la mémoire de cette obéissance jusqu'à la mort récompensée par une gloire au-dessus de toute gloire, m'ont ramené vers vous. J'ai béni Dieu de ce que vous avez fait

---

[1] En transmettant à Rome ces tristes nouvelles, Garibaldi opinait que de malheureux conseillers poussaient Lamennais à garder le plus absolu silence à l'égard du pape (Arch. Vat. *Corr. None.* Lettre du 19 mars 1833).

[2] Garibaldi les raconte dans une lettre du 2 avril (Arch. Vat. *Corr. Nonc.*).

au sujet de l'encyclique, je l'ai remercié de m'avoir permis d'y participer ; mais je vous l'ai dit, je vous le répète, pour vous plus encore que pour moi-même, ma joie n'est pas complète, parce que votre gloire n'est pas achevée, parce qu'il vous reste, il me semble, un dernier devoir à remplir ; il me paraît si facile, si loin des maux que vous redoutez, que je ne peux pas comprendre un moment d'hésitation. Il est convenable, et en même temps si simple, de faire un accusé de réception, que je joindrai à ma réponse au Saint-Père. Sans cela, vous laissez une impression pénible qui ne peut être compensée par aucun avantage ; votre réserve, votre refus sur ce point ne sera justifié aux yeux de personne.

« Vous allez partir, vous allez quitter mon diocèse. Qui sait si nous nous reverrons avant l'éternité ? Donnez-moi la nouvelle consolation de vous avoir persuadé d'accomplir ce que je regarde comme indispensable ; épargnez à mon attachement pour vous un silence d'autant plus pénible qu'il serait accusateur.

» Je me permets de joindre ici un modèle de projet de lettre au pape, pour lui accuser réception du bref que je vous ai remis de sa part. En vérité, la main sur la conscience, je ne puis concevoir comment il y a moyen de s'en dispenser, sous peine de manquer aux plus simples règles de la politesse.

« Vous voyez ma franchise, vous connaissez mon cœur, j'ai satisfait à l'un et à l'autre. Tous les deux vous redisent avec quelle tendresse je suis et je serai, Monsieur l'abbé, votre tout affectionné serviteur. »

Lamennais a publié lui-même la réponse qu'il fit à l'archevêque. Il y parle des intrigues ourdies contre lui et dont il a les preuves. Ce qu'il manderait au pape, paraîtrait un engagement à concourir au moins par le silence. au système politique de Rome. Ceci est impossible. Pour la paix, il a signé la déclaration du 11 décembre. Qu'on le laisse là. Étranger désormais à l'Église, il lui reste des devoirs envers l'humanité. Il les remplira jusqu'au bout, à tout prix. Personne n'a le droit de l'en dispenser; et si pour y être fidèle, il doit souffrir, il y est prêt et Dieu l'aidera[1].

Il est d'ailleurs convaincu, ainsi qu'il l'écrit à Emmanuel d'Alzon, qu'il faut laisser à Dieu seul le soin des intérêts de la religion car « cette œuvre nécessite des changements difficiles à calculer, de profondes modifications dans ce qui existe et qui ne saurait continuer d'exister sous les mêmes formes ». Ce n'est pas que les destinées du catholicisme soient closes. Non. Il est « le principe

[1] Lettre du 25 mars 1834. Garibaldi communiqua cette correspondance à Rome dans une lettre du 5 mai. (Arch. Vat. *Dossier Lamennais*).

moteur de la transformation sociale qui s'opère » ; il subira lui-même « un développement nouveau analogue et proportionné à celui qui s'accomplit dans l'humanité sous son influence ». Et ce développement, quel qu'il soit, est sûrement « incompatible avec l'institution catholique présente[1] »..

Cette annonce des grandes mutations qui sont à la veille de se faire dans l'Église, l'accent farouche avec lequel le prophète de cet avenir déclare n'avoir plus rien de commun avec Rome, étonnent tout d'abord. Ou comprend tout, quand on remarque qu'à l'heure où Lamennais tenait ce langage, il n'avait plus la foi. Au surplus, les *Paroles d'un croyant* étaient sous presse.

L'archevêque de Paris finit par le savoir. Amicalement il interpella l'auteur. « C'est à vous, loyal breton, que je m'adresse pour savoir ce que je dois croire de ces murmures et s'il y a surtout une apparence qui les justifie. Votre réponse me rendra plus ferme à repousser les accusations. Jusqu'ici vous étiez résolu à garder un absolu silence sur les matières de religion. Vous me rendrez un véritable service de me donner là-dessus un petit mot d'éclaircissement. Je vous le demande en ami qui vous est . et qui vous sera toujours

[1] *Mois littéraire*, juillet 1901, p. 18, 20; Lettres du 5 et 29 mars 1834.

sincèrement et bien tendrement dévoué ».

Lamennais répondit : « De Rome même, et très récemment, de grands personnages m'ont conseillé de ne pas garder le silence, parce que, disent-ils; on en concluera que vous êtes condamné et vous ne l'êtes pas. Mais rien ne saurait ébranler ma résolution. Je n'écrirai désormais que sur des sujets de philosophie, de science et de politique. Le petit ouvrage dont on vous a parlé est de ce dernier genre. Il est destiné au peuple. Ce qui m'a décidé à le publier, c'est l'effroyable état de la France et de l'Europe. On me reprochera l'indignation avec laquelle je parle des rois, et leurs intentions, que je dénonce, de se servir des prêtres pour soutenir leur pouvoir. Mais ce sont des faits évidents. Les dire était un devoir ». — Cette lettre est du 29 avril. Le 30, les *Paroles d'un croyant* paraissaient sans nom d'auteur.

CHAPITRE IX

Publiées lorsque Lamennais ne se regardait plus comme prêtre, ni même comme
membre de l'Église, les *Paroles d'un croyant*
avaient été composées bien des mois auparavant, dans la solitude de la Chênaie, par
morceaux, selon que passait le souffle de
l'inspiration, dans cette période douloureuse
qui précède la rupture avec Rome. Lamennais se désaffectionne du catholicisme pour
lui préférer le christianisme[1]; son activité
mentale est absorbée tout entière par la
méditation des lois fondamentales de la
société[2]; il croit avoir découvert la loi qui
régit le progrès de l'humanité[3] et les craque-
ments du vieil édifice européen résonnent à
ses oreilles comme un prélude grandiose

---

[1] *Lam. à Montalembert*, p. 124, 2 mai 1833.
[2] *Ibid.*, p. 117, 122, 133, 136, 200, 16, 19 mai, 9 octobre.
[3] *Ibid.*, p. 23, 14 novembre 1832.

annonçant la merveilleuse cité que la Providence et le bon vouloir des hommes bâti-
ront demain avec les débris d'hier[4]. Dans le
silence, que seules animent ses tristes pénsées,
son imagination s'exalte fiévreusement. En
un pareil état d'àme, que pouvait-il écrire,
sinon un livre lyrique, démocratique et
religieux ?

Les *Paroles d'un croyant* sont un hommage rendu aux souffrances du peuple, un
cri de haine farouche contre ceux qui le
tyrannisent, une prédication de l'intervention nécessaire du Christ pour assurer aux
citoyens leurs droits politiques, un hymne
d'espoir qui monte vers les temps où les
esclaves d'aujourd'hui, leurs chaînes rompues,
goûteront le pain de la liberté gagné à la
sueur de leur front.

Lamennais désire et appelle de ses vœux
la république universelle. La monarchie héré-
ditaire ne lui paraît conforme ni à la vraie
philosophie de la société, ni aux justes intéréts des peuples.

« Tous naissent égaux : nul en venant en
ce monde n'a le droit de commander.

« J'ai vu dans un berceau un enfant criant
et bavant, et autour de lui étaient des vieil-
lards qui lui disaient : *Seigneur*, et qui, s'age-

---

[4] *Ibid.*, p. 39, 50, 89, 107. 175, 9, 26 janvier, 15 mars,
16 avril, 10 septembre.

nouillant, l'adoraient. Et j'ai compris toute
la misère de l'homme.

« C'est le péché qui a fait les princes[1] ».

D'autre part, l'idée républicaine, en 1834,
n'était défendue que par des hommes de
parti dont les idées fausses, les passions violentes et l'esprit irréligieux étaient notoires.
Lamennais veut que son livre aide à balayer
de l'atmosphère politique ces souffles im-
purs, pour ne laisser à respirer aux poitrines
populaires qu'un air vivifiant.

« Il se rencontre des hommes qui n'aiment
point Dieu et ne le craignent point : fuyez-
les, car il sort d'eux une vapeur de malédictions[2] »

« Que peut faire pour vous un homme qui
n'a que sa pensée pour règle et pour loi que
sa volonté ?

« Même quand il est de bonne foi et ne
souhaite que le bien, il faut qu'il vous donne
sa volonté pour loi et sa pensée pour règle...

« Où Dieu ne règne pas, il est nécessaire
qu'un homme domine et cela s'est vu toujours...

« Ceux qui vous disent : avant nous on n'a
pas su ce que c'est que la justice : la justice
ne vient pas de Dieu, elle vient de l'homme;
fiez-vous à nous...

[1] Ch. xix.
[2] Ch. xvi.

« Ceux-là vous trompent , ou s'ils vous
promettent sincèrement la liberté, ils se
trompent eux-mêmes [1] ».

« Qu'est-ce qui se pressait autour du Christ
entendre sa parole? Le peuple.

« Qu'est-ce qui le suivait dans la montagne
et les lieux déserts pour écouter ses enseignements? Le peuple.

« Qui voulait le choisir pour roi ? Le peuple.

« Son cœur battait sur le cœur du peuple,
et le cœur du peuple battait sur son cœur.

« Et c'est là, sur le cœur du Christ, que les
peuples malades se raniment et que les
peuples opprimés reçoivent la force de s'af-
franchir.

« Malheur à ceux qui s éloignent de lui,
qui le renient! leur misère est irrémédiable
et leur servitude éternelle [2] ».

Mais il faut que la foule travaille de ses
bras à faire, dans le monde, les transforma-
tions que réclament la dignité humaine et
l'éternelle justice. Rien n'est plus contraire
aux plans divins qu'une sorte de quiétisme
dans lequel l'opinion endormie attendrait
de se réveiller libre. Comme toute vie, la
vie civique n'est promise qu'à l'effort.

« Le laboureur porte le poids du jour, s'ex-

[1] Ch. XXXVII.
[2] Ch. XXXII.

pose à la pluie, au soleil, aux vents, pour préparer par son travail la moisson qui remplira ses greniers à l'automne.

« La justice est la moisson des peuples.

« L'artisan se lève avant l'aube, allume sa petite lampe, et se fatigue sans relâche pour gagner un peu de pain qui le nourrisse lui et ses enfants.

« La justice est le pain des peuples.

« Le marchand ne refuse aucun labeur, ne se plaint d'aucune peine; il use son corps et oublie le sommeil afin d'amasser des richesses.

« La liberté est la richesse des peuples.

« Le matelot qui traverse les mers, se livrant aux flots et aux tempêtes, se hasarde entre les écueils, souffre le froid et le chaud, afin de s'assurer quelque repos dans ses vieux ans.

« La liberté est le repos des peuples.

« Le soldat se soumet aux plus dures privations, il veille, il combat et donne son sang pour ce qu'il appelle la gloire.

« La liberté est la gloire des peuples.

« S'il est un peuple qui estime moins la justice et la liberté que le laboureur sa moisson, l'artisan un peu de pain, le marchand ses richesses, le matelot le repos et le soldat la gloire; élevez autour de ce peuple une haute muraille, afin que son haleine n'infecte pas le reste de la terre.

« Quand viendra le jour du jugement des peuples, il lui sera dit : qu'as-tu fait de ton âme? on n'en a vu ni signe ni trace. Les jouissances de la brute ont été tout pour toi. Tu as aimé la boue, vas périr dans la boue.

« Et le peuple au contraire, qui au-dessus des biens matériels aura placé dans son cœur les vrais biens; qui pour les conquérir n'aura épargné aucun travail, aucune fatigue, aucun sacrifice, entendra cette parole :

« A ceux qui ont une âme, la récompense des âmes. Parce que tu as aimé plus que toutes choses la liberté et la justice, viens, et possède à jamais la justice et la liberté. »

Certes, cette récompense pourra être achetée par de longues et dures souffrances. Mais « lorsqu'on a foi en elle, la cause juste triomphe toujours et celui-là se sauve qui persévère jusqu'à la fiu[2] ». Plus les petits seront honnêtes, courageux et unis, plus les temps de la délivrance seront proches[3]. Cet avenir est garanti par l'histoire aussi bien que par la bonté de la Providence. Et alors, les tyrans ayant disparu dans la suprême rafale déchaînée par la colère de Dieu et des hommes. le soleil des intelligences montera au-dessus de l'horizon du monde.

[1] Ch. xxxviii.

[2] Ch. xxxviii.

[3] Ch. xxii. xxix, xxxix.

« Et à mesure qu'il montera, sa chaleur fondra les nuages amoncelés par la tempête, et ils ne seront plus qu'une légère vapeur qu'un vent doux chassera vers le couchant.

« Jamais le ciel n'aura été aussi serein, et la terre aussi verte et aussi féconde.

« Et au lieu du faible crépuscule que nous appelons jour, une lumière vive et pure rayonnera d'en haut, comme un reflet de la face de Dieu.

« Et les hommes se regarderont à cette lumière et ils diront : nous ne connaissions ni nous ni les autres; nous ne savions pas ce que c'est que l'homme. A présent nous le savons.

« Et chacun s'aimera dans son frère, il sera heureux de le servir; et il n'y aura ni grands ni petits, à cause de l'amour qui égale tout, et toutes les familles ne seront qu'une famille et toutes les nations ne seront qu'une nation[1]. »

Et tandis qu'ici s'opérera cette métamorphose de la race humaine régénérée politiquement par la vertu du Christ, en haut, le Fils se penchera vers le Père, et l'Esprit les couvrira de son ombre; mystère divin de l'union parfaite qui fait le tressaillement des cieux et consomme les joies de l'éternelle patrie[2].

[1] Ch. xxiv.
[2] Ch. xlii.

Un tel langage rendait un autre son et avait
une autre prise que ceux dont les journaux
ont coutume. Il ne s'agit pas des splendeurs
de la dernière fête du Château, des éléments
de la prochaine combinaison ministérielle,
des conséquences d'un récent projet de loi.
Dédaignant cette basse politique, Lamennais
fait appel aux sentiments les plus profonds
de l'âme, celui de la liberté, de la justice et
de la religion, avec lesquels il solidarise un
bonheur immanquable et indéfectible. Et il
parle de ces choses éternellement humaines,
non point en philosophe qui disserte, mais
en poète qui chante, en mage qui sait l'avenir, en vaillant qui ose tout dire comme il
est prêt à tout souffrir. Le peuple ne résiste
pas à de tels accents. Ils s'imposent à tous.
En un clin d'œil, l'attention publique est con-
quise en France et hors de France. Les
Paroles d'un croyant sont un événement. Les
ministres s'en effrayent, le clergé s'en afflige,
la bourgeoisie s'en étonne, la légitimité est
indignée, le parti républicain réjoui, la masse
ouvrière, surprise, s'attendrit et la jeunesse
des écoles bat des mains. Les éditions du
livre prestigieux se succèdent rapidement,
avec des tirages considérables. On le lit en

commun dans les jardins publics, on fait queue aux cabinets de lecture de la capitale. Hors des frontières, on se dispute l'honneur de répandre par le monde les idées du nouvel évangéliste.

La *Gazette de France*, l'*Ami de la religion*, le *Rénovateur* et l'*Univers religieux* ne partageaient pas cet enthousiasme. Lacordaire et Laurentie se trouvaient d'accord avec Picot et Genoude, et même avec le *Figaro* et le *Constitutionnel*, pour critiquer Lamennais. Le fait était notable. Et Lamennais n'en tenait pas assez compte quand il écrivait à Montalembert que l'opposition à son livre s'était « concentrée à peu près dans les sacristies ». Il est vrai que, si quelques journaux le blâmaient, d'autres en plus grand nombre lui prodiguaient l'éloge : la *Revue des Deux Mondes* et la *Revue de Paris*, la *Quotidienne* et le *National*, le *Vert-vert*, le *Bon sens*, le *Populaire*.

Malgré tout, le malaise était grand et l'impression finale demeurait pénible. Les plus enthousiastes ne pouvaient s'empêcher de glisser au milieu de leurs dithyrambes quelques conseils. Ballanche sentait le besoin, après les *Paroles*, de rassurer les rois et de contenir les peuples. Son article se terminait par ces lignes fort significatives sous la plume d'un ami :

« Je dirai au poète de la vision : si vous

n'aviez livré au tumulte de la place publique
que les calmes enseignements de l'initiation
successive, je ne m'en plaindrais point...
[Mais] vous avez effrayé les pouvoirs lorsqu'il
fallait les instruire, vous avez soulevé les
multitudes lorsqu'il fallait les apaiser, vous
avez mis le feu à la cité du présent avant de
vous être informé si la cité de l'avenir était
prête à recevoir ses nouveaux habitants[1]. »

Néanmoins, le ministre des Affaires étrangères écrivait à l'ambassadeur de France à
Rome :

« Cet ouvrage ne fera peut-être pas tout le
mal qu'on pourrait en redouter. Le style en
est peu à la portée des classes auxquelles
l'auteur a particulièrement en vue de s'adresser ; et si j'en excepte l'éloge qu'affectent d'en
faire quelques feuilles républicaines, les
Paroles d'un croyant sont généralement désap-
prouvées par les hommes dont les opinions
démocratiques se rapprochent le plus des
théories de l'auteur. En France, où le sens
des convenances a conservé tant d'empire,
on s'est étonné d'un pareil langage dans la
bouche d'un prêtre, et l'on a peine à supposer
que l'auteur n'ait obéi, comme il le dit, qu'au
cri de sa conscience »[2].

---

[1] *Revue européenne*, VIII, p. 353.
[2] Arch. Aff. étr. *Rome*, 975. Lettre du 13 juin 1834.

En écrivant ces lignes inoffensives, l'amiral de Rigny témoignait que le gouvernement de Louis-Philippe ne prenait guère au tragique le manifeste politique de Lamennais. Celui-ci était sans doute mal informé, quand il se disait menacé de poursuites, au cas où il ferait des *Paroles* une édition à bas prix, et dénoncé à la vindicte de Rome par la diplomatie française[1]. Quoi qu'il en soit, la conduite du pape importait beaucoup plus que celle du roi des Français. Lamennais en était le premier convaincu, malgré sa rupture avec Rome ; et ses amis le pensaient comme lui. Ou va voir comment ils renseignaient leur maître : celui-ci écrivait après avoir reçu leurs confidences[2] :

« Je suis, ainsi que tout le monde, dans l'ignorance absolue de ce que fera Rome. Elle a consulté pour savoir si une condamnation serait possible, opportune, utile, sans danger. On lui a répondu qu'on ne voyait pas sur quoi on pourrait l'appuyer, et que, dans tous les cas, elle ne pouvait avoir que des effets funestes, à cause de l'ardente indignation qu'elle exciterait contre le clergé. Cette réponse suffirait pour la déterminer au silence, si la diplomatie n'insistait pas trop

---

[1] *Lam. à Montalembert* p. 279. Lettre du 1er juin citée plus haut, et lettre du 8 juin.

[2] Même lettre à Montalembert.

fortement pour la faire parler. Dans le cas assez probable où celle-ci l'emporterait, les paroles qui s'échapperont du Vatican seront la résultante de deux peurs. »

Le jour même où Lamennais écrivait ces lignes impertinentes et assurées, Grégoire XVI recevait en audience particulière M. de Tallenay, chargé d'affaires de France. Le lendemain, celui-ci écrivait au ministre des Affaires étrangères :

« La conversation est tombée insensiblement sur la France et sur le nouveau pamphlet de M. l'abbé de la Mennais intitulé *Paroles d'un croyant.* Le pape s'est fort animé en traitant ce sujet, ne dissimulant pas la peine qu'il en avait ressentie, et accusant l'auteur d'avoir manqué à toutes les promesses qu'il avait faites, et surtout de prêcher des maximes entièrement opposées à l'encyclique dont il avait adopté en dernier lieu les principes par une déclaration publique[1].

La remarque était juste, et pour la faire, Grégoire XVI n'avait pas besoin des suggestions de la diplomatie autrichienne ou russe. Il suffisait de lire. Tant que Lamennais avait gardé le silence, on avait pu compter que le temps l'amènerait à penser sincèrement ce que sa main avait signé par lassitude et pour

---

[1] Arch. Aff. étr. *Rome*, 975. Dépêche du 2 juin 1834.

en finir, le 11 décembre 1833. Les *Paroles* mettaient à nu toute l'âme, et son obstination dans les idées condamnées, et sa révolte insolente contre l'autorité qu'elle avait un instant paru reconnaître.

Tous ceux que n'aveuglait pas la fumée des théories menaisiennes ou l'éclat de la gloire de leur inventeur, éprouvaient, en face du nouveau pamphlet, la même impression de stupeur : ils se demandaient s'il était possible de se jouer de la parole donnée et de braver le pape avec cette désinvolture. Au Vatican, à l'archevêché de Paris et à la nonciature, le coup était d'autant plus sensible que Grégoire XVI, Quélen et Garibaldi venaient de donner la plus indéniable preuve de leur mansuétude à l'égard de l'indocile et irrité solitaire la Chênaie.

Le sulpicien Boyer, avait composé un livre contre les systèmes de Lamennais. Dès qu'ils furent au courant, Quélen et Garibaldi essayèrent d'empêcher la publication[1]. Lamennais, après de longues hésitations et des pourparlers sans fin, avait consenti à une déclaration

[1] Arch. Vat. *Dossier Lamennais*. Lettre du 20 décembre 1833.

de soumission publique ; il fallait prendre garde
de le brusquer et de le provoquer comme à
plaisir. Boyer promit d'attendre quelques
mois. Son travail lui avait coûté bien des
veilles ; il était convaincu, et par lui-même
et par ses correspondants de France ou de
Rome, que les théories du sens commun
n'avaient rien perdu de leur faveur et de leur
funeste influence parmi le jeune clergé. Des
ouvrages récents venaient encore de les
prôner et de les répandre. La réfutation
paraissait donc indispensable. L'*Examen de
la doctrine de M. de la Mennais* était d'ailleurs imprimé ; il parut. L'auteur disait dans
la préface : « Que M. de la Mennais achève ce
qu'il a commencé ; qu'il abjure ses erreurs
philosophiques et théologiques ; qu'il fasse
droit à la censure épiscopale, comme à l'encyclique de Sa Sainteté et je cesse d'écrire. Et qui,
plus que moi, désire la fin de ces tristes débats,
sujets de joie et de triomphe pour l'impiété,
alors même qu'ils sont nécessaires à la défense
de la vérité. Notre différend, je le dis à regret,
subsiste tout entier. L'encyclique, loin de le
diminuer, ne l'a même pas entamé. Nos
prélats l'ont jugé contre ma partie ; elle fait
appel de la censure au Saint-Siège, je la suis
à ce tribunal suprême, juge en dernier
ressort des causes de la foi et j'y dépose cet
ouvrage comme pièce ou mémoire dans ce

procès, où je me constitue l'avocat de nos prélats et le défenseur de leur jugement en première instance ».

Le 12 mars, Garibaldi envoya le volume à Rome, au nom de l'auteur. Bernetti lui répondit, le 5 avril : « Sa Sainteté ayant parcouru l'ouvrage en est demeuré très contrariée, même à cause de M. de la Mennais. Toute l'affaire était terminée à la satisfaction du Saint-Père ; il n'était ui utile, ui prudent de la remettre sur le tapis... Au surplus, si vous aviez lu ce livre complètement, vous auriez peut-être insisté davantage auprès de l'auteur pour le dissuader de le publier ; ou tout au moins vous n'auriez pas accepté de le transmettre à Rome. Et c'est ce que le Saint-Père aurait désiré ». Docilement Garibaldi profita de la leçon. Quand Boyer voulut le prier de faire passer un exemplaire de l'*Examen* au cardinal Lambruschini, il refusa la commission, motivant le refus par le déplaisir que le livre avait causé au souverain Pontife. Boyer en fut surpris et attristé. Il plaida son cas dans une lettre d'une éloquence un peu raide, adressée à Bernetti. Il ne se plaignait pas de l'humiliation reçue, il n'était pas « assez étranger à la doctrine de l'Évangile pour ne pas sentir combien une humiliation peut être utile ». Mais « la cause de la vérité » n'aurait-elle pas à souffrir « un dommage réel ». Le menaisia-

nisme philosophique et théologique étant plus
vivant que jamais, ses adeptes ne trouveront-
ils pas dans le désagrément survenu à Boyer
un argument *ad hominem* sans réplique ?
« Après tout, diront-ils, vous n'êtes pas au pair
avec nous. Nos livres ne sont pas improuvés
à Rome ; il n'en est pas de même des vôtres.
Dans la discussion ouverte, on nous accorde
la parole, on vous la refuse. » L'on peut bien
se rabattre à répliquer : « ce n'est pas le fond
de mon livre, mais le moment peu opportun,
peu loyal, peu généreux de sa publication
qui est blâmé ». Il sera facile de dire que c'est
là une défaite. La rétractation de Lamennais
méritait des égards. Il croit en avoir tenu assez
compte, en retardant son travail, en y joi-
gnant une préface concertée avec l'archevêque
de Paris. Mais il en est qui pensent que cette
rétractation est un « acte purement extérieur »
qui « tiendra jusqu'au terme dont Dieu seul
connaît la fin. » Quoiqu'il en soit, il regrette
infiniment d'avoir déplu au souverain Pontife ;
et s'il avait connu ses intentions, jamais son
livre n'eût été imprimé, pas même écrit.

Ce plaidoyer d'un prêtre vertueux, instruit,
zélé, ne modifia point la conduite de Rome.
Elle s'en tint sur l'*Examen de la doctrine de
M. de la Mennais* à son premier jugement : le
livre était inopportun, contestable même en
quelques parties. Garibaldi fit savoir à La

Chénaie, par l'intermédiaire de l'abbé Jean, que Boyer avait été repris d'avoir recommencé des polémiques irritantes [1]. Pour reprendre les expressions du docte sulpicien, le pape écartait un plaidoyer public en faveur de la censure de Toulouse, comme il avait différé d'examiner le jugement porté, en première instance, par les évêques de France. C'était toujours le même esprit pacifique, temporisateur, charitable qui prévalait dans les conseils du Vatican. Et il venait à peine d'en donner une preuve nouvelle, que les *Paroles d'un croyant* éclatèrent en coup de foudre. On comprendra que Grégoire XVI en ait ressenti une secousse particulièrement douloureuse.

Les dépêches de Garibaldi étaient pleines de tristesse. L'internonce voyait avec raison, dans les doctrines du détestable livre, l'explication des résistances mises par Lamennais à signer une adhésion sans réserve à l'encyclique *Mirari vos*. Si l'écrivain avait consenti, à la prière de son ami Arnaud de l'Ariège, à supprimer la page offensante qui terminait le chapitre XXXIII, les points de suspension par

---

[1] Arch. Vat. *Dossier Lamennais* et *Corr. Nonc.* Lettres du 2 avril et du 12 mai 1834.

lesquels il l'avait remplacée, n'en étaient pas
moins significatifs ; personne ne pouvait douter
que le « vieillard usé par les ans », qui était
le témoin muet des crimes des rois, ne fut le
pape ; et l'audace de cette calomnie donnait
hélas ! lieu de craindre que le malheureux
prêtre, la foi perdue, ne fut pour toujours
sorti de l'Église. Le gouvernement ne ferait
rien pour poursuivre l'ouvrage. Et l'attitude
de tous les gens de bien, des disciples mêmes
de la Chênaie, comme Gerbet et Lacordaire,
indiquait assez que jamais Lamennais ne
pourrait être un chef de secte. Mais sa révolte
n'en était pas moins un malheur et un scandale ; et à moins d'un miracle de la grâce, tout
espoir de retour à la vérité semblait évanoui.
Heureusement l'attaque de Boyer n'était pour
rien dans ces tristes événements ; les *Paroles*
étaient sous presse, quand avait paru l'*Examen
de la doctrine de M. de la Mennais*[1].

A mesure qu'elles arrivaient, les dépêches
de la nonciature étaient remises par le secrétaire d'État à Lambruschini. Celui-ci était
chargé par Grégoire XVI d'instruire cette
nouvelle affaire. Le 11 juin, le propre jour
où Lamennais démontrait à Montalembert, —
d'aprés des lettres reçues de Rome — que
toute condamnation était fort improbable,

[1] Arch. Vat. *Dossier Lamennais Corr. Nonc.* Dépêches du
2, 7, 9, 12 mai 1834.

sinon impossible, le cardinal remettait au pape
son rapport sur les *Paroles d'un croyant*.

A la première page, on y lit ces lignes :
« qui définirait les *Paroles* une apocalypse
nouvelle, inspirée par Satan, pour exciter de
nouveaux scandales dans l'Église et occa-
sionner de nouveaux troubles dans le monde,
en porterait un jugement exact. » Certes,
autant que personne, Lambruschini admire
l'écrivain qui a su, dit-il « imiter la simplicité, la sublimité et la véhémence des anciens
prophètes ». Mais il redoute que le charme
de ce « style clair, poétique et brillant »,
séduisant la jeunesse et le peuple, ne les
entraîne à partager les idées démagogiques.
« Les *Paroles d'un croyant*, a dit le journal de
Cabet, valent pour notre cause plus que des
milliers de baïonnettes, car elles feront dans
les populations des conquêtes morales, les
seules durables [1] » D'autre part, le prince de
Metternich assure que cette brochure a produit en Belgique une secousse analogue à la
Révolution de 1830 [2]. Appuyant l'un par
l'autre ces deux témoignages, venus des deux
pôles du monde politique, Lambruschini les
justifie par l'analyse détaillée de l'ouvrage
dont il cite les passages suspects. S'il avait

[1] *Le Populaire*, 11 mai 1834.

[2] Dans une dépêche du 22 mai, le nonce de Vienne rappor-
tait ce mot que lui avait dit Metternich.

lu cette analyse, Lamennais l'aurait sans
doute discutée avec le même dédain que les
objections de Montalembert. Il n'empêche
que les critiques du cardinal ont leurs preuves
dans le texte même des *Paroles*. Lamennais
criait aux peuples déjà emportés par la fureur
révolutionnaire : les rois en droit ne sont légitimes que s'ils sont justes[1] ; en fait, ils ne
cherchent qu'à soutenir leur tyrannie par
l'abrutissement des masses, la division des
intérêts, les exploits du bourreau, les mol-
lesses de la volupté, les mensonges des
prêtres[2] ; mais si grande que soit leur puissance, elle ne saurait résister à la coalition
des sujets et des peuples, et cette coalition est
voulue de Dieu, précisément parce qu'il veut
que règnent sur la terre la justice et la charité,
dont la liberté est la condition, comme elles
sont sa sauvegarde[3]. Un pareil langage était
en dissonnance avec celui que Grégoire XVI
avait tenu avec force dans l'encyclique
Mirari vos. Le soin jaloux que Lamennais
avait mis longtemps à se taire sur la doctrine
de l'acte pontifical, la vanité de son adhésion
du 11 décembre 1833, s'expliquaient l'un et
l'autre et l'un par l'autre. Maintenant écla-
taient à tous les regards, quelles théories il

---

[1] *Paroles*, xix.

[2] *Ibid.*, xiii.

[3] *Ibid.*, xi, xvii, xxi, xxiii, xxix.

prétendait dérober au droit de censure du
pape, quand il disait réserver expressément
sa liberté d'homme et de citoyen. A l'entendre, rien de plus facilement séparable, et
de plus extrêmement séparé, que la politique
et la religion. Or, comme pour étaler l'aveuglement de cette raison raisonnante, il se
trouvait que toute la politique des *Paroles* se
réduisait à flétrir la tyrannie au nom de la loi
de Dieu et à soulever les peuples en faisant
appel à leur conscience chrétienne ; c'est-à-
dire à mouvoir les plus essentiels ressorts de
la religion. En vérité, de la part de qui contestait au souverain Pontife un droit vrai d'intervenir parmi les affaires de ce monde, il
était impossible de remuer des questions où
son intervention fut au contraire mieux qua-
lifiée et plus indispensable.

L'archevêque de Paris eut souhaité que
Rome dédaignât de s'occuper des *Paroles
d'un croyant*. L'auteur n'était plus qu'un
défroqué et son ouvrage était fou. Il y avait là
de quoi limiter beaucoup la malfaisance du
livre. Lambruschini voyait autrement les
choses. La renommée de Lamennais et le
succès très vif de la brochure lui faisaient prévoir une propagande prodigieuse de l'erreur.
Il craignait aussi que le silence de Rome ne
fut interprété ou comme une tolérance des
idées hardies qui se prévalaient de l'Évan-

gile, ou comme un embarras en face de la puissante influence d'un écrivain de génie. Il concluait donc que le pape devait parler et il lui paraissait que, pour éclairer les catholiques, il suffirait d'un bref adressé aux évêques de France, et dans lequel seraient sommairement exposés les principes catholiques sur l'origine, la nature et les droits du pouvoir.

D'autres idées prévalurent dans l'esprit du pape. Il signa une encyclique par laquelle furent condamnés tout ensemble les *Paroles d'un croyant* et le système philosophique de la raison générale : le livre parce qu'il « contient des propositions respectivement fausses, calomnieuses, téméraires, conduisant à l'anarchie, contraires à la parole de Dieu, impies, erronées, déjà condamnées dans les écrits de Vaudois, de Wiclef et de Jean Hus » ; le système, parce qu'il cherche la vérité, là où elle n'est point, et que méprisant les saintes et apostoliques traditions, il met en avant des doctrines vaines, futiles, incertaines, non approuvées par l'Église, sur lesquelles certains hommes, dans leur vanité, pensent à tort pouvoir trouver à la vérité un ferme appui.

A l'occasion de l'encyclique *Singulari nos*, les gouvernements se reprirent un instant à s'occuper de Lamennais. Metternich confia au nonce de Vienne, Ostini, que la nouvelle

lettre apostolique lui agréait fort[1]. A Paris,
le ministre des Affaires étrangères exprima
la crainte que l'influence de l'Autriche n'eût
été grande dans cette question ; il voulait
bieu ajouter d'ailleurs que le cabinet n'avait
« aucune objection contre le texte de l'encyclique » et que les *Paroles d'un croyant*,
presque inoffensives en France, risquaient
fort d'avoir des effets déplorables en Allemagne « où la tendance des imaginations
sympathise plus naturellement que chez nous
avec la verve d'exaltation et la forme mys-
tique de l'ouvrage ».

En condamnant de nouveau Lamennais, le
pape s'était à la fois expliqué sur ses idées
politiques et sa théorie de la connaissance.

A première vue, ce retour sur la philosophie
de l'*Essai* provoque une surprise. Les nouvel-
listes qui renseignaient habituellement Lamennais sur les secrets de Rome ne manquèrent
pas de lui dire que c'était une conséquence
de la brochure de Lacordaire[3]. Les mêmes
informateurs avaient d'ailleurs dit à leur

---

[1] Arch. Vat. Lettre du 25 juillet 1834.

[2] Arch. Aff. étr., 975, f° 107. Lettre du 1er août 1834.

[3] Lacordaire avait puhlié en mai 1834 ses *Considérations
sur le système philosophique de M. de la Mennais.*

maître, avec la même assurance, que les attaques de Lacordaire contre la raison générale avaient produit dans l'entourage du pape un déplorable effet. Il est certain que Lacordaire, par une lettre du 28 mai, avait fait hommage au Saint-Père de son essai philosophique, le lui offrant comme une preuve de son respect et de son amour pour le Saint-Siège[1]. Mais on le pense bien ce ne sont pas ces quelques pages qui ont révélé à Rome l'existence d'un péril insoupçonné. Depuis au moins le livre de Rozaven, réfutant celui de Gerbet, on y était fixé sur la faiblesse, les lacunes et les dangers des inventions par lesquelles on avait prétendu renouveler et affermir les bases mêmes de la croyance[2]. L'ouvrage récent de Boyer venait d'attirer l'attention sur le sujet. Et la censure de Toulouse demeurait toujours comme un témoignage, rendu par l'épiscopat français presque tout entier, que les doctrines du sens commun étaient un péril grave à conjurer. Ce fut la raison principale qui décida Grégoire XVI à sortir de la réserve gardée jusque-là. Il n'avait suspendu son jugement que par pitié pour une

---

[1] C'est le 3o mai que Garibaldi envoya à Rome l'opuscule de Lacordaire.

[2] L'*Examen d'un ouvrage intitulé : des doctrines philosophiques sur la certitude* avait paru dès 1831 ; une nouvelle édition avait été faite en 1833.

àme déjà trop près de la révolte. Maintenant
que celle-ci était consommée, il pouvait dire
la pensée de l'Église sur un système débattu
depuis des années. Au surplus, il était intéres-
sant de noter qu'à l'heure même où il se séparait publiquement d'un maître illustre, un de
ses disciples les plus ardents avait cru devoir
combattre la philosophie de l'*Essai*[1]. Au fond,
cette insurrection contre les doctrines traditionnellement reçues dans les écoles catholiques touchant la certitude, ne procédaient-
elles pas du même esprit d'orgueilleuse confiance en soi, qui avait jeté le fondateur de
l'*Avenir* et l'auteur des *Paroles d'un croyant*,
en dehors des enseignements constants des
Pontifes romains en matière politico-religieuse ?

Lamennais écrivait à Montalembert au sujet
des *Considérations* de Lacordaire : « Je ne l'ai
point lu, ui ne le lirai. Il paraît que c'est bien
mauvais, plus mauvais que qui que ce soit
ne s'y serait attendu. Je plains ce malheureux
jeune homme, mais rien ne m'étoune de lui.
Je le dis avec peine, le fond n'en vaut rien[2] ».
Le pape méritait un peu plus d'attention.
Lamennais finit par lire l'encyclique *Singu-*

---

[1] Lacordaire avait inséré dans sa brochure, comme chapitre
préliminaire, l'article paru dans l'*Univers religieux* du 2 mai,
à l'occasion des *Paroles d'un croyant*.

[2] *Lam. à Montalembert*, p. 278. Lettre du 4 juin 1834.

lari nos dans un numéro de l'*Ami de la religion*
qu'on lui fit passer. Mais, on le devine, cette
lecture lui fournit simplement l'occasion de
réfléchir que la page arrachée des *Paroles
d'un croyant* sur certain « vieillard usé par
les ans » était plus vraie que jamais. Il gémit
du document pontifical, écrit-il à Emmanuel
d'Alzon « pour l'Église, pour la religion,
pour tant d'âmes qui vont se demander ce
que c'est donc que le Christianisme, et en qui
l'on semble prendre à tâche de dessécher jusqu'aux dernières racines de la foi [1] ».

Deux ans plus tard, dans les *Affaires de Rome*,
il écrivait ces courtes lignes : « Il est juste de
dire qu'on ne pouvait guère rien publier qui
fût plus complètement [que les *Paroles*] en
opposition avec le système politique de Rome.
Je trouvai donc très naturel qu'elle exprimât
sa profonde désapprobation, dans la nouvelle
encyclique du 21 juin 1834. Tout l'y forçait
en quelque sorte, ses maximes traditionnelles
de persévérance dans les résolutions prises,
ses engagements diplomatiques, ses intérêts
enfin tels qu'après de mûres réflexions sans
doute elle les avait compris. »

Ce peu de mots tranquilles nous révèle sous
quel jour Lamennais voyait le nouvel acte de
Rome. En 1834, comme en 1832, l'illusion

---

[1] *Mois littéraire*, juillet 1902, p. 24. Lettre du 18 juillet 1824.

d'optique, entretenue par son orgueil et ses correspondants romains, était la même : le pape ne faisait pas, malgré qu'il l'affirmât, fonction de docteur apostolique ; mais, en commis docile, il transmettait à l'univers catholique, dans la langue familière aux hommes d'église, les idées profanes et discutables des chancelleries européennes. Dans la logique d'une pareille hypothèse, on comprend à merveille que Lamennais fît de l'encyclique fort peu de cas. Mais où prenait-il le droit, lui si susceptible sur le point de l'honneur et de la probité, d'imputer au souverain Pontife un rôle aussi méprisable ? Lui qui se plaignait si amèrement qu'on ne savait point lire ses écrits, avec quels yeux parcourait-il ceux de Grégoire XVI, puisque — pour ne citer ici que des menaisiens — au rebours de Salinis, de Lacordaire, de Gerbet et de Montalembert, il voyait dans les encycliques pontificales comme une trahison de la foi et de la raison ?

Cinq semaines après la lettre *Singulari nos*, Gerbet écrivait à l'archevêque de Paris[1] : « Comme cette encyclique, outre son objet

---

[1] Cette lettre est datée de Treslon par Avesnes, le 17 juillet. C'est seulement à cette date que Gerbet eut par les journaux connaissance de l'encyclique du 24 juin.

principal, renferme un passage dirigé contre un système de philosophie soutenu dans quelques-uns de mes écrits, elle m'impose par là même un devoir particulier que je m'empresse d'accomplir. En conséquence, je déclare adhérer uniquement et complètement, sans séparation ni réserve, à la doctrine promulguée par cet acte du Saint-Père, improuvant tout ce qu'il improuve, condamnant tout ce qu'il condamne, déterminé à ne rien écrire et à ne rien approuver qui soit contraire à cette doctrine.

« Vous savez, Monseigneur, que ces dispositions ne sont pas nouvelles dans mon cœur. Mais si, pour entrer dans ces sentiments, j'avais besoin d'un puissant exemple, je l'aurais trouvé tout près de moi. Je visite en ce moment des lieux tout pleins du souvenir de Fénelon. Il n'y a pas de présomption à vouloir suivre ses traces dans l'obéissance dont la grâce de Dieu aplanit la route.

« Vous me permettrez, Monseigneur, d'user encore de votre intermédiaire pour faire parvenir au Saint-Siège ma déclaration. Je désire également que ce témoignage de ma soumission reçoive toute la publicité nécessaire, s'il peut contribuer à entretenir dans quelques esprits l'obéissance due à l'autorité divine dont le vicaire de Jésus-Christ est dépositaire. Ce sera pour moi une vraie consolation parmi les douleurs du temps présent. L'Église est au-dessus de tout dans mon âme.[1] »

Salinis tint le même langage dans une déclaration que les journaux insérèrent. Directeur du collège de Juilly, il crut de son devoir d'éducateur, après avoir pris conseil de l'archevêque de Paris, d'expliquer publiquement, à la distribution solennelle des prix, pourquoi, dans cette maison « personne » — pas même « le plus beau génie » se faisant « l'organe des traditions de l'humanité » — ne pouvait prétendre à « partager l'empire des esprits qui n'appartient qu'à Dieu. » En envoyant à Mgr d'Astros — le prélat, avant d'être archevêque de Toulouse, avait été évêque de Bayonne, diocèse d'origine de Salinis — ce témoignage de fidélité à la vérité catholique, l'ancien compagnon de Lamennais ajoutait : « Dans le cas où vous jugeriez quelque chose de plus à faire pour ne laisser aucun doute sur la pureté de ma foi, je vous prierais, Monseigneur, d'avoir la bonté de me le dire ; le bonheur de pouvoir affirmer hautement mon obéissance pleine et entière, mon amour filial envers le vicaire de Jésus-Christ, a été une véritable consolation pour moi, dans le chagrin profond que m'ont causé les désolantes erreurs d'un homme avec qui j'ai eu si

---

[1] C. de Ladouc. *Monseigneur Gerbet.* I, p. 278.

longtemps des relations aussi intimes[1] ».
Jadis, au temps des grandes ferveurs ultramontaines de Lamennais, Salinis avait composé, pour le missel parisien, une séquence
en l'honneur de saint Pierre et de saint Paul.
On y lisait cette strophe :

> Ridebit inferni minas
> Vox Petri falli nescia.
> Nec stare, nec loqui verum,
> Orante Christo, desinet.

En adhérant à l'encyclique *Singulari nos*,
l'auteur de ces vers latins demeurait fidèle à
lui-même, aux meilleures leçons de la Chênaie.

Montalembert fut plus longtemps incertain
sur le parti à prendre. Non qu'il doutât que
se soumettre fût un devoir. Rien n'est plus
touchant que les lettres dans lesquelles il
démontre à Lamennais que la logique de sa
vie, sa foi, le souci des âmes, son véritable
intérêt lui dictent la même conclusion : avouer
qu'il s'est trompé[2]. Mais tant que le maître
n'était pas décidé à l'obéissance, il craignait
de le froisser en s'y engageant lui-même. Et
puis, malgré les exhortations éloquentes, les
dissertations précises de Lacordaire, son cœur

---

[1] C. de Ladoue. *Vie de Mgr de Salinis*, p. 489, 491.

[2] Lettres du 29 juillet, 29 août 1834 citées par Lecanuet
dans *Montalembert*, I, p. 435, 439.

différait de jour en jour un acte de déférence auquel son esprit n'acquiescait que par des raisons prises du dehors. Devant ses yeux troublés, un dilemme se posait dont la double alternative lui répugnait également : ou sacrifier l'Église à la liberté comme Lamennais, ou sacrifier la liberté à l'Église comme Lacordaire[2]. L'un ou l'autre parti lui paraissait inévitable et il répugnait également à tous deux. Mais enfin la grâce de Dieu l'emporta sur la rigueur apparente des raisonnements humains. Il consentit à courber la tête devant ce qu'il ne comprenait pas. De Pise, il écrivit le 8 décembre 1834 au cardinal Pacca :

« La bonté avec laquelle Votre Eminence a bien voulu m'accueillir, lors de mon séjour à Rome, m'encourage à la prier de vouloir bien être mon interprète auprès du souverain Pontife.

« Je désire déposer aux pieds de Sa Sainteté mon adhésion et ma soumission à son encyclique du 15 août 1832, selon la forme du bref du 5 octobre 1833, forme que je n'ai point en ce moment sous les yeux, mais que je déclare adopter entièrement. J'adhère également, et du fond du cœur, à l'encyclique du 25 juin de la présente année.

« Votre Eminence s'étonnera peut-être du

---

[1] Lettre à Lamennais, 13 août 1834.

retard que j'ai mis dans cette démarche. Mais elle le concevra quand elle saura que j'ai été absent de France depuis dix-huit mois, que par conséquent je n'ai pu connaître et apprécier que d'une manière fort incomplète les événements qui s'y sont passés pendant cet intervalle et leurs conséquences. J'espère que ces motifs m'excuseront auprès de Sa Sainteté, si elle daigne s'occuper de moi à cet égard[1]. »

La *Revue européenne* où Lamennais comptait tant d'alliés, sinon des fils, déclarait après l'encyclique :

« Il y a peu de jours encore une division existait parmi nous ; un de nos prêtres avait jeté au monde un livre de quelques pages ; et le monde avait répondu ici par des accents du plus délirant enthousiasme, là par le silence d'une terreur profonde ou par les cris d'une indignation désespérée... A l'heure qu'il est,

---

[1] Arch. Vat. *Corr. part.*

Le 13 décembre, Pacca répondit que le pape agréait l'acte de soumission. Le 19, Montalembert accusa réception de la lettre du cardinal doyen. Il ajoutait : « Il ne me reste qu'à remercier du fond du cœur V. E. de l'obligeance qu'elle a mise à répondre à mes désirs, et à la prier de vouloir bien, lorsque l'occasion s'en présentera, déposer aux pieds du Saint-Père l'hommage de ma reconnaissance, pour la bonté avec laquelle S. S. a daigné accueillir ma démarche, en même temps que l'assurance nouvelle de mon inaltérable dévouement à l'Eglise romaine et à la personne sacrée de son auguste chef. »

quelle que fut la pensée d'hier, tout catholique s'inclinera devant le jugement si positif et si solennel [du pape]. Et ceux qui avaient le doute dans l'âme, qui étaient incertains sur le sens des paroles de liberté que le Christianisme est venu apporter au monde, et qui se demandaient avec inquiétude quelle application ces paroles devaient recevoir à l'époque de troubles et d'agitation où nous sommes, tous ceux-là ont lu avec une âme simple et recueilli la parole du Saint-Père ; ils ont remercié le ciel d'être nés dans une religion où les plus vives angoisses de l'intelligence peuvent ainsi trouver leur terme[1] ».

Les lignes que Lacordaire avait publiées dans l'*Univers* du 2 mai avaient leur plein accomplissement : « Hier encore, l'école [de la Chênaie] subsistait. Affaiblie et divisée par une parole sortie du siège apostolique, elle avait néanmoins un chef et des disciples. L'affection, les souvenirs, la douleur, le respect, de nobles sentiments la tenaient encore rassemblée et comme vivante, quoiqu'elle fût loin de ce qu'elle avait été. Aujourd'hui [après les *Paroles d'un croyant*] nous pouvons annoncer que cette école n'existe plus, que toute communauté de travaux est rompue entre ses anciens membres, et que chacun

---

[1] *Revue européenne*, VIII, p. 6o3.

d'eux, fidèle à ce que son cœur lui demandera d'égards envers le passé, ne connaît d'autre guide que l'Église. »

De la part des proches, comme des disciples, c'était la séparation inévitable. Melle de Luci-niére, dès l'apparition des *Paroles*, écrivait à Féli : « Moi, pauvre fille, je ne puis m'expliquer dans ma simplicité, comment un cœur tel que le vôtre a voué tant de haine à l'autorité puisque toute autorité vient de Dieu... Il est certain que vous vous trompez sur la mission que le Seigneur vous avait donnée. Vous êtes abusé par votre ardente imagination... Un jour vous regretterez amèrement d'avoir usé votre génie à soulever les passions et à provoquer une guerre à mort entre les nations et les puissances établies par le Seigneur pour les régir[1] ».

L'abbé Jean, à la même date mandait l'évéque de Rennes :

« Vous savez déjà combien a été vive la peine que j'ai ressentie en apprenant par les journaux la publication d'un ouvrage qui depuis quelques jours agite si tristement et si profondément les esprits. Hélas ! pourquoi faut-il qu'une tempête nouvelle succède à d'autres tempêtes heureusement apaisées ? Je m'en effraie plus que je ne puis dire. J'en suis

---

[1] Forgues, II, p. 325. Lettre du 23 mai 1834.

inconsolable, et j'ai besoin de savoir de vous quelques bonnes paroles qui soulagent mon pauvre cœur brisé. Au reste, je ne connais ce livre que par le compte qu'en rendent certaines feuilles publiques. Je ne veux point le lire et j'ai défendu de le lire dans nos maisons ; mais quel que soit le jugement que notre saint Père et les évêques en portent, nous n'hésiterons jamais (et d'avance vous en êtes bien sûr) à nous rattacher invariablement et uniquement au jugement de ceux à qui il a été dit par la Vérité même: « qui vous écoute m'écoute, et qui vous méprise, me méprise[1]. » C'était un engagement préalable à souscrire l'encyclique *Singulari nos.* Cela ne manqua point. Après quelques tentatives de plaidoyer en faveur du malheureux frère[2], l'abbé Jean écrivait à Mgr de Lesquen : « Mon corps dépérit et s'en va ; par conséquent, si mes peines sont vives, du moins elles ne seront pas longues. Mais tandis qu'il me restera assez de force pour prononcer une parole, soyez sûr, mon cher Seigneur, que cette parole sera l'expression sincère de ma pleine soumission aux décisions du Saint-Siège[3] ».

---

[1] Lettre du 10 mai 1834, citée par Ropartz, *La vie et les œuvres de M. J.-M. de la Mennais*, p. 353.

[2] Voir Laveille, *Jean-Marie de la Mennais*, I, p. 508-511.

[3] Lettre du 4 septembre, citée par Roussel, *Lamennais d'après des documents inédits*, II, p. 228.

Au milieu de ces secousses, que pouvait devenir la congrégation de Saint-Pierre ?

Sous le choc imprévu de l'encyclique *Mirari vos*, elle avait éprouvé un premier ébranlement dont la déclaration du 10 septembre l'avait assez mal remise. Lorsque les religieux apprirent que Lamennais avait reçu de Pacca un commentaire de l'encyclique, le soin et l'obstination que l'on mit à leur cacher ce texte firent naître des suspicions que rien ne put calmer. Les discussions qui divisaient le clergé du diocèse aggravèrent encore un malaise déjà fort pénible. Féli eut beau donner sa démission de supérieur général, la confiance dans l'avenir de l'œuvre était morte, les cœurs étaient meurtris, les esprits séparés. La fidélité au pape était l'esprit même de l'Institut. Plus les religieux y étaient attachés par le fond de l'âme, plus ils devaient répugner à couvrir la révolte de Lamennais; plus ils se sentaient incapables de suivre le vénérable abbé Jean dans les distinctions et les réticences où l'engageaient à la fois son affection fraternelle, son désir de sauver l'honneur et l'âme du condamné, et l'empire des idées de l'*Essai* et de l'*Avenir*.

Par une sorte de pudeur de famille et un reste de respectueuse tendresse, on pouvait bien éviter l'éclat, au dehors, de ces dissentiments. Mais la loyauté, en même temps que le souci du devoir catholique, forçaient à des explications intimes, à des controverses domestiques, à des menaces de séparation. Celles-ci devinrent plus claires, à mesure que les actes pontificaux faisaient la lumière sur le menaisianisme. Successivement, les brefs à Mgr d'Astros et à Mgr de Lesquen, l'encyclique *Singulari nos* brisèrent les derniers liens qui tenaient réunis les membres de la congrégation de Saint-Pierre.

Pour libérer leur conscience oppressée, venger leur orthodoxie compromise dans le diocèse par cent bouches accusatrices, les religieux de Saint-Méen et de Rennes finirent par demander à leur supérieur de faire une déclaration publique de leur obéissance aux récentes encycliques pontificales. Repoussés par Jean de Lamennais, ils s'adressèrent à Mgr de Lesquen qui les autorisa à parler : les protestations de fidélité de ces vrais fils de Saint-Pierre parurent dans la *Gazette de Bretagne* (26 août 1834). Six jours après, l'évêque de Rennes déclara au supérieur général de la congrégation qu'il prenait sous sa direction immédiate ceux des religieux qui croyaient devoir se séparer de leur ancien chef (2 septembre).

Le vénérable abbé Jean s'humilia dans une lettre émouvante au prélat ; à son tour, il fit savoir, par une lettre à l'*Univers*, que les sentiments exprimés par les missionnaires de Rennes étaient les siens (9 septembre).

Ce mot tardif, quoique sincère, ne pouvait empêcher une rupture déjà consommée. La maison de Malestroit relevait du diocèse de Vannes. Jean s'y réfugia, auprès de Blanc et de Rohrbacher demeurés fidèles à son obédience. Mais aucun effort ne put prolonger l'existence d'une œuvre sur laquelle le nom d'un rebelle étendait comme une ombre maudite et mortelle. Un an après, Malestroit, comme la Chênaie, était vide de ses hôtes menaisiens (1835). L'école, un moment célèbre et riche de tant d'espérances, mourait de la main même de son fondateur. La révolte de celui-ci contre le Pontife romain dispersait ceux qui jadis s'étaient rassemblés à ses côtés uniquement pour mieux servir la cause du pape.

Au spectacle de ces abandons successifs, le cœur de Lamennais palpitait violemment de colère, de pitié, de tristesse, mais son esprit ne s'ouvrait pas à la lumière. Les démarches de son frère lui paraissaient une faiblesse déshonorante, les remontrances de Mlle de Lucinière un pieux radotage, la soumission de Montalembert une capitulation

inutile, compromettante, indigne d'un homme ;
Salinis, Gerbet, Combalot, Lacordaire avaient
pris avec la situation des arrangements égoïs-
tement pratiques, auxquels n'étaient dûs que
la compassion et le dédain.

Mgr de Lesquen fit un dernier appel au cœur
de son ami d'autrefois, en lui disant que
« l'auteur de l'*Essai sur l'indifférence* » était
fait pour « désarmer et convaincre » les ennemis de la religion » et non pour « devenir leur
auxiliaire ». Lamennais répondit par des remerciements brefs et polis (24 juillet 1834) qui
écartaient toute discussion. La situation à
ses yeux était bien simple. Le clergé était
tenu par la peur, l'ignorance ou le gallicanisme, les jésuites n'obéissaient qu'à leurs
passions, la cour pontificale n'était qu'un ra-
massis d'intrigants, le pape servait de domestique aux cabinets de Vienne et de Pétersbourg. Mais les meilleures têtes de Rome et
de Paris étaient ouvertement contre l'encyclique, et les meilleurs prêtres de France
pensaient de même, sans oser le dire. Au
surplus, qu'était-il besoin de s'inquiéter des
jugements des hommes ? Quand on a pour soi
la vérité, la conscience et l'avenir, pourquoi
ne pas tenir tête avec assurance aux contradictions du monde entier ?

Telle est l'invraisemblable attitude où l'orgueil fixa l'un des plus grands détracteurs de

la raison individuelle qui furent jamais. Par
moments, il disait bien qu'il pouvait se tromper. Mais ce mouvement se continuait par un
autre qui le neutralisait aussitôt. Les adversaires aussi étaient faillibles ; et dès lors,
comment sortir d'embarras, si ce n'est en
laissant à chacun paisiblement la liberté de
préférer sa voie, personne n'ayant le mono-
pole ni de la vérité, ni de la droiture. Du
reste, la paix promise aux hommes de bonne
volonté ne lui faisait pas défaut. Jamais son
âme n'avait été si tranquille, ni son esprit
plus éclairé. Cette lumière et ce calme extraordinaire, dans une destinée aussi orageuse,
n'étaient-ils pas un don de Dieu, comme l'ad-
versité elle-même ? Et s'il lui fallait, dans
l'avenir, souffrir sans compensation ni humaine ni divine sur la terre, depuis quand
les élus pouvaient-ils faire leur salut et les
apôtres contribuer à sauver le monde, autrement que par le chemin de la croix ?

Et puis, l'histoire enseigne — c'est sa
leçon la plus certaine — que l'action du
christianisme sur les destinées humaines a
toujours été imprévue de ses promoteurs les
plus actifs, contrariée par la hiérarchie, et
continue malgré tous les obstacles. Il n'en
faut pas davantage pour expliquer l'impuissance à prophétiser quelle transformation profonde subira l'Eglise d'aujourd'hui, l'opposi-

tion mise par Rome au mouvement commencé par l'*Avenir*, la certitude du triomphe qui suivra tôt ou tard la crise présente. Cette victoire de demain est saluée par Lamennais avec autant d'enthousiasme que d'assurance. C'est dans l'avenir qu'il trouve un refuge plein d'espérance, pour ses idées contestées, ses affections déçues, et cette grande cause de l'humanité dont il entend demeurer le serviteur fidèle. Il écrivait à Montalembert dans la dernière lettre où il se soit expliqué sur ce point :

« Les tombeaux ont leur charme, mais ce n'est pas là que l'homme établit sa demeure. Il lui faut le grand jour, le mouvement, la vie, et il sent bien que le temps ne lui est pas donné pour le perdre à secouer la poussière des morts... Tu avais rêvé une grande action devenue impossible. Il t'es arrivé ce qui arrive chaque jour à mille autres qui, se renfermant dans une pensée conçue, s'y greffent pour ainsi dire et meurent avec elle. Ils croyaient planter l'arbre qui abriterait le genre humain, et les eaux prennent un autre cours, l'arbre sèche, et le genre humain s'en va reposer sous d'autres ombrages. Alors plutôt que de dire simplement : « Je me trompais » et de suivre en paix leurs frères que Dieu guide, ils se mettent à désespérer de tout et d'eux-mêmes. Heureux qui se défie de soi, se laisse docilement conduire à la Providence et ne tient qu'à sa volonté ! Car sa volonté est amour et qui humblement y obéit cueillera le fruit de l'amour [1] ».

Ainsi, l'obstiné, le rebelle à Dieu, l'orgueilleux refusant de reconnaître une erreur, ce n'était point lui, mais quiconque, avec Grégoire XVI, se greffait au passé au risque d'en mourir. Quelle prise pouvaient avoir sur un esprit aussi dévoyé, les leçons les plus hautes, les remontrances les plus aimantes ?

Immédiatement après l'encyclique *Singulari nos*, Lamennais publia dans la *Revue des Deux Mondes* (1er août 1834) l'étude intitulée : *De l'absolutisme et de la liberté*. Puis vint la longue préface mise en tête des *Troisièmes mélanges* (1835) où étaient réunis les articles insérés jadis dans l'*Avenir*. Enfin parurent les *Affaires de Rome* (1836). Dans chacun de ses écrits, le condamné plaide, contre le pape, avec toutes les ressources de son talent, la cause condamnée par les encycliques; il essaye de mettre de son côté tous les bons sentiments comme la logique; il prétend constater que Grégoire XVI, par l'exercice qu'il fait de la puissance pontificale, accule tout esprit réfléchi à vérifier, et par suite à déclarer nuls, les titres de cette puissance à

---

[1] *Lam. à Montalembert*, p. 381, 17 décembre 1835.

l'exorbitante soumission qu'elle exige. L'internonce ne manquait pas d'envoyer à Rome, au fur et à mesure qu'ils paraissaient ces écrits déplorables[1]. Mais quand les *Affaires* arrivèrent à la secrétairerie d'Etat, par les soins de Garibaldi, Lambruschini se contenta de répondre : « C'est un très mauvais livre » (15 novembre 1836). Et il laissa au temps le soin de faire l'oubli sur ce dernier effort d'un génie égaré par le démon de la révolte. Si le malheureux, dans sa défection, avait gardé ses dons d'écrivain, il avait perdu celui de faire des prosélytes. Son impuissance contre l'autorité pontificale était manifeste.

Au lendemain des *Affaires de Rome*, Gerbet écrivit, dans l'*Université catholique*, une étude émouvante et forte, pleine de raison, de foi et de larmes. Il y montrait que le « nouveau christianisme » de Lamennais avait « la haute stature et l'inanité d'un fantôme » ; comment un penseur de génie était impuissant à élever, contre le pape, autre chose que de « fastueuses chicanes ». Il constatait qu'en « s'exilant loin de l'Eglise », le maître de la Chênaie avait vu ses disciples se « ranger à la droite du Vicaire de Dieu » tandis que lui-même « s'engageait à gauche, dans une route qui conduit on ne peut dire où ». Il assurait que

---

[1] Arch. Vat. *Corr. Nonc.* Lettres du 15 août 1834, 4 et 13 février 1835, 2 décembre 1836.

si les fidèles étaient « consternés » de la
chute d'un grand apologiste de la religion,
ils n'en étaient point troublés : « plus cet
esprit sera tombé de haut, plus ils senti-
ront que leur foi a d'autres bases qu'un respect superstitieux pour la changeante et
chétive chose qu'on appelle le génie de
l'homme... Si une étoile s'éteignait dans le
ciel, aurions-nous besoin pour cela d'être
rassurés dans notre foi à l'ordre du monde ? »
Mais cette fermeté des convictions chrétiennes n'allait pas sans une vive et tendre
pitié pour celui qui, sous prétexte de ne point
abdiquer sa raison, avait abandonné ses
croyances. « Dieu voit dans le passé, disait
Gerbet, des mérites, qui montent vers lui
comme une prière, et la mémoire de Dieu est
miséricordieuse. » Et puis, combien de cœurs
attendris, partout où le nom de Lamennais
était parvenu, mêlaient leurs regrets, leurs
supplications, leurs espérances à celles de
Grégoire XVI déçu, du vénérable abbé Jean
abîmé dans la douleur, des disciples de la
Chênaie déconcertés par la destinée de leur
maître. Tous, que n'auraient-ils point donné
« pour obtenir à Tertullien tombé la grâce
d'une seule larme[1] ».

[1] *Université catholique,* janvier-juillet 1837.

CHAPITRE X

ÉPILOGUE

Jamais Lamennais ne revint de son erreur. Aucun effort de l'amitié, aucune prière de ceux qui jusqu'au bout s'inquiétèrent de son âme, ne put aboutir à obtenir le moindre désaveu[1]. Et il rendit le dernier soupir, sans vouloir un prêtre à son chevet, ni de croix sur sa tombe, emportant dans l'autre vie le mystère scellé de sa destinée.

Ayant obtenu des exécuteurs testamentaires une photographie qui le représentait sur son lit de mort, la baronne Cottu écrivit au bas : « La miséricorde de Dieu est infinie. » A la date du 29 février 1854, Montalembert traça sur son carnet ces lignes désespérées : « J'apprends l'horrible mort de l'abbé de la Mennais mort avant hier dans l'impénitence finale, après avoir été pendant vingt ans infidèle à la foi

[1] On connaît, par exemple, les efforts de Montalembert (Lecanuet, *Montalembert*, I, 426-445), de Rohrbacher (Roussel, *Lamennais d'après des documents inédits*, II, p. 266, 337, 340), de Mlle de Lucinière (*Ibid.*, p. 274, 319), de Vuarin, (*Revue des Deux Mondes*, 1er nov. 1905, p. 194), de Mme Cottu (*Lettres inédites*, p. XLI-XLVII).

qu'il avait si éloquemment glorifiée. » Entre
ces deux cris, jaillis de deux cœurs amis, à
l'heure même du terrible événement, nul ne
saurait choisir avec certitude. L'un offre une
lueur d'espoir, l'autre fait craindre un châtiment suprême. Dieu seul, dont la justice et la
bonté ont leurs secrets impénétrables, sait
comment se fixa pour toujours, sous le coup
de son impartiale et souveraine sentence,
cette existence si tragiquement agitée. Mais
parmi ceux qui ont quelque souci de leur
sort éternel, qui voudrait finir comme Lamennais ? Assurément personne. Et de là vient
que, dans le trouble profond où jette le spectacle de cette navrante infortune, on se prend
à dire : comment pareil malheur a-t-il pu
arriver ?

Il en est qui répondent : si Grégoire XVI,
lors du voyage de Lamennais, lui avait fait un
accueil plus cordial et plus empressé, dans
un entretien paternel et franc, peut-être
aurait-il obtenu la pleine docilité qui fut refusée à l'encyclique *Mirari vos*. — Les *Affaires
de Rome* sont le premier livre où ait été engagée de la sorte la responsabilité du pape.

« Je me suis souvent étonné, dit Lamennais, que le pape, au lieu de déployer envers
nous cette sévérité silencieuse dont il ne
résultait qu'une vague et pénible incertitude,
ne nous ait pas dit simplement : « Vous avez

cru bien faire, mais vous vous êtes trompés. Placé à la tête de l'Eglise, j'en connais mieux que vous les besoins, les intérêts, et seul j'en suis juge. En désapprouvant la direction que vous avez donnée à vos efforts, je rends justice à vos intentions. Allez, et désormais, avant d'intervenir dans des affaires aussi délicates, prenez conseil de ceux dont l'autorité doit être votre guide ». Ce peu de paroles aurait tout fini. Jamais aucun de nous n'aurait songé à continuer l'action déjà suspendue. »

Le discours que Grégoire XVI ne tint pas de vive voix, il le tint par la plume de Pacca, dès le milieu de février 1832. Et Lamennais continua de croire que ses idées triompheraient à Rome ; comme il crut, après l'encyclique *Mirari vos*, qu'elles devaient prévaloir malgré la condamnation qu'en faisait le souverain Pontife. Il faut abandonner l'idée d'une scène évangélique se déroulant dans un salon du Vatican, à la première rencontre de Grégoire XVI et de Lamennais. A aucun moment de sa vie, Lamennais n'a sacrifié une de ses idées essentielles, pour agréer à ceux qu'il aimait le plus. Toujours, sur les points fondamentaux, la contradiction, loin de le déconcerter, l'a enfoncé dans l'opinion qu'il avait publiquement soutenue. S'il a changé d'avis, ç'a été de lui-même, et en se vantant de s'accommoder au cours des choses ;

mais, jusque dans ses variations, il a été invariable, en ce sens qu'aux heures décisives de sa vie il a revendiqué comme un droit dont l'indépendance ne se courbait devant personne, la faculté de suivre son sentiment, et comme il disait, sa conscience. Pour revenir au pélerinage des rédacteurs de l'*Avenir*, la réserve silencieuse dont usa au début Grégoire XVI était « l'avertissement le plus paternel, le plus doux, celui qui laissait le moins de traces et ne compromettait personne »[1]. Ainsi en jugèrent plus tard Lacordaire et Montalembert ; ce sera le jugement même de l'histoire. Et tous les chapitres du présent livre ont montré avec quelle persévérance méritoire le pape s'appliqua à ménager, jusqu'au bout, l'amour-propre de celui dont il était contraint de condamner les erreurs.

Ou a dit qu'en face de la révolte de Lamennais, ses adversaires avaient dû être effrayés de leur œuvre et éprouver quelque remords. Il faudrait connaître bien mal l'histoire des discussions théologiques, et du journalisme au xixᵉ siècle, pour être surpris des excès qui se mêlèrent aux controverses menaisiennes. Les passions humaines ont vite fait d'empoisonner toute polémique qui se prolonge un

---

[1] Lecanuet. *Montalembert*, I, p. 288.

peu. Lamennais n'en fut pas exempt, ni non plus ses contradicteurs. A qui attribuer la plus grosse part ? Le partage est difficile. Mais on accordera deux choses. Il est douteux que jamais aucun de ceux qui combattirent l'*Essai* ou l'*Avenir* ait supposé, chez l'auteur de ce livre et de ce journal célèbres, autant de bassesse d'àme qu'il en dénonçait volontiers en eux. Tout le long de sa vie, c'est dans les mobiles les plus misérables que Lamennais a cherché l'explication vraie de la guerre menée contre ses théories. En outre, l'on ne voit pas bien ce qu'ont gagné sur lui, dans leurs discussions, ses amis les plus qualifiés, dès qu'ils ont voulu toucher à ce qu'il regardait comme sa substance intellectuelle. Ventura, Baraldi, Lacordaire, Montalembert n'ont pas été plus heureux que Rozaven ou Boyer. Le secret des correspondances ou des entretiens, comme la bataille au grand jour des brochures ou des journaux, n'a amené qu'un résultat : laisser l'errant entiché de son erreur. Ceux dont l'amitié lui a été la plus douce et auxquels il a reconnu l'àme la plus noble — les Senfft et la baronne Cottu — n'out pu garder leurs relations avec lui qu'à la condition de respecter silencieusement sa révolte. Le saint abbé Jean, du jour où il s'est soumis publiquement au pape, est devenu pour Feli un étranger. Comment croire dès lors que, pour

amener le condamné des encycliques pontificales à reconnaître la justice de la sentence
portée contre lui, il eût suffi d'éviter dans les
journaux toute parole excessive?

Assurément Lamennais a souffert de ces
vivacités regrettables. Ses lettres le disent,
et même si elles s'en taisaient, nous pourrions
à coup sûr parler des amertumes versées dans ·
son âme par ces discussions passionnées.
Mais, avec la même sincérité, ces correspondances expriment aussi le mépris parfait dont
Lamennais faisait profession à l'égard des
jugements des hommes qui lui étaient contraires. Et ce dédain nous force à réduire
l'influence que les polémiques ont pu avoir
dans l'inflexibilité de ses opinions. En vérité,
l'on peut tenir que ses disciples en sont plus
responsables que ses contradicteurs. Le paradoxe n'est qu'apparent.

Par leurs jugements sur le fond des questions
discutées, leurs criailleries sur le compte des
adversaires, leurs informations romaines col-
portées avec autant d'assurance que de zèle,
les amis ont maintenu le malheureux grand
homme dans l'illusion dangereuse où l'entraî-
naient déjà, de tout leur poids, et son excessive sensibilité et son obstination naturelle, la
conscience de son rôle et son orgueil natif. La
bonne foi de ces hommes, aveuglés par le
prestige du génie et par leur tendresse admi-

rative, n'est pas à discuter ici. Elèves ou confidents d'un prêtre extraordinaire, dont la renommée remplissait l'Europe, et à qui la religion devait un éclat et une force depuis longtemps inconnus, leur attitude s'explique. Leur culte pour lui devait les incliner à croire et à dire que Rome ne les condamnerait jamais. Puis les hésitations de Lamennais, en face d'une parole pontificale qui le blâmait, risquaient d'entraîner leurs propres hésitations. C'est ce qui eut lieu. Et alors, par une réaction très humaine, il advint que, dans son désarroi, le maître déconcerté fut heureux de s'appuyer sur l'opinion d'un cénacle créé par son influence même.

Si tous ceux dont Lamennais croyait avoir l'amitié s'étaient immédiatement soumis au pape, qui peut dire où en seraient venues les choses, au lendemain de l'encyclique *Mirari vos?* Mais on lui écrivait : Micara, Olivieri, tout ce qui compte à Rome, ne voit dans les papiers pontificaux que la pensée personnelle de Mauro Capellari. Comment résister à des informations qui dispensaient de respect et d'obéissance? Sur les hommes les plus personnels, la poussée qu'ils reçoivent de leurs entours — dans le sens de leurs idées — a une portée difficilement calculable. Et cette observation générale s'applique à Lamennais avec plus de vérité encore, parce que son cœur était aussi tendre que sa tête était superbe.

Il faut s'arrêter finalement à ce dernier mot. Malheureusement il explique presque tout. Même entouré d'une couronne de fils en larmes et à genoux qui lui auraient protesté de leur fidèle tendresse, en même temps qu'ils auraient docilement incliné leurs esprits devant les enseignements de Grégoire XVI, le fondateur de l'*Avenir* aurait éprouvé la tentation terrible de préférer son jugement à celui du pape. Dieu seul sait ce qui se passa dans sa conscience à Munich, le soir du 28 août 1832. Ce que virent et entendirent alors Rio, Montalembert ou Lacordaire nous aide à deviner, sans nous le révéler clairement, le conflit soulevé dans cette âme d'homme et de prêtre. Le premier moment fut décisif, en ce sens que dès lors fut conçue la distinction subtile et fatale, par laquelle Lamennais crut pouvoir concilier son indépendance de citoyen et son obéissance de catholique.

Cette distinction fut-elle provoquée par une crise de foi déjà commencée? Il semble que non. A nous en tenir au témoignage que Lamennais a rendu de lui-même, les premiers doutes sur plusieurs points du catholicisme ne s'élevèrent dans son âme que vers les premiers mois de 1833. Jusque là sa conscience était dans l'angoisse, mais sa croyance lui demeurait chère et il entendait s'y tenir fermement. En examinant la portée de l'encyclique, il crut voir qu'une adhésion pure et simple était incompatible avec des points certains de la doctrine catholique, et il perdit l'équilibre. Dans son esprit chaviré le doute entra, et, les jours s'écoulant, finit par submerger la foi toute entière. C'est dans ces huit mois qui séparent le 30 août 1832 du 8 mai 1833, que les historiens et les moralistes catholiques doivent placer les graves manquements à la grâce de Dieu par où Lamennais glissa dans l'apostasie.

Certainement celle-ci fut le châtiment de la superbe de l'esprit. Il aurait fallu qu'un homme illustre confessât, devant toute l'Europe dont les yeux étaient fixés sur lui, qu'il s'était trompé sur le point même où il avait mis ensemble et la substance de sa vie et les espérances pour l'Église du plus magnifique avenir. Le bruit mené autour de son entreprise, l'éclat de sa renommée, la grandeur de la cause qu'il prétendait servir, s'ajoutaient l'une à l'autre pour augmenter les difficultés du sacrifice à faire. Son amour-propre se raidit, en face de cet austère horizon. Seule la lumière du ciel pouvait en changer l'aspect aux yeux de cette âme troublée, et lui faire voir, dans l'obéissance sans réserve à laquelle le conviait Grégoire XVI, non pas un gouffre, où son honneur d'apologiste et son influence d'apôtre de la religion allaient sombrer, mais le roc immobile et insubmersible sur lequel, malgré les eaux diluviennes et les vents déchaînés, sa vie serait désormais assise inébranlablement. Dieu invoqué avec ferveur et persévérance lui aurait révélé ces perspectives rassurantes. Mais au lieu de prolonger sa prière, comme le soir du 28 août, il aima mieux s'abandonner aux pensées du dedans et du dehors qui, en dénaturant l'acte pontifical, lui épargnaient l'aveu des erreurs commises. La discipline catholique la plus élémentaire commandait évidemment de s'incliner sous la main du pape. Mais le pape était-il Dieu? Était-il infaillible en matière politique? La distinction des deux puissances n'était-elle pas dans l'Église un point traditionnel de l'enseignement? En dépit des apparences, l'encyclique *Mirari vos* n'était-elle pas une pièce où les choses de ce monde tenaient la plus grande place? A qui raisonnait de la sorte, pour éviter l'humiliation d'une soumission coûteuse à l'orgueil, tôt ou tard l'acceptation totale et absolue du document pontifical devait apparaître comme une abdication de l'honneur et de la raison. A un « fond irritable d'orgueil naturel » selon le mot de Rohrbacher, Lamennais joignait une science sacrée insuffisante, une fougue de logique et une impatience d'esprit extraordinaires. Lui-même l'avouait à Sainte-Beuve, il y avait dans son caractère « une certaine impétuosité opiniâtre » qui après l'avoir enfermé dans ses idées propres, l'entraînait à les défendre avec une ardeur excessive et une invisible ténacité[1]. Rien ne le disposait mieux à être trompé par des sophismes. Dans le conflit intime de ses réflexions, il se débattit de longs mois, sans jamais tourner sa pensée vers l'antique formule : *Roma locuta est, causa finita est.* Plus son silence s'était prolongé, moins il désirait en sortir. Amicalement pressé de dire le fonds de son âme, il essaya de réserver sa liberté sans tomber dans la révolte. Existante pour lui, cette ligne de partage n'était pour autrui qu'une illusion ou une équivoque. Elle finit par s'évanouir à ses propres yeux dans les ténèbres où sa foi disparut. Et il sortit du sacerdoce catholique pour entrer dans une sorte de sacerdoce de l'humanité.

---

[1] Voir dans Roussel (*Lamennais d'après des documents inédits*, II, p. 266) l'admirable lettre de Rohrbacher du 10 avril 1835 ; et dans Maréchal (*La Clef de Volupté*, p. 91) la lettre de Lamennais à Sainte-Beuve, 30 juillet 1834.

A quoi dès lors se réduisit son symbole? Il
est assez malaisé de le dire avec clarté. Dans
sa correspondance avec Montalembert, en
1835, il en vient souvent à déclarer que seuls
de longs entretiens pourraient suffire à caractériser l'ensemble des idées religieuses auxquelles son esprit s'était arrêté[1]. Ces entretiens
n'eurent jamais lieu sans doute. Mais Lamennais causa à loisir avec l'évêque de Vincennes,
avec la baronne Cottu, avec le baron de Hubner,
avec Ventura. Tous quatre nous ont laissé
comme un procès-verbal sommaire de ces
entrevues.

Bruté était un vieil ami de Lamennais, avant
de s'en aller évangéliser les États-Unis. Les
distances, les labeurs de l'apostolat, la vie
passée dans un continent nouveau ne changé-
rent jamais son cœur. De loin, aux époques
critiques, il s'était permis, à l'égard de son
Féli, des remontrances aussi nettes que cor-
diales. Dans un voyage fait en France en 1836,
le missionnaire américain, demeuré toujours
breton, résolut d'aller prêcher, à la Chesnaie
même, l'égaré dont l'âme lui était si chèrc.
Lamennais le reçut; il assista à la messe du

---

[1] *Lam. à Montalembert,* p. 361. Lettres du 8 avril 1835.

prélat ; ils eurent ensemble quelques conversations.

Il semble que Bruté n'ait pas gardé, sur sa visite à la Chesnaie, la discrétion qu'aurait souhaitée son hôte[1]. En tout cas, celui-ci lui adressa une épître violente où il appelle tout uniment un menteur son ami d'autrefois[2] : « Quelle que soit ma pensée à l'égard de différents points de religion sur lesquels vous me faites expliquer, lui a-t-il écrit, vous ne la connaissez point, cette pensée ; j'ai constamment refusé de vous la dire... vous mentez donc. » Malgré tout, il est à croire que la note suivante contient quelque vérité. Mgr Bruté l'envoya au pape le 1er mars 1836 comme un résumé de son entretien avec Lamennais. Voici cette page, transcrite sans commentaires, avec toutes les libertés de style dont l'évêque était coutumier.

« Il parut nier entièrement l'autorité de l'Église, comme juge infaillible des doctrines ; disant que l'Église n'était pas seulement le pape, et l'institution dont j'étais (les évêques) mais tout le genre humain, se développant et se perfectionnant d'âge en âge, des juges aux

---

[1] Voir Roussel. *Lamennais d'après des documents inédits*, II, p. 3oo.

[2] *Lam. à Montalembert*, p. 383, 4 février 1836. — Forgues, II, p. 45o, 465. Lettres à Mgr Bruté, 4 février, 10 mars 1836.

rois, aux prophètes, à Jésus-Christ, et à présent encore. Il parut considérer la dispensation actuelle comme accidentelle et temporelle, comme celle de Moyse ; tellement que je lui dis que c'était ce qu'avaient osé dire les protestants rationalistes d'Allemagne.

« Lorsque je le questionnais sur divers points, il disait ordinairement : « Ami, je crois cela, mais pas comme vous ; si je l'explique, vous ne m'entendrez point. » Il me le dit pour la présence réelle, pour la résurrection des corps, etc.

« Pour l'enfer, il m'arrêta. « Je ne crois point à l'éternité des peines. Cela n'est point de foi. A Rome (où l'on examine à fond et où on ne se hâte pas de dire : ceci est ou n'est pas de foi), des hommes instruits, vrais théologiens, sont de mon avis. Si cela eût été décidé, c'eût été à l'époque des conciles tenus lors des affaires de l'origénisme. Je l'ai étudié. Il n'y eu rien de tel de décidé. L'opinion de l'éternité des peines conduit nécessairement au dualisme.

« Parlant des sacrements, il m'a dit qu'il ne croyait pas à la nécessité du baptême ; quant au péché originel, qu'il n'y croyait pas comme moi, que nous ne nous entendrions pas sur cela.

« Je lui écrivis plusieurs pages de remarques, sans avoir pu savoir, ni son frère, ce qu'il en avait pensé.

« Des détails plus particuliers n'ajouteraient
rien d'important à ces remarques principales.
Mon impression et évidence continuelle fut
qu'il avait perdu la foi catholique, la confiance dans l'Église, le sentiment de son
sacerdoce. Il ne se faisait que des idées arbi-
traires, et à lui, de la religion... l'opinion
dans tout le diocèse est qu'il a perdu la foi. Je
voudrais encore en douter... continuer d'espérer que, si pieux lui-même que nous l'avons
connu, particulièrement à N.-S., sa croix, sa
divine Eucharistie, et à la Sainte-Vierge, le
traducteur de la *Guide* de Blois et de l'*Imitation* reviendra à l'Église et se convertira[1] ».

Ce vœu apostolique d'un ami et d'un missionnaire devait être déçu.

Mme Cottu avait été convertie par l'*Essai
sur l'indifférence*. Pendant des années elle
avait reçu de Lamennais des lettres de direction. Un jour d'août 1840, dans une conversation qui dura plus de deux heures, ils en
vinrent à parler du sacerdoce et Lamennais
exprima une sorte d'horreur pour l'état ecclésiastique. « Je n'ai jamais été si heureux, dit-
il, que depuis que je suis sorti de tout cela. »
La femme chrétienne eut le courage de lui
répliquer : « C'est pourtant dans la plénitude

---

[1] Arch. Vat. *Dossier Lamennais*.

de votre volonté et de votre raison que vous êtes entré dans tout cela. » Il fit répéter deux fois l'objection, comme s'il ne la saisissait pas bien ; puis, avec embarras et en balbutiant : « J'avais eu de grands chagrins auxquels je cherchais une consolation. » Humiliée d'avoir contraint l'ancien père de son âme à baisser la tête, Mme Cottu rompit le ton direct qu'avait pris l'entretien et l'on parla de questions plus générales.

« Alors, dit-elle, sa voix s'est affermie, il est redevenu éloquent, mais à la manière du génie tombé en démence ; il y avait des instants où il s'enfonçait dans une métaphysique si obscure, si embrouillée, qu'il ne s'entendait pas sûrement lui-même ; par-ci par-là, quelques rayons de soleil ; puis revenaient les nuages, les aberrations d'un cerveau malade. Je l'écoutais le cœur palpitant, comme on suit au chevet d'un ami les incohérentes pensées qu'il exprime dans le délire. Enfin, épouvantée de ce qu'il m'étalait d'incrédulité par rapport au christianisme, je me suis écriée : « Vous n'êtes donc plus que déiste ! Vous offrez donc vous-même un déplorable exemple de ce que vous avez si victorieusement prouvé autrefois que la négation d'une seule vérité du christianisme conduit invinciblement à ce terme. » Il s'est troublé de nouveau, et moi, de nouveau, j'ai brisé le glaive de cette parole, et je lui ai demandé si, n'admettant plus comme devoir un culte positif, accompagné de pratiques extérieures, il ne l'admettait pas du moins comme besoin, comme impérieuse nécessité sociale?... De cela il est tombé d'accord avec moi, et là-dessus, il m'a déroulé un système de sacerdoce tout à fait identique à une organisation de garde urbaine. Le prêtre se prendrait indifféremment et momentanément dans toutes les classes de la société : sans passé et sans avenir, sans mission divine et sans caractère sacré, ce prêtre improvisé quitterait son établi, son comptoir, même son échoppe, pour faire sa faction à côté de notre âme, il serait relevé par le camarade à la garde descendante... Voilà les absurdités que ce malheureux déchu accueille aujourd'hui.

« Il m'a beaucoup parlé de la conduite de la cour de Rome à son égard. « En taxant d'hérésie ma doctrine de l'autorité, elle m'a forcé à l'examen. Je voulais fermer les yeux : ce n'est pas ma faute si, m'obligeant à les ouvrir, j'ai vu clair . »

Il faut convenir que les clartés dont Lamennais se contentait en 1840 étaient bien pauvres.

Le baron de Hübner avait beaucoup vu Lamennais pendant le voyage à Rome de 1832.

---

[1] *Lettres inédites de Lamennais à la baronne Cottu*, p. 45.

Il s'autorisa de ses relations pour lui faire visite à Paris aux premiers jours de 1838, dans cet appartement au sixième étage, rue de Rivoli, d'où l'ami des grands arbres de la Chênaie, en se penchant sur le jardin des Tuileries, retrouvait un coin de la nature. Avec un interlocuteur appartenant au monde politique, la conversation prit tout de suite un caractère politique. Pendant deux heures, sans que Hübner pût l'interrompre, Lamennais parla de l'avenir des peuples : la liberté serait de plus en plus grande, on abolirait le capital et les armées ; plus de guerre, mais une société unique de tous les peuples devenus frères.

« Je parvins pourtant à lui demander, raconte le diplomate, s'il croyait que les dogmes de l'Église pussent être conformés au nouvel ordre des choses. M. de la Mennais, après quelques instants d'hésitation, me répondit : Je vais vous répondre avec une entière franchise. Je suis très peu orthodoxe à cet égard, et je ne m'en cache pas. D'abord, qu'est-ce qu'un dogme religieux ? C'est le résultat obtenu par la science de Dieu et de l'homme. Elle ne saurait être immuable. Au contraire, tout nous prouve qu'elle est progressive de sa nature, et qu'elle change sans cesse. Qu'on défende à Rome, comme on le fait jusqu'à ce jour, d'enseigner la rotation de la terre autour du soleil, on n'arrête pas pour cela les progrès de l'astronomie. Ainsi les sciences avancent, elles changent quant à leurs résultats, et il s'ensuit que les dogmes doivent changer à leur tour. Au moyen âge, au temps de Saint-Thomas, la science était encore incorporée à la théologie. A toutes les époques, la science de Dieu s'est revêtue d'infaillibilité. Ainsi, au temps de la domination du pouvoir spirituel, toute science était considérée comme infaillible, et par là les dogmes de l'Église ont eu la même valeur. Aujourd'hui que la théologie est incorporée dans les sciences, on ne saurait plus croire à l'infaillibité de la puissance spirituelle.

« Or, je vous demande, qu'est-ce qu'un corps religieux, une puissance ecclésiastique, si elle n'est pas revêtue de l'infaillibilité ? Rien, absolument rien. Pour nous, la papauté n'existe plus. C'est une de ces vastes ruines qu'on rencontre à Rome. Le Colisée et la coupole de Saint-Pierre, aux deux extrémités du christianisme (dans l'ancienne acception du mot) : voilà tout ce qui reste d'une grande époque qui approche de son terme.

« Croyez-moi, tout est passager en ce monde. Il y a pourtant un organisme dans l'humanité comme dans la nature. L'arbre se dépouille de ses feuilles et il s'en revêt ; ce ne sont pas les mêmes feuilles, mais c'est la même sève qui les fait éclore. Le principe de la sociabilité et de la croyance religieuse sont les deux éléments inhérents à la nature de l'homme. Dans toutes les phases que le genre humain doit parcourir, les hommes se constitueront en société et cette société se règlera d'aprés ses croyances religieuses. Quant au culte, il doit changer. Ce qu'il y a d'éternel, de vrai, d'immuable dans le Christianisme, c'est la charité. Mais ce qui a été charité dans l'ancienne société deviendra fraternité dans la nouvelle. Ne riez pas des utopies des jeunes générations qui, en méconnaissant les progrès du temps présent, prêchent prématurément la fraternité du genre humain. C'est qu'eux ont devancé les temps où nous sommes, tandis que vous, vous êtes portés en arrière [1]. »

Avec Ventura, la situation du prêtre déchu était bien plus tragique. Le général des Théatins, pendant douze années, avait été son frère d'armes : animés de la même passion pour l'Eglise, croisant leurs plumes dans les mêmes combats, endoloris des mêmes souffrances, soulevés par les mêmes espoirs, ils avaient vécu ensemble, courageusement, une vie difficile, soutenus par leurs nobles pensées et leur mutuelle affection [2]. Et maintenant

---

[1] Arch. Vat. *Dossier Lamennais*. Lettre du 13 janvier 1838.
[2] Voir *Études*, 5 mars, 20 avril, 5 juin 1910.

tout était rompu, entre eux. En 1847, à l'occasion de l'oraison funèbre d'O'Connell qu'il venait de prononcer, Ventura eut l'idée d'offrir, à son ami d'autrefois, cet éloge d'un soldat heureux de la liberté, le portrait de Pie IX, et une lettre, toute vibrante de tendresse, qui expliquait le sens de ces souvenirs. Lamennais remercia de ces attentions et en accepta l'offre aimable; mais il eut soin de maintenir très hautes les barrières qui le séparaient de la foi catholique : jamais il n'avait été si heureux que depuis son apostasie.

Quand les événements fixèrent Ventura en France et à Paris, le désir de le revoir s'éveilla dans le vieux cœur de Lamennais. L'entrevue eut lieu chez l'abbé Deguerry : l'abbé Martin de Noirlieu était présent, avec quelques autres ecclésiastiques, à cette singulière rencontre. Ce ne fut qu'après le repas qu'éclata la controverse. Une fois au salon, Lamennais se mit à entasser objections sur objections contre la création, le péché originel, l'éternité des peines et autres vérités importantes de notre foi. Pendant trois quarts d'heure, il disserta, finissant par exalter cette religion de l'humanité qui était maintenant la sienne.

Si Lamennais parlait comme un livre, Ventura ne lui cédait en rien pour l'abondance et la sûreté de la parole. Point par point, il se mit à réfuter le renégat, le ramenant avec vigueur aux démonstrations éloquentes de l'*Essai sur l'indifférence.* La réplique aurait duré deux heures. Et Lamennais, écrasé par ce discours d'une logique implacable, aurait pris en hâte la porte, en priant le discoureur d'être à son égard moins sévère[1]. Les deux amis ne devaient plus se revoir; la tentative que fit Ventura pour arriver jusqu'au lit d'agonie de Lamennais demeura vaine.

Ces quatre témoignages, d'un religieux, d'un diplomate, d'une femme du monde et d'un évêque, ont leur garantie de vérité dans les écrits où Lamennais lui-même à tenu à consigner les étapes des chemins par lesquels il est sorti de l'Église catholique. Pendant les heures douloureuses qui précédèrent cet exode lamentable, il avait l'habitude de jeter sur le papier, comme elles se présentaient, ses difficultés de croire. En 1841, il réunit ces feuilles éparses et les publia sous le titre de *Discussions critiques.* D'après ces confessions d'un incroyant, plus rien, à la fin, ne demeurait en

---

[1] Cultrera. *Della vita e delle opere del R. P. D. Gioachino Ventura.* Palermo 1877, in-8, p. 63, 167-170. — Le P. Cultrera a reçu de Ventura, son oncle, le récit de cette rencontre.

lui de la foi dont il avait été l'apologiste convaincu. Combien fallut-il de temps pour cette
œuvre de ruine ? Il est difficile de le préciser.
Mais quand on compare aux *Discussions critiques* la correspondance journalière, on se
rend compte que l'édifice, dans lequel Lamennais avait trouvé pour lui, et indiqué à tant
d'autres, l'abri tranquille de la raison et du
cœur, ne s'effondra pas tout d'un coup.

Au commencement de 1833, la nécessité
d'une évolution dans l'Église est pour lui
évidente. Dans le conflit qui divise les peuples et les rois, Grégoire XVI a pris parti pour
l'absolutisme contre la liberté. Cela ne peut
durer et ne durera pas. Une seule chose est
obscure : le moyen dont se fera le change-
ment inévitable. Car, dit Lamennais, « nous
sommes ici dans un ordre de choses qui
dépendent de lois particulières, dans un ordre
surnaturel dirigé immédiatement par les
volontés de Dieu suscitées pour nous. Mais que
ces volontés renferment des changements
futurs dans l'économie extérieure de la religion..., cela est certain en soi »[1].

Mais en continuant à regarder vers l'Orient
où blanchissait l'aube des temps nouveaux, le
voyant crut discerner pour l'Église la nécessité de mutations plus profondes. Précisé-

---

[1] Forgues, II, p. 271. Lettre du 5 février 1833.

ment parce qu'un mouvement divin emporte l'humanité irrésistiblement vers une liberté plus grande, comment penser que soit divine encore une hiérarchie revendiquant, sans con trôle ni conteste, le droit de borner la liberté philosophique et civile ? Quels sont les titres qu'exhibe la hiérarchie pour justifier des prétentions aussi extraordinaires ? Et en exami minànt de près ces titres, Lamennais jugea qu'ils étaient caducs. L'histoire du sacerdoce catholique ressemblait à celle de tous les sacerdoces : son prestige ne durait que par la foi de ses adeptes ; il s'évanouissait à la lumière de la science. Toutefois, le christianisme ne disparaîtrait pas tout entier. Si une autorité souverainement infaillible était superflue pour garder à l'humanité le patrimoine religieux nécessaire à sa vie, le précepte de l'amour promulgué par l'Évangile demeurerait la charte de tous les siècles. Et le triomphe de ce sentiment marquerait l'évolution suprême de la religion, parce qu'en elle se résoudrait l'antinomie du rationalisme et du mysticisme, de la croyance et de l'incroyance. Au surplus, il n'y a jamais eu de dogmes imposés aux esprits que par le fait de l'Église. Ni Dieu au commencement, ni Moyse en son nom, ni le Christ, quand il est venu, n'ont révélé des dogmes. La concentration finale de la religion, hors des symboles rigides, en l'unique loi de la charité, ne sera donc qu'un retour vers les origines. Et en même temps qu'elle se trouvera plus conforme aux besoins de l'homme, cette religion de l'avenir sera encore plus représentative de la vraie nature de Dieu.

Dans ces données générales, on retrouve les lignes d'une théorie du christianisme qui aura dans le protestantisme libéral ses professeurs les plus systématiques et les plus résolus. Il ne serait pas difficile d'y saisir aussi quelques traces des rêveries qui hantèrent les cerveaux des mages de l'humanité nouvelle, au temps de Louis-Philippe. Assurément, de Lamennais à tous ceux là, la différence est grande, et au point de départ et au point d'arrivée. Mais comme eux, il en est venu à une sorte de religion sociologique, vide de toute la dogmatique chrétienne. Et cette dissolution complète, dans son âme, de toutes les vérités de notre foi, a justifié, par un irrécusable exemple, la logique de l'*Essai* acculant au plus vague déisme les esprits rebelles au catholicisme romain. Dans cette *Introduction* à la *Divine Comédie* qui est la dernière œuvre de sa plume, il a dénoncé, avec autant de vigueur que les plus fameux rationalistes, l'intolérable confiscation que l'Église prétendrait faire de la raison et de la liberté des hommes.

Après l'encyclique *Singulari nos*, il écrivait à Montalembert : « La parole qui autrefois remua le monde ne remuerait pas aujourd'hui une école de petits garçons. Et après cela, dites que la Providence ne prépare pas quelque chose d'inattendu ! Ce pape clôt une époque »[1].

Pie IX a ceint la tiare après Grégoire XVI, Léon XIII et Pie X ont recueilli l'héritage apostolique de Pie IX. Les encycliques de ces trois papes, comme celles de leur prédécesseur déjà lointain, ont continué à fixer la vérité, pour tous les vrais catholiques. Les théories menaisiennes et l'esprit menaisien n'étant pas morts avec Lamennais, l'occasion s'est offerte à Rome, plusieurs fois, de choisir entre les enseignements particuliers de l'*Avenir* ou de l'*Essai*, et ceux des encycliques *Mirari vos* et *Singulari nos*. En 1888 et en 1864, Léon XIII et Pie IX ont signé des lettres qui eussent révolté Lamennais, parce qu'il y aurait vu la solennelle réprobation de ses théories les plus chères. Et il n'aurait pas agréé non plus le langage dans lequel Pie X s'est élevé, en 1905 et en 1907, contre la séparation de l'Église et de l'État ou l'indépendance de la raison en matière religieuse.

Au lendemain des *Paroles d'un Croyant*, l'auteur écrivait à Salinis une lettre amère où

---

[1] *Lam. à Montalembert*, p. 318. Lettre du 5 août 1834.

il lui demandait de quel droit celui-ci le mettait hors de l'Eglise[1]. Nous avons pu, de nos
jours, constater en d'autres ce singulier état
d'âme d'un catholique qui prétend demeurer
tel, malgré le pape, l'Église et l'évidence. Mais
ce phénomène passager se résout forcément
dans une situation plus logique et plus claire.
Le condamné finit par se vanter, au nom même
de sa dignité d'homme, d'avoir apostasié la foi
pour garder sa raison. Et les esprits un instant troublés par le spectacle de ces astres
errants, les laissent s'enfoncer dans la nuit,
pour demander au soleil immuable la lumière
qui doit guider leur route.

Avant de devenir un parfait incrédule, indifférent aux anathèmes de l'Église, Lamennais
avait repris à son compte la parole de Pascal :
« Les saints ne se sont pas tus ». Avec un
courage dont la persévérance ne doit pas
nous faire oublier la témérité, il s'était donné
la mission de remontrer à la Papauté ses
devoirs. Dans ce rôle invraisemblable, il a
mis sa vie. Et quand le pape, remplissant
l'office de sa charge doctorale, lui a crié : vous
usurpez et vous errez; il s'est regardé comme
une victime dont les souffrances fécondaient
les idées, pour le plus prompt établissement
des desseins de la Providence. Tant d'illusion

---

[1] C. de Ladoue. *Vie de Mgr de Salinis*, p. 140.

chez un grand esprit et tant de douleurs dans une âme généreuse, nous touchent d'une rare compassion ; le malheur d'un beau génie réduit à cette lamentable infortune nous émeut d'une pitié profonde ; nous comprendrions bien mal ce que c'est qu'un prêtre, si le souvenir de sa déchéance, malgré les années écoulées, ne nous remplissait pas de tristesse. Pourtant ces impressions pénibles ne doivent pas égarer notre jugement. Les fautes que l'on a pu commettre autour de Lamennais ne sauraient justifier ni voiler celles qu'il a certainement commises lui-même.

Engagés dans la voie d'erreur où il les avait entraînés, ses disciples, malgré son prestige, se sont arrêtés et ont rebroussé chemin, sur une parole du pape. Il devait, il pouvait imiter cette abnégation obéissante. Seul son orgueil l'empêcha de le faire. Ce mot très simple est malheureusement le dernier et le plus certain qu'on puisse prononcer dans cette cause célèbre. Ce n'est point le parti pris, ni une vue courte qui dictent à un historien catholique cette brève sentence, mais l'impossibilité de sauver autrement la Providence et la justice du Ciel. S'il pouvait advenir qu'un apologiste sincère et prestigieux de la religion menât, vingt années durant et jusqu'au dernier souffle, la vie d'un apostat, sans avoir gravement manqué à sa conscience, l'équité et la sagesse

divines ne seraient qu'un vain mot. Aucune
page émouvante, aucune protestation catégo-
rique de Lamennais ne sauraient ébranler la
fermeté de cette conclusion. L'intime de tout
homme, et à plus forte raison celui d'un
homme aussi complexe et subtil, se dérobe
en des arcanes où seule l'intelligence infiniment pénétrante de Dieu peut discerner le
vrai. Il est interdit à n'importe qui de discuter
un par un les nombreux problèmes de sincérité, que soulèvent cent pages tracées par ce
malheureux écrivain durant la longue crise qui
finit par engloutir sa foi. Toujours manqueront
les données suffisantes pour conclure à bon
droit. Mais cette impuissance où nous sommes
de marquer l'heure précise où Lamennais
nous trompe en se mentant à lui-même, ne
nous empêche pas de savoir qu'il y eut dans
sa vie un tel moment ; après quoi, Dieu l'aban-
donna, parce que lui l'avait délaissé le premier et qu'il persévéra dans cette suprême
méconnaissance.

Il pourra sembler à quelques-uns que c'est
là peut-être beaucoup insister sur une théologie élémentaire de l'économie de la grâce.
Les temps où nous sommes ont paru nécessiter
ce rappel. Un trop grand nombre de catholiques ignore l'alphabet de la religion. Beaucoup d'indifférents passent à côté du problème des responsabilités sans vouloir s'y

arrêter. Les historiens contemporains aiment
à expliquer, par la poussée des conjonctures,
la destinée des hommes les plus personnels.
Et enfin, parmi ceux qui ont écrit sur Lamennais des livres importants, il en est peut-être
qui ont cherché pour lui, avec trop de préoc-
cupation, le bénéfice des circonstances atté-
nuantes. Nous croyons avoir de la liberté
humaine une idée plus haute et plus vraie,
en laissant à chacun la responsabilité de
ses fautes. N'est-ce pas aussi le meilleur
moyen d'assurer à l'histoire la fonction morale
que Cicéron lui assignait en propre quand il
l'appelait la maîtresse de la vie humaine?

Lamennais est le premier qui ait refusé
de voir dans l'orgueil la cause secrète de son
incroyance finale. « La maxime que l'on ne
résiste jamais à la hiérarchie que par orgueil,
va à confondre l'orgueil avec la raison[1]. » Tel
est son plaidoyer. Il équivaut à une simple
affirmation. Car le raisonnement par lequel
il est appuyé — dans le passage visé ici —
consiste tout simplement à dénier à l'Église
l'autorité d'imposer sa parole. Or, tout le
monde en conviendra, il est beaucoup moins
hasardeux d'expliquer l'insubordination de
Lamennais par sa superbe, que d'expliquer
l'ascendant de l'Église sur les esprits, à tra-

---

[1] *Discussions critiques*, p. 130.

vers vingt siècles d'histoire, par la déraison universelle. La psychologie la plus rudimentaire, et la plus indéniable, découvre dans toute impatience du joug un mouvement de l'orgueil. Et une fois encore, la leçon la plus certaine de l'ascétisme chrétien nous autorise à ajouter que la grâce de croire, comme toutes les autres, est sous la garde de l'humilité. Aucune protestation ne saurait prévaloir contre cette double vérité de foi et de sens commun. Et d'ailleurs l'auteur des *Discussions critiques* s'était réfuté lui-même par avance, quand il avait écrit dans l'*Essai :* « Semblables à un nageur qui suit le courant, nous ne sentons les lois de notre être que lorsque nous leur résistons : et comme la résistance suppose la force, l'homme qui se complaît en tout ce qui lui donne la conscience des siennes met souvent son orgueil à se raidir contre l'autorité. Telle est la source la plus commune et la plus dangereuse de l'erreur[1] ».

Comment, au milieu des ruines de sa croyance, Lamennais put-il trouver cette paix profonde de l'esprit et du cœur, dont il parle avec tant de complaisance aux amis qui le poursuivent pour le ramener à l'Église ? C'est un problème que Ventura résolvait, en contestant la plénitude et la continuité de cette

---

[1] *Essai*, II, ch. XIV.

tranquillité d'âme. Si cette solution déplaît,
parce qu'elle accuse d'inconscience ou d'in-
sincérité le malheureux apostat, qu'on laisse
à la sagesse et à la justice infinies le soin de
pénétrer le mystère de cette conscience. La
réserve que nous garderons, par ignorance
des secrets de Dieu et par compassion pour la
misère d'un grand homme, ne saurait nous
empêcher de conclure avec fermeté, de lui
comme de tous les pêcheurs : il s'est perdu
parce qu'il l'a voulu.

Des historiens catholiques ou étrangers au
catholicisme ont trouvé piquant de transformer la papauté repentante en héritière, malgré
elle, de Lamennais. Léon XIII particulièrement
aurait été une sorte d'exécuteur testamentaire
des plus grandes initiatives du fondateur de
l'*Avenir*, dont le grand malheur fut, dit-on, de
devancer son époque. L'irrévérence de ces propos n'a d'égale que leur mal fondé. Assurément, s'il eût vécu au temps de l'encyclique
Rerum novarum, Lamennais y eût applaudi
comme à un écho sincère du *Misereor super
turbam* qui jaillit un jour du cœur infiniment
bon de Jésus-Christ. Mais qu'est-ce que la démocratie chrétienne, dont Léon XIII a tracé le programme, a de commun avec celle que rêvait

l'auteur des *Paroles d'un croyant?* Les ressemblances qu'on a cru découvrir ne viennent-elles pas d'une méprise? Ceux qui les signalent n'ont-ils pas commencé par mettre dans les encycliques pontificales une démocratie politique qui n'y était point? Et l'on pourrait raisonner de même, à l'égard de ce grand parti des honnêtes gens dont Léon XIII préconisait la formation, afin de pourvoir plus efficacement au salut de la société et à la liberté de la religion. L'*Acte d'union* proposé par l'*Avenir* en 1831 était bien autre chose; il avait pour but une propagande autrement révolutionnaire. Enfin, la revendication du droit commun pour l'Église n'a jamais été acceptée par Léon XIII — elle ne saurait l'être par aucun pape — comme la limite du désirable et du juste. Si on l'entend d'un minimum à réclamer, en raisonnant *ad hominem* avec les gouvernements modernes qui font profession d'ignorer légalement toutes les religions, deux observations s'imposent : d'une part, l'Église n'avait pas attendu Lamennais pour imaginer l'expédient; d'autre part, Lamennais envisageait ce moyen de défense religieuse, non comme un pis aller imposé par des circonstances regrettables, mais comme la conséquence heureuse d'un système social en progrès sur l'organisation de l'ancien régime. Il n'aurait pas plus accepté l'encyclique *Libertas* que l'encyclique *Mirari vos*. Et toute la politique du ralliement lui eut paru une atteinte portée à son indépendance de citoyen.

En quelques mots, voilà à quoi se réduit la valeur du paradoxe qui a tenté la plume de quelques écrivains. Donc l'Église mieux avertie n'est pas venue s'établir sur les positions où elle a jadis reproché à l'*Avenir* de se risquer. Son jugement n'a pas varié après trois quarts de siècle, ni non plus sa conduite.

Si l'on veut chercher à Lamennais une descendance intellectuelle, il ne sera pas difficile d'en suivre la trace de 1830 à nos jours ; mais c'est ailleurs qu'au Vatican qu'il la faudra chercher. Le libéralisme catholique condamné par Pie IX, le démocratisme qui, contrairement aux enseignements de Léon XIII, a conditionné par la république l'application à la société des principes chrétiens, le modernisme auquel Pie X a reproché de vouloir accommoder les formules du dogme catholique aux exigences de la science : telles sont les erreurs auxquelles on pourrait fort légitimement assigner Lamennais pour ancêtre. En des mesures diverses, on trouvera dans ses ouvrages le commencement ou les germes de ces théories condamnées par le Saint-Siège. Il suffit d'indiquer ici ces relations indéniables ; en formant le vœu que les enfants de l'Eglise fascinés par un menaisianisme quelconque soient dociles, sur un mot venu du pape, à se déprendre de leurs chimères.

Dans sa *Lettre sur le Saint-Siège*, Lacordaire a dit, non sans quelque emphase oratoire, ce qu'il avait trouvé à Rome pour la paix de son esprit et de sa conscience. Avec une simplicité plus impressionnante peut-être, il écrivait à un jeune prêtre troublé par l'encyclique *Mirari vos* : « Confiez-vous à l'Église ; laissez-la vous gouverner ; soit qu'elle parle, soit qu'elle se taise, soit qu'elle ordonne, soit qu'elle insinue, prenez-la toujours pour votre boussole. C'est ma règle de conduite la plus sacrée, et celle de tout catholique[1]. » Plus intelligent et plus illustre, Lamennais aurait dû marcher le premier dans cette voie où l'appelaient ses principes ultramontains, des promesses formelles et répétées d'obéissance sans réserve, son devoir élémentaire de fils de l'Église.

Mais l'histoire de sa révolte, aussi bien que le souvenir de ses combats pour la souveraineté pontificale, est faite pour notre instruction. De la couche où il meurt sans prêtre, comme du champ clos où il disputait avec les hommes d'État régaliens et les évêques gal-

---

[1] H. Villars. *Correspondance inédite du P. Lacordaire*, p. 493. Lettre du 12 août 1833.

licans, il donne aux esprits attentifs la
même leçon ; celle que saint François de
Sales résumait dans ce mot profond et juste :
« le Pape et l'Église c'est tout un. »

PIÈCES JUSTIFICATIVES

N.B. — L'auteur des *Affaires de Rome* a réuni en appendice, dans son livre, les documents publics, émanés du pape, sur les doctrines de l'*Avenir* et les *Paroles d'un croyant*. L'exemple est à suivre. On retrouvera ici, dans leur teneur intégrale, ces documents, avec les lettres de Lamennais (pour ainsi dire officielles) qui s'y rapportent. Cette double série de textes parallèles permettra au lecteur d'avoir présentes les formules authentiques que, dans cette cause célèbre, le justiciable et le juge ont voulu donner à leur pensée.

Cinq seulement de ces pièces sont inédites.

ᴵ

PREMIÈRE LETTRE DU CARDINAL PACCA[1]
(25 février 1832).

Monsieur l'abbé,

En adhérant à vos désirs, j'ai eu l'honneur de déposer dans les mains sacrées de notre très Saint-Père les deux écrits que vous m'avez prié de lui soumettre.

Sa Sainteté, tout en rendant justice à vos talents et à vos bonnes intentions, ne m'a pas cependant dissimulé, en général, son mécontentement, à cause de certaines controverses et opinions au moins dangereuses et qui ont semé une si grande division parmi le clergé de France, et offensé les bons et pieux catholiques.

[1] D'après la minute. Arch. Vat. *Dossier Lamennais.* (Inédit).

Toutefois le Saint-Père a été très satisfait d'entendre, même par ma bouche, que vous êtes, ainsi que vos collaborateurs, dans la disposition franche et bien sincère de vous uniformer, comme des enfants dociles, au jugement du Saint-Siège ; et il m'a paru disposé à faire entreprendre l'examen de vos doctrines, comme vous l'avez demandé.

Mais un tel examen, qui sera certainement mûr et autant profond que réfléchi, ne pourrait pas être fait si tôt. Il exigera même un long temps avant qu'il soit achevé. Ainsi vous pourrez, Monsieur l'abbé, retourner chez vous avec vos collègues, car, à son temps, on vous fera connaître le résultat de l'affaire dont il est question.

Je suis avec considération, Monsieur l'abbé, etc.

II

RÉPONSE DE LAMENNAIS AU CARDINAL PACCA[1]
(27 février 1832).

Monseigneur,

J'ai eu l'honneur de me présenter chez vous ce matin, pour vous exprimer ma vive reconnaissance de toutes les bontés que vous avez eues pour nous depuis notre arrivée à Rome, et dont le souvenir ne s'effacera jamais de notre cœur. Si des circonstances particulières s'opposent à ce que tous nos vœux, comme les enfants les plus humbles et les plus dociles du Père commun, soient accomplis, nous avons du moins la consolation de savoir avec certitude que nos doctrines seront, par ses ordres, examinées avec un grand soin et jugées ensuite par son infaillible autorité, à laquelle nous sommes et serons toujours soumis; sans réserve aucune, avec autant d'obéissance que nous l'avons défendue avec amour. Et comme vous nous prévenez que l'examen ordonné par le Souverain Pontife sera nécessairement long, M. l'abbé Lacordaire, dont le séjour ici serait désormais inutile, retournera prochainement en France; tandis que M. de Montalembert continuera son voyage d'Italie. Je resterai seul à Rome, pour fournir les explications indispensables et répondre aux questions que l'on jugera à propos de me faire.

J'ai l'honneur d'être...

Rome, le 27 février 1832.

[1] D'après l'original. Arch. Vat. *Dossier Lamennais*. (Inédit).

III

ENCYCLIQUE *MIRARI VOS*

(15 août 1832).

VENERABILES FRATRES, SALUTEM ET APOSTOLICAM BENEDICTIONEM

Mirari vos arbitramur quod ab imposita nostræ humilitati Ecclesiæ universæ procuratione nondum litteras ad vos dederimus, prout et consuetudo vel a primis temporibus invecta, et benevolentia in vos Nostra postulasset. Erat id quidem nobis maxime in votis, ut dilataremus illico super vos cor Nostrum, atque in communicatione spiritus ea vos adloqueremur voce qua confirmare fratres in persona beati Petri jussi fuimus[1]. Verum probe nostis quanam malorum ærumnarumque procella primis pontificatus Nostri momentis in eam subito altitudinem maris acti fuerimus, in qua, nisi dextera Dei fecisset virtutem, ex teterrima impiorum conspiratione Nos congemuissetis demersos. Refugit animus tristissima tot discriminum recensione susceptum inde mœrorem refricare ; Patrique potius omnis consolationis benedicimus, qui, disjectis perduellibus, præsenti Nos eripuit periculo, atque, turbulentissima sedata tempestate, dedit a metu respirare. Proposuimus illico vobiscum communicare consilia ad sanandas contritiones Israel ; sed ingens curarum moles, quibus in concilianda publici ordinis restitutione obruti fuimus, moram tunc Nostræ huic objecit voluntati.

Nova interim accessit causa silentii ob factiosorum insolentiam, qui signo perduellionis iterum attollere conati sunt. Nos quidem tantam hominum pervicaciam, quorum effrenatus furor impunitate diuturna, impensæque Nostræ benignitatis indulgentia non deliniri, sed ali potius conspiciebatur, dehuimus tandem, ingenti licet cum mœrore, ex collata Nobis divinitus auctoritate, virga compescere[2] : ex quo prout jam probe conjicere potestis, operosior in dies instantia Nostra quotidiana facta est.

Ast cum, quod ipsum iisdem ex causis distuleramus, jam possesionem pontificatus in Lateranensi basilica ex more ins-

[1] *Luc.*, XXII, 32.

[2] I. *Cor.*, IV, 21.

titutoque majorum adiverimus, omni demum adjecta cuncta-
tione, ad vos properamus, venerabiles Fratres, testemque
nostræ erga vos voluntatis epistolam damus, lætissimo hoc
die, quo de Virginis sanctissimæ in cœlum assumptæ trium-
pho solemnia festa peragimus, ut quam patronam ac sospitam
inter maximas quasque calamitates persensimus, ipsa et scri-
bentibus ad vos Nobis adstet propitia, mentemque Nostram
cœlesti afflatu suo in ea inducat consilia quæ christiano gregi
futura sint quam maxime salutaria.

Mœrentes quidem, animoque tristitia confecto venimus ad
vos, quos pro vestro in religionem studio, ex tanta, in qua
ipsa versatur, temporum acerbitate maxime anxios novimus.
Vere enim dixerimus, horam nunc esse potestatis tenebrarum,
ad cribrandos, sicut triticum, filios electionis [1]. Vere *luxit, et
defluxit terra, infecta ab habitatoribus suis, quia transgressi
sunt leges, mutaverunt jus, dissipaverunt fœdus sempiternum* [2].

Loquimur, venerabiles Fratres, quæ vestris ipsis oculis
conspicitis, quæ communibus idcirco lacrymis ingemiscimus.
Alacris exultat improbitas, scientia impudens, dissoluta licentia.
Despicitur sanctitas sacrorum, et, quæ magnam vim ma-
gnamque necessitatem possidet, divini cultus majestas ab
hominibus nequam improbatur, polluitur, habetur ludibrio.
Sana hinc pervertitur doctrina, erroresque omnis generis disseminantur audacter. Non leges sacrorum, non jura, non ins-
tituta, non sanctiores quælibet disciplinæ tutæ sunt ab audacia
loquentium iniqua. Vexatur acerrime Romana hæc Nostra bea-
tissimi Petri Sedes, in qua posuit Christus Ecclesiæ firmamentum ; et vincula unitatis in dies magis labefactantur,
abrumpuntur. Divina Ecclesiæ auctoritas oppugnatur
ipsiusque juribus convulsis, substernitur ipsa terrenis rationibus, ac per summam injuriam odio populorum subjicitur,
in turpem redacta servitutem. Debita Episcopis obedientia
infringitur, eorumque jura conculcantur. Personant horren-
dum in modum academiæ ac gymnasia novis opinionum monstris, quibus non occulte amplius et cuniculis petitur catholica
fides, sed horrificum ac nefarium ei bellum aperte jam et propalam infertur. Institutis enim exemploque præceptorum
corruptis adolescentium animis, ingens religionis clades,
morumque perversitas teterrima percrebuit. Hinc porro freno
religionis sanctissimæ projecto, per quam unam regna cons-

---

[1] *Luc.*, xxii, 53.

[2] *Is.*, xxiv, 5.

tituuntur, dominatusque vis ac robur firmatur, conspicimus ordinis publici exitium, labem principatus, omnisque legitimæ potestatis conversionem invalescere Quæ quidem tanta calamitatum congeries ex illarum in primis conspiratione societatum est repetenda, in quas quidquid in hæresibus et in sceleratissimis quibusque sectis sacrilegium, flagitiosum, ac blasphemum est, quasi in sentinam quamdam, cum omnium sordium concretione confluxit.

Hæc, venerabiles Fratres, et alia complura, et fortassis etiam graviora, quæ in præsens percensere longum esset, ac vos probe nostis, in dolore esse Nos jubent, acerbo sane ac diuturno, quos in Cathedra Principis apostolorum constitutos zelus universæ domus Dei comedat præ cæteris, opus est. Verum cum eo Nos loco positos esse agnoscamus, quo deplorare duntaxat innumera hæc mala non sufficiat, nisi et ea convellere pro viribus connitamur; ad opem fidei vestræ confugimus, vestramque pro catholici gregis salute sollicitudinem advocamus, venerabiles Fratres, quorum spectata virtus ac religio et singularis prudentia et sedula assiduitas animos Nobis addit, atque in tanta rerum asperitate afflictos consolatione sustentat perjucunda. Nostrarum quippe est partium vocem tollere, omniaque conari ne aper de silva demoliatur vineam, neve lupi mactent gregem : Nostrum est oves in ea duntaxat pabula compellere, quæ salutaria iisdem sint, nec vel tenui suspicione perniciosa. Absit, carissimi, absit, ut, quando tanta premant mala, tanta impendeant discrimina, suo desint muneri pastores, et perculsi metu dimittant oves, vel, abjecta cura gregis, otio torpeant ac desidia. Agamus idcirco in unitate spiritus communem nostram, seu verius Dei causam, et contra communes hostes pro totius populi salute una omnium sit vigilantia, una contentio.

Id porro apprime præstabitis, si, quod vestri muneris ratio postulat, attendatis vobis, et doctrinæ, illud assidue revolventes animo, *universalem Ecclesiam quacumque novitate pulsari*[1], atque ex S. Agathonis pontificis monitu[2] *nihil de iis quæ sunt regulariter definita minui debere, nihil mutari, nihil adjici, sed ea et verbis et sensibus illibata esse custodienda.* Immota inde consistet firmitas unitatis, quæ hac B. Petri Cathedra suo veluti fundamento continetur, ut unde

---

[1] S. Cœlest. PP. *Ep.* xxi, *ad Episc. Galliar.*

[2] S. Agath. PP. *Ep. ad Imp.*, apud Labh., tom. XI. p. 235, edit. Mansi.

in Ecclesias omnes venerandæ communionis jura dimanant.
ibi *universis et murus sit, et securitas, et portus expers fluctuum, et bonorum thesaurus innumerabilium*[1]. Ad eorum
itaque retundendam audaciam qui vel jura sanctæ hujus Sedis
infringere conantur, vel dirimere Ecclesiarum cum ipsa con-
junctionem, qua una eædem nituntur et vigent, maximum fidei
in eam ac venerationis sinceræ studium inculcate, inclamantes
cum S. Cypriano[2], *falso confidere se esse in Ecclesia qui
cathedram Petri deserat, super quam fundata est Ecclesia.*

In hoc ideo elaborandum vobis est, assidueque vigilandum,
ut fidei depositum custodiatur in tanta hominum impiorum
conspiratione, quam ad illud diripiendum perdendumque
factam lamentamur. Meminerint omnes, judicium de sana
doctrina qua populi imbuendi sunt, atque Ecclesiæ universæ
regimen et administrationem penes Romanum Pontificem
esse, *cui plena pascendi, regendi, et gubernandi universalem
Ecclesiam potestas a Christo Domino tradita fuit*, uti Patres
Florentini concilii diserte declararunt[3]. Est autem singulorum
Episcoporum Catedræ Petri fidelissime adhærere, depositum sancte religioseque custodire, et pascere, qui in eis est,
gregem Dei. Presbyteri vero subjecti sint oportet Episcopis,
quos *uti animæ parentes suscipiendos ab ipsis esse* monet
Hieronymus[4]: nec unquam obliviscantur se vetustis etiam
canonibus vetari, quidpian in suscepto ministerio agere, ac
docendi et concionandi munus sibi sumere *sine sententiâ
Episcopi; cujus fidei populus est creditus, et a quo pro ani-
mabus ratio exigetur*[5]. Certum denique firmumque sit eos
omnes. qui adversus præstitutum hunc ordinem aliquid
moliantur, statum Ecclesiæ, quantum in ipsis est, perturbare.

Nefas porro esset, atque ab eo venerationis studio prorsus
alienum, qua Ecclesiæ leges sunt excipiendæ, sancitam ab
ipsa disciplinam, qua et sacrorum procuratio, et morum
norma, et jurium Ecclesiæ ministrorumque ejus ratio continetur, vesana opinandi libidine improbari; vel ut certis juris

---

[1] S. Innocent. PP. *Ep.* xi, apud Constant.

[2] S. Cypr., *de Unitate Eccles.*

[3] Conc. Flor., sess. xxv, *in definit.* apud Labh., t. XVIII, col. 528, edit. Venet.

[4] S. Hieron, *Ep.* ii, *ad Nepot.* a. 1,24.

[5] Ex Can. *Ap.*, xxxviii, apud Labb., t. I, p. 38, edit. Mansi

naturæ principiis infestam notari, vel mancam dici atque imperfectam civilique auctoritati subjectam.

Cum autem, ut Tridentinorum Patrum verbis utamur, constet Ecclesiam *eruditam fuisse à Christo JESU, ejusque apostolis, atque à Spiritu sancto illi omnem veritatem in dies suggerente edoceri* [1], absurdum plane est, ac maxime in eam injuriosum, *restaurationem ac regenerationem* quamdam obtrudi, quasi necessariam, ut ejus incolumitati et incremento, consulatur, perinde ac si censeri ipsa possit vel defectui, vel obscurationi, vel aliis hujuscemodi incommodis obnoxia ; quo quidem molimine eo spectant novatores, ut *recentis humanæ institutionis jaciantur fundamenta*, illudque ipsum eveniat, quod detestatur Cyprianus, ut quæ divina res est *humana fiat Ecclesia* [2]. Perpendant vero, qui consilia id genus machinantur, *uni romano Pontifici*, ex S. Leonis testimonio, *canonum dispensationem esse creditam*, ipsiusque duntaxat esse, non vero privati hominis, *de paternarum regulis sanctionum quidpiam decernere*, adque ita, quemadmodum scribit S. Gelasius [3], *decreta canonum librare, decessorumque præcepta meteri, ut quæ necessitas temporum restaurandis Ecclesiis relaxanda deposcit, adhibita consideratione diligenti, temperentur.*

Hic autem vestram volumus excitatam pro religione constantiam adversus fœdissimam in clericalem cœlibatum conjurationem, quam nostis effervescere in dies latius, connitentibus cum perditissimis nostri ævi philosophis nonnullis etiam ex ipso ecclesiastico ordine, qui personæ obliti, munerisque sui, ac blanditiis abrepti voluptatum, eo licentiæ proruperunt, ut publicas etiam atque iteratas aliquibus in locis ausi sint adhibere principibus postulationes ad disciplinam illam sanctissimam perfringendam. Sed piget de turpissimis hisce conatibus longo vos sermone distenere, vestræque potius religioni fidentes committimus, ut legem maximi momenti, in quam lascivientium tela undique sunt intenta, sartam, tectam custodiri, vindicari, defendi, ex sacrorum canonum præscripto, omni ope contendatis.

[1] Conc. Trid., sess. xiii, decr. *de Eucharist. in præm.*
[2] S. Cypr., *Ep.* lii, edit. Baluz.
[3] S. Gelasius PP. in *Ep. ad Episcop. Lucaniæ.*

Honorabile deinde christianorum connubium, quod *sacra
mentum magnum* nuncupavit Paulus *in Christo et Ecclesia*[1],
communes nostras curas efflagitat, ne quid adversus ipsius
sanctitatem, ac de indissolubili ejusdem vinculo minus recte
sentiatur, vel tentetur induci. Impense id jam commendarat
suis ad vos litteris felicis recordationis prædecessor noster
Pius VIII; adhuc tamen infesta eidem molimina succrescunt.
Docendi itaque sunt sedulo populi, matrimonium semel rite
initum dirimi amplius non posse, nexisque connubio Deum
ndidisse perpetuam vitæ societatem, nodumque necessitu-
dinis, qui exsolvi, nisi morte, non possit. Memores sacris
illud rebus adnumerari, et Ecclesiæ proinde subjici, præsti-
tutas de ipso ejusdem Ecclesiæ leges habeant ob oculos,
iisque pareant sancte, accurateque, ex quarum executione
omnino pendet ejusdem connubii vis, robur, ac justa conso-
ciatio. Caveant ne quod sacrorum canonum placitis, concilio-
rumque decretis officiat, ulla ratione admittant, probe guari,
exitus infelices illa habitura esse conjugia quæ vel adversus
Ecclesiæ disciplinam, vel non propitiato prius Deo, vel solo
æstu libidinis jungantur, quin de sacramento, ac de mysteriis,
quæ illo significantur, ulla teneat sponsos cogitatio.

Alteram nunc persequimur causam malorum uberrimam,
quibus afflictari in præsens comploramus Ecclesiam, *indif-
ferentismum* scilicet, seu pravam illam opinionem quæ im-
proborum fraude ex omni parte percrebuit, qualibet fidei
professione æternam posse animæ salutem comparari, si
mores ad recti honestique normam exigantur. At facili sane
negotio in re perspicua, planeque evidenti, errorem exitio-
sissimum a populis vestræ curæ concreditis propelletis.
Admonente enim apostolo [2], *unum esse Deum, unam fidem,
unum baptisma,* estimescant, qui e religione qualibet patere
ad portum beatitudinis aditum comminiscuntur, reputentque
animo, ex ipsius Servatoris testimonio, *esse se contra Christum, quia cum Christo non sunt* [3], seque infeliciter dispergere,
quia cum ipso non colligunt, ideoque *absque dubio æternum
esse perituros, nisi teneant catholicam fidem, eamque integram
inviolatamque servaverint* [4]. Hieronymum audiant, qui, cum in

[2] *Ad Hebr.*, XIII, 4.
[1] *Ad Ephes.*, IV, 5.
[2] *Luc.*, XI, 23.
[4] *Symb. S. Athanas.*

tres partes schismate scissa esset Ecclesia, narrat, se tena-
cem propositi, quando aliquis rapere ipsum ad se nitebatur,
constanter clamitasse : *Si quis cathedræ Petri jungitur, meus
est* [1]. Falso autem sibi quis blandiretur, quod et ipse aqua
sit regeneratus. Opportune enim responderet Augustinus[2] :
*Ipsam formam habet etiam sarmentum quod præcisum est de
vite; sed quid illi prodest forma, si non vivit de radice?*

Atque ex hoc putidissimo *indifferentismi* fonte absurda illa
fluit ac erronea sententia, seu potius deliramentum, asseren-
dam esse ac vindicandam cuilibet *libertatem conscientiæ*. Cui
quidem pestilentissimo errori viam sternit plena illa, atque
immoderata libertas opinionum, quæ in sacræ et civilis rei
labem late grassatur, dictantibus per summam impudentiam
nonnulis, aliquid ex ea commodi in religionem promanare. At
quæ pejor mors animæ quam libertas erroris? inquiebat Augustinus[3]. Freno quippe omni adempto quo homines contine-
antur in semitis veritatis, proruente jam in præceps ipsorum
natura ad malum inclinata, vere apertum dicimus *puteum
abyssi*[4], e quo vidit Joannes ascendere fumum, quo obscuratus
est sol, locustis ex eo prodeuntibus in vastitatem terræ. Inde
enim animorum immutationes, inde adolescentium in deteriora
corruptio, inde in populo, sacrorum rerumque ac legum sanc-
tissimarum contemptus, inde uno verbo pestis reipublicæ
præ qualibet capitalior, cum, experientia teste, vel a prima
antiquitate notum sit, civitates, quæ opibus, imperio, gloria
floruere, hoc uno malo concidisse, libertate immoderata
opinionum, licentia concionum, rerum novandarum cupiditate.

Huc spectat deterrima illa, ac nunquam satis execranda et
detestabilis libertas artis librariæ ad scripta quælibet edenda
in vulgus, quam tanto convicio audent nonnulli efflagitare ac
promovere. Perhorrescimus, venerabiles Fratres, intuentes
quibus monstris doctrinarum, seu potius quibus errorumi
portentis obruamur quæ longe ac late ubique disseminantur ingenti librorum multitudine, libellisque, et scriptis mole quidem exiguis, malitia tamen permagnis, e quibus maledictio-
nem egressam illacrymamur super faciem terræ. Sunt tamen
proh dolor! qui eo impudentiæ abripiantur, ut asserant pu-
gnaciter hanc errorum colluviem inde prorumpentem satis

[1] S. Hier., *Ep.* LVIII.
[2] S. Aug. *in Psal. contra part. Donat.*
[3] S. Aug. *Ep.* CLXVI.
[4] *Apoc.*, IX, 3.

cumulate compensari ex libro aliquo qui, in hac tanta pra-
vitatum tempestate, ad religionem ac veritatem propugnan-
dam edatur. Nefas profecto est, omnique jure improbatum,
patrari data opera malum certum ac majus, quia spes sit
inde boni aliquid habitum iri. Numquid venena libere spargi,
ac publice vendi, comportarique, imo et obbibi debere, sanus
quis dixerit, quod remedii quidpiam, habeatur, quo qui
utuntur, eripi eos ex interitu identidem contingat ?

Verum longe alia fuit Ecclesiæ disciplina in exscindenda
malorum librorum peste vel apostolorum ætate, quos legimus .
grandem librorum vim publice combussisse[1]. Satis sit, leges
in concilio Lateranensi V in eam rem datas perlegere, et
constitutionem, quæ deinceps a Leone X, fel. rec. prædecessore nostro, fuit edita, *ne id quod ad fidei augmentum
ac bonarum artium propagationem salubriter est inventum,
in contrarium convertatur, ac Christi fidelium saluti detri-
mentum pariat*[2]. Id quidem et Tridentinis Patribus maximæ
curæ fuit, qui remedium tanto huic malo adhibuere, edito
saluberrimo decreto de Indice librorum, quibus impura doctrina contineretur, conficiendo[3]. *Pugnandum est acriter,*
inquit Clemens XIII, fel. rec. prædecessor noster, in suis
de noxiorum librorum proscriptione encyclicis litteris[4];
*pugnandum est acriter, quantum res ipsa efflagitat, et pro
viribus tot librorum mortifera exterminanda pernicies :
nunquam enim materia subtrahetur erroris, nisi pravitatis
facinorosa elementa in flammis combusta depereant.* Ex
hac itaque constanti omnium ætatum sollicitudine, qua semper sancta hæc Apostolica Sedes suspectos et noxios libros
damnare, et de hominum manibus extorquere, enisa est,
patet luculentissime, quantopere falsa, temeraria, eidemque
Apostolicæ Sedi injuriosa, et fecunda malorum in christiano
populo ingentium sit illorum doctrina, qui nedum censuram
librorum veluti gravem nimis et onerosam rejiciunt, sed eo
etiam improbitatis progrediuntur, ut eam prædicent a recti

---

[1] *Act. Apost.*, xix.

[2] Act. con. Lateram. V, sess. x, ubi refertur const. Leo⁻
nis X. Legenda est anterior constitutio Alexandri VI, *Inter
multiplices*, in qua multa ad rem.

[3] Conc. Trid., sess. xviii *et* xxv.

[4] Litt. Clem. XIII. *Christianæ.* 25 nov. 1766.

juris principiis abhorrere, jusque illius decernendæ, habendæque audeant Ecclesiæ denegare.

Cum autem circumlatis in vulgus scriptis doctrinas quasdam promulgari acceperimus, quibus debita erga principes fides atque submissio labefactatur, facesque perduellionis ubique incenduntur; cavendum maxime erit, ne populi inde decepti a recti semita adducantur. Animadvertant omnes, *non esse,* juxta apostoli monitum, *potestatem nisi a Deo : quæ autem sunt, a Deo ordinatæ sunt. Itaque qui resistit potestati Dei ordinationi resistit, et qui resistunt ipsi sibi damnationem acquirunt*[1]. Quocirca et divina et humana jura in eos clamant, qui turpissimi perduellionis seditionumque machinationibus a fide in principes desciscere, ipsosque ab imperio deturbare connituntur.

Atque hac plane ex causa, ne tanta se turpitudine fœdarent veteres christiani, sævientibus licet persecutionibus, optime tamen eos de imperatoribus, ac de imperii incolumitate meritos fuisse constat, idque nedum fide in iis, quæ sibi mandabantur religioni non contraria, accurate prompteque perficiendis, sed et constantia, et effuso etiam in præliis sanguine luculentissime comprobasse. *Milites christiani,* ait S. Augustinus[2], *servierunt imperatori infideli; ubi veniebatur ad causam Christi, non agnoscebant, nisi illum qui in cœlis erat. Distinguebant Dominum æternum a domino temporali, et tamen subditi erant propter Dominum æternum etiam domino temporali.* Hæc quidem sibi ob oculos proposuerat Mauritius martyr invictus, legionis Thebanæ primicerius, quando, uti S. Eucherius refert, hæc respondit imperatori[3] : *Milites sumus, imperator, tui, sed tamen servi, quod libere confitemur, Dei... Et nunc non nos hæc ultima vitæ necessitas in rebellionem cogit : tenemus ecce arma, et non resistimus, quia mori quam occidere satius volumus.* Quæ quidem veterum christianorum in principes fides eo etiam illustrior effulget, si perpendatur cum Tertulliano[4], tunc temporis christianis *non defuisse vim numerorum, et copiarum, si hostes exertos agere voluissent.*

[1] *Ad Rom.,* XIII, 2.

[2] S. Aug., *in psalm.* CXXIV, *n.* 7.

[3] S. Eucher. *apud Ruinard.* Act. SS. MM. de SS. Maurit. et soc., *n.* 4.

[4] Tertull. in *Apolog.,* cap. XXXVII.

Hesterni sumus, inquit ipse, *et vestra omnia implevimus, urbes, insulas, castella, municipia, conciliabula, castra ipsa, tribus, decurias, palatium, senatum, forum... Cui bello non idonei, non prompti fuissemus, etiam impares copiis, qui tam libenter trucidamur, si non apud istam disciplinam magis occidi liceret quam occidere!... Si tanta vis hominum in aliquem orbis remoti sinum abrupissemus a vobis, suffudisset utique pudore dominationem vestram tot qualicumque amissio civium, imo et ipsa destitutione punisset. Procul dubio expavissetis ad solitudinem vestram ;... quæsissetis quibus imperaretis; plures hostes quam cives vobis remansissent : nunc autem pauciores hostes habetis præ multitudine christianorum.*

Præclara hæc immobilis subjectionis in principes exempla, quæ ex sanctissimis christianæ religionis præceptis necessario proficiscebantur, detestandam illorum insolentiam, et improbitatem condemnant, qui projecta, effrenataque procacis libertatis cupiditate æstuantes, toti in eo sunt ut jura quæque principatuum labefactent, atque convellant, servitutem sub libertatis specie populis illaturi. Huc sane scelestissima deliramenta, consiliaque conspirarunt Valdensium, Beguardorum, Wiclefitarum, aliorumque hujusmodi filiorum Belial qui humani generis sordes ac dedecora fuere, merito idcirco ab Apostolica hac Sede toties anathemate confixi. Nec alia profecto ex causa omnes vires intendunt veteratores isti, nisi ut cum Luthero ovantes gratulari sibi possint, *liberos se esse ab omnibus :* quod ut facilius celeriusque assequantur, flagitiosiora quælibet audacissime aggrediuntur.

Neque lætiora et religioni et principatui ominari possemus, ex eorum votis, qui Ecclesiam a regno separari, mutuamque imperii cum sacerdotio concordiam abrumpi discupiunt. Constat quippe, pertimesci ab impudentissimæ libertatis amatoribus concordiam illam, quæ semper rei et sacræ et civili fausta exstitit ac salutaris.

At ad cæteras acerbissimas causas quibus solliciti sumus, et in communi discrimine dolore quodam angimur præcipuo, accessere consociationes quædam, statique cœtus, quibus, quasi agmine facto cum cujuscumque etiam falsæ religionis ac cultus sectatoribus, simulata quidem in religionem pietate, vere tamen novitatis, seditionumque ubique promovendarum cupidine, libertas omnis generis praedicatur, perturbationes in sacram et civilem rem excitantur, sanctior quaelibet auctoritas discerpitur.

Haec perdolenti sane animo, fidentes tamen in Eo qui imperat ventis et facit tranquillitatem, scribimus ad vos, venerabiles Fratres, ut induti scutum fidei contendatis praeliari strenue praelia Domini. Ad vos potissimum pertinet stare pro muro contra omnem altitudinem extollentem se adversus scientiam Dei. Exerite gladium spiritus, quod est verbum Dei, habeantque a vobis panem qui esuriunt justitiam. Adsciti, ut sitis cultores guavi in vinea Domini, id unum agite, in hoc simul laborate, ut radix quaelibet amaritudinis ex agro vobis commisso evellatur, omnique enecato semine vitiorum, convalescat ibi seges laeta virtutum. Eos imprimis affectu paterno complexi, qui ad sacras praesertim disciplinas, et ad philosophicas quaestiones animum appulere, hortatores, auctoresque iisdem sitis, ne solius ingenii sui viribus freti imprudenter a veritatis semita in viam abeant impiorum. Meminerint Deum esse *sapientiae ducem, emendatoremque sapientium*[1], ac fieri non posse ut sine Deo Deum discamus, qui per Verbum docet homines scire Deum[2]. Superbi, seu potius insipientis hominis est, fidei mysteria, quae exsuperant omnem sensum, humanis examinare ponderibus, nostraeque mentis rationi confidere, quae naturae humanae conditione debilis est, et infirma.

Caeterum communibus bisce votis pro rei et sacrae et publicae incolumitate carissimi in Christo filii nostri viri principes sua faveant ope et auctoritate, quam sibi collatam considerent non solum ad mundi regimen, sed maxime ad Ecclesiae praesidium. Animadvertant sedulo, pro illorum imperio et quiete geri, quidquid pro Ecclesiae salute laboratur; imo pluris sibi suadeant fidei causam esse debere quam regni, magnumque sibi esse perpendant, dicimus cum S. Leone pontifice, si *ipsorum diademati de manu Domini, etiam fidei addatur corona.* Positi quasi parentes et tutores populorum, veram, constantem, opulentam iis quietem parient, et tranquillitatem, si in eam potissimum curam incumbant, ut incolumis sit religio et pietas in Deum, qui

---

[1] *Sap.*, VII, 15.

[2] T. Irenæus, *lib.* IX, *cap.* X.

habet scriptum in femore : *Rex regum et Dominus dominan-
tium.*

Sed ut omnia hæc prospere ac feliciter eveniant, levemus
oculos manusque ad sanctissimam Virginem Mariam, quæ
sola universas hæreses interemit, nostraque maxima fiducia,
imo tota ratio est spei nostræ[1]. Suo ipsa patrocinio, in
tanta Dominici gregis necessitate, studiis, consiliis, actioni-
busque nostris exitus secundissimos imploret. Id et ab apostolorum principe Petro, et ab ejus coapostolo Paulo humili
prece efflagitemus, ut stetis omnes pro muro, ne fundamentum aliud ponatur præter id quod positum est. Hac jucunda
spe freti, confidimus auctorem consummatoremque fidei
Jesum Christum consolaturum tandem esse nos omnes in
tribulationibus quæ invenerunt nos nimis, cœlestisque auxilii
auspicem Apostolicam benedictionem, vobis, venerabiles Fratres, et ovibus vestræ curæ traditis peramanter impertimur.

Datum Romæ, apud Sanctam Mariam Majorem, XVIII
kalendas Septembris, die solemni Assumptionis ejusdem
B. V. Mariæ, anno Dominicæ incarnationis MDCCCXXXII,
pontificatus nostri anno II.

IV

DEUXIÈME LETTRE DU CARDINAL PACCA[2]

(16 août 1832).

Monsieur l'abbé,

Ainsi que je vous l'avais fait espérer par la lettre que
vous reçûtes de moi lors de votre séjour à Rome, Notre
S. Père a décidé de faire examiner mûrement et d'examiner
lui-même les doctrines de l'*Avenir*, comme vous et vos collaborateurs l'aviez instamment demandé.

Cette démarche, suivie de tous les temps des savants
vraiment religieux et solides, vous fait honneur, et elle est
conforme aux maximes et à la pratique constante de l'Eglise.
Eximium illud (écrivait jadis le pape Alexandre VII au rec-
teur et à l'université de Louvain) *Salvatoris nostri voce toties
inculcatum præceptum de servandis Ecclesiæ mandatis, deque*

[1] Ex S. Bernardo. *Serm. de Nativ. B. M. V.*, § 6.
[2] D'après l'original qui est en ma possession.

audiendà voce pastoris, quem vicarium suum in terris uni-
versi gregis cura demandata constituit, cum ad salutem et
vitam, tum profecto est ad omne veræ scientiæ doctrinæque
lumen suscipiendum absolute necessarium; nisi enim in om-
nibus omnino determinationibus apostolicis, et firmitati
petræ, supra quam Ecclesiæ suæ fundamenta statuit Dominus,
omnes hominum, et præcipuè litteris addictorum cogitationes
et consilia immobiliter adhæreant, incredibile prorsùs est in
quot et quantas vanitates et insanias falsas humani curiositas
ingenii, quo magis etiam ejus vis et perspicacitas excellit, per
invia tandem et obruta feratur.

Sa Sainteté pouvait d'autant moins se refuser à l'instance
que vous lui avez soumise par mon organe, que de toute part
l'épiscopat s'est adressé, lui aussi, à cette chaire apostolique
pour réclamer de la bouche infaillible du successeur de
S. Pierre une décision solennelle sur certaines doctrines de
l'*Avenir*, qui font depuis leur naissance tant de bruit, et qui
malheureusement ont semé et sèment la plus désolante division dans le clergé.

Dans la lettre encyclique que le Saint Père vient d'adresser
aux patriarches, archevêques et évêques du monde catholique,
pour leur annoncer son élévation au trône pontifical, et dont
vous trouverez ci-joint un exemplaire que je vous transmets
par son ordre exprès, vous verrez, Monsieur l'abbé, les doctrines que S. S. réprouve comme contraires à l'enseignement de l'Eglise, et celles qu'il faut suivre, selon la sainte
et divine tradition et les maximes constantes du Siège apostolique. Parmi les premières, il y en a quelques-unes, qui ont
été traitées et développées dans l'*Avenir*, sur lesquelles le
successeur de Pierre ne pouvait se taire.

Le S. Père, en remplissant un devoir sacré de son ministère apostolique, n'a cependant pas voulu oublier les
égards qu'il aime à avoir pour votre personne, tant à cause
de vos grands talents que de vos anciens mérites envers la
religion. L'Encyclique vous apprendra, Monsieur l'abbé, que
votre nom, et les titres mêmes de vos écrits où l'on a tiré les
principes réprouvés, ont été tout à fait supprimés.

Mais comme vous aimez la vérité et désirez la connaître
pour la suivre, je vais vous exposer franchement et en peu de
mots les points principaux qui, après l'examen de l'*Avenir*,
ont déplu davantage à Sa Sainteté. Les voici.

D'abord Elle a été beaucoup affligée de voir que les rédacteurs aient pris sur eux de discuter en présence du public et

de décider les questions les plus délicates, qui appartiennent au gouvernement de l'Eglise et à son chef suprême, d'où a résulté nécessairement la perturbation dans les esprits, et surtout la division parmi le clergé, laquelle est toujours nuisible aux fidèles.

Le Saint Père désapprouve aussi et réprouve même les doctrines relatives à la liberté *civile* et politique, lesquelles, contre vos intentions sans doute, tendent de leur nature à exciter et propager partout l'esprit de sédition et de révolte de la part des sujets contre leurs souverains. Or, cet esprit est en ouverte opposition avec les principes de l'Evangile et de notre S. Eglise, laquelle, comme vous savez bien, prêche également aux peuples l'obéissance et aux souverains la justice.

Les doctrines de l'*Avenir* sur la *liberté des cultes* et la *liberté de la presse*, qui ont été traitées avec tant d'exagération et poussées si loin par MM. les rédacteurs, sont également très répréhensibles, et en opposition avec l'enseignement, les maximes et la pratique de l'Eglise. Elles ont beaucoup étonné et affligé le S. Père ; car si, dans certaines circonstances, la prudence exige de les tolérer comme un moindre mal, de telles doctrines ne peuvent jamais être présentées par un catholique comme un bien ou une chose désirable.

Enfin, ce qui a mis le comble à l'amertume du S. Père, est l'*acte d'union proposé à tous ceux qui, malgré le meurtre de la Pologne, le démembrement de la Belgique, et la conduite des gouvernements qui se disent libéraux, espèrent encore en la liberté du monde et veulent y travailler.* Cet acte, annoncé par un tel titre, fut publié par l'*Avenir*, quand vous aviez déjà manifesté solennellement dans le même journal la délibération de venir à Rome avec quelques-uns de vos collaborateurs pour connaître le jugement du S. Siège sur vos doctrines, c'est-à-dire dans une circonstance où bien des raisons auraient dû conseiller de l'arrêter. Cette observation n'a pas pu échapper à la profonde pénétration de Sa Sainteté ; elle réprouve un tel acte pour le *fond* et pour la *forme* ; et vous, réfléchissant un peu, avec la profondeur ordinaire de votre esprit, à son but naturel, verrez facilement que les résultats qu'il est destiné à produire peuvent le confondre avec d'autres unions plusieurs fois condamnées par le S. Siège.

Voilà, Monsieur l'abbé, la communication que S. Sainteté me charge de vous faire parvenir dans une forme confidentielle. Elle se rappelle avec une bien vive satisfaction la belle et solennelle promesse faite par vous à la tête de vos collaborateurs, et publiée par la presse, de vouloir *imiter, selon le précepte du Sauveur, l'humble docilité des petits enfants, par une soumission sans réserve au Vicaire de Jésus-Christ.* Ce souvenir soulage son cœur. Je suis sûr que votre promesse ne manquera pas. De cette manière vous consolerez l'âme affligée de Notre Très-Saint Père, rendrez la tranquillité et la paix au clergé de France, qui, vous ne l'ignorez pas, est en proie à des divisions, lesquelles ne peuvent que réussir dangereuses aux fidèles et à l'Eglise ; et vous ne ferez que travailler à votre solide célébrité selon Dieu, en imitant l'exemple du grand homme et du prélat, modèle de votre nation, dont le nom sera à jamais cher et précieux à l'Eglise, et qui fut bien plus illustre après son acte glorieux qu'il ne l'était auparavant. Vous l'imiterez, sans doute, ce noble exemple ; vous en êtes digne.

Je vous en félicite d'avance, Monsieur, et saisis avec plaisir cette occasion pour vous témoigner ma considération, et combien je suis

Votre très-affectionné serviteur,

BARTHELEMI CARDINAL PACCA.

Rome, le 16 août 1832.

V

RÉPONSE DE LAMENNAIS ET DÉCLARATION DES RÉDACTEURS DE L'*AVENIR*

(10 septembre 1832).

Voir p. 215 la réponse inédite de Lamennais à Pacca ; elle était accompagnée de la déclaration suivante :

Les soussignés, rédacteurs de l'*Avenir*, membres du conseil de l'Agence pour la défense de la liberté religieuse, présents à Paris : convaincus, d'après la lettre encyclique du souverain pontife Grégoire XVI, en date du 15 août 1832, qu'ils ne pourroient continuer leurs travaux sans se mettre en opposition avec la volonté formelle de celui que Dieu a chargé de gouverner son Eglise, croient de leur devoir, comme catholiques, de déclarer que, respectueusement soumis à la suprême autorité du Vicaire de Jésus-Christ, ils sortent de la lice où ils ont loyalement combattu depuis deux années. Ils engagent instamment tous leurs amis à donner le même exemple de soumission chrétienne.

En conséquence,

1. *L'Avenir*, provisoirement suspendu depuis le 15 novembre 1831, ne paroîtra plus ;

2. L'*Agence générale pour la défense de la liberté religieuse* est dissoute à dater de ce jour. Toutes les affaires entamées seront terminées, et les comptes liquidés dans le plus bref délai possible.

F. DE LAMENNAIS, etc.

Paris, ce 10 décembre 1832 [1].

VI

TROISIÈME LETTRE DU CARDINAL PACCA [2]

(27 octobre 1832).

Monsieur l'abbé,

Pendant mon séjour à Naples, j'ai reçu la lettre que vous avez voulu bien m'écrire, avec la déclaration que vous avez publiée. Je me suis fait un devoir de soumettre à Sa Sainteté l'une et l'autre, et avec un vrai plaisir je puis vous annoncer que le Saint-Père en a pris connoissance, et m'a autorisé à vous faire connaître sa satisfaction.

Il m'est fort agréable, Monsieur l'abbé, d'être l'organe des sentiments de Sa Sainteté dans cette circonstance, et de vous assurer que votre démarche est bien celle que j'attendais de vous.

Agréez, Monsieur l'abbé, mes remerciements de tout ce que vous avez bien voulu exprimer dans votre lettre d'obligeant à mon égard, et croyez à mon empressement pour chercher des occasions pour vous montrer toute mon estime et ma considération.

Votre affectionné serviteur,

B. CARDINAL PACCA.

Bénévent, 27 octobre 1832.

[1] D'après l'original. Arch. Vat. *Dossier Lamennais*.

[2] D'après la minute. Arch. Vat. *Dossier Lamennais.*

VII

BREF A Mgr D'ASTROS[1]

(8 mai 1833).

VENERABILIS FRATER, SALUTEM ET APOSTOLICAM BENEDICTIONEM

Litteras quas una cum nonnullis ex venerabilibus Fratribus istius regni Episcopis die 22 aprilis anno superiori dedisti, ac per venerabilem Fratrem nostrum Emmanualem cardinalem Episcopum Tusculanum Pœnitentiarium majorem nobis adferendas curasti, animo perlegimus benevolo. Novum quippe ibidem et illustre testimonium nacti sumus pastoralis zeli, et fidei atque observantiæ in hanc Apostolicam Sedem, quibus te, collegasque tuos mirifice affectos apprime jam noveramus. Illæ porro traditæ fuerunt nobis in eam curam cogitationemque jamdiu incumbentibus, ut ex more institutoque sanctæ hujus Sedis, *illo habito*, juxta Zozimi pontificis verba, *pondere examinis, quod ipsa rei natura desiderabat,* omnes Ecclesiæ filios opportune edoceremus, quidnam de tristissimo illo argumento, de quo et in eadem epistola agebatur, sit ex sacrarum Scripturarum, sanctiorisque traditionis disciplina prædicandum. Memores enim ex prædecessoris nostri Leonis Magni monitu, *tenuitatem nostram Ecclesiæ præsidere sub illius nomine cujus fides errores quoslibet impugnat* probe intelligimus, id nobis speciatim commissum esse, *ut omnes conatus nostros causis impendamus in quibus universalis Ecclesiæ salus possit infestari.* Id nos, Deo bene juvante, atque auspice imprimis Virgine sanctissima, fidenter peregimus, datis solemni Assumptionis ipsius die ad catholici orbis Antistites encyclicis litteris, quibus sanam, et quam sequi unice fas sit, doctrinam pro nostri officii munere protulimus. Dedit voci nostræ vocem virtutis Pater luminum, in quem spem omnem conjeceramus : easque alacriter, religiose, studioseque ubique receptas fuisse, gratulabundi testati sunt et sacrorum Antistites, et viri ex universis ordinibus commendatiores. Imo auctores ipsi fautoresque consiliorum, de quibus præcipue querebamur, ad quos mittendas eas litteras curavimus, publice denuntiarunt se ab incœptis illico cessasse, ne

---

[1] D'après la brochure publiée par Monseigneur d'Astros et intitulée : *Censure de cinquante-six propositions*, etc., Toulouse 1835.

voluntati nostræ obsisterent. Quæ quidem declaratio eam illico nobis spem indidit, sincere ipsos, plene, absolute, omnique depulsa ambiguitate judicio nostro paruisse, idque luculentioribus quoque monumentis fore in posterum testaturos ea fide, qua se erga Christi vicarium incensos toties disertissime professi sunt. Hæc sane perjucunda spes animum nostrum in summa temporum difficultate pro rei sacræ incolumitate sollicitum erexerat : at dolorem adhuc injiciunt, quæ etiam nunc perferuntur in vulgus. Humilibus proinde precibus oculos manusque ad auctorem et consummatorem fidei Jesum attollimus, ut præbente ipso omnibus cor docile, *ortos in Ecclesia strepitus*, ut verbis S. Cœlestini pontificis utamur, *compressos tandem pacatissima ratione fuisse* gratulemur. Communia in tantum finem vota, consilia, et studia ingeminet cum aliis istius regni spectatissimis religionis zelo Episcopis, quos singulari benevolentiæ affectu complectimur, fraternitas tua, cui dum hanc rescribimus Epistolam nostræ in te voluntatis testem, cœlestia quæque dona adprecamur, atque Apostolicam benedictionem peramanter impertimur.

Datum Romæ, apud sanctum Petrum, die VIII Maii anni MDCCCXXXIII, pontificatus nostri anno III.

VIII

PREMIÈRE DÉCLARATION DE LAMENNAIS [1]

(4 août 1833)

Très-Saint Père,

Quelque répugnance que j'éprouve à distraire un moment Votre Sainteté des graves affaires qui sont l'objet de sa sollicitude, il est de mon devoir de m'adresser directement à elle dans les circonstances personnelles où je suis placé.

Lorsque le jugement de Votre Sainteté, sur la manière dont moi et mes amis nous avions entrepris de défendre les droits des catholiques en France, nous fut connu, à l'instant même nous protestâmes publiquement, et dans toute la sincérité de notre âme, de notre soumission pleine et entière à la volonté du Vicaire de Jésus-Christ ; et Votre Sainteté

---

[1] D'après l'original. Arch. Vat. *Dossier Lamennais.*

daigna me faire dire que ce témoignage solennel de notre obéissance filiale l'avait également satisfaite et consolée.

Cependant je vois, Très-Saint Père, avec une profonde douleur, par un Bref que Votre Sainteté a adressé à M. l'archevêque de Toulouse, et que les journaux ont rendu public, qu'on avait réussi à inspirer à Votre Sainteté des sentiments de défiance à notre égard. Par quels moyens et sur quels fondements, je l'ignore. Quels sont ces bruits *répandus dans le public*, et qui ont de nouveau contristé votre cœur? Plus, sur ce point, j'interroge ma conscience, moins je découvre ce qui a pu fournir contre nous le sujet d'un reproche. Ce que je sais avec toute la France, c'es que l'*Avenir* a cessé de paraître, que l'*Agence Catholique* a été dissoute, et les comptes rendus aux souscripteurs; que nul d'entre nous n'a seulement songé à entreprendre depuis rien de semblable, et qu'ainsi nous avons prouvé notre obéissance à Votre Sainteté, non pas seulement par de simples paroles, mais par des actes effectifs aussi éclatants que le soleil.

Toutefois, puisqu'on a rendu de nouvelles explications nécessaires, je me sens obligé de déposer derechef humblement aux pieds de Votre Sainteté l'expression de mes sentiments qu'on a calomniés près d'elle, et en conséquence je déclare :

Premièrement, que par toute sorte de motifs, mais spécialement parce qu'il n'appartient qu'au chef de l'Eglise de juger de ce qui peut lui être bon et utile, j'ai pris la résolution de rester à l'avenir, dans mes écrits et dans mes actes, totalement étranger aux affaires qui la touchent;

Secondement, que personne, grâce à Dieu, n'est plus soumis que moi, dans le fond du cœur et sans aucune réserve, à toutes les décisions émanées ou à émaner du Saint-Siège apostolique sur la doctrine de la foi et des mœurs, ainsi qu'aux lois de discipline portées par son autorité souveraine.

Tels sont, Très-Saint Père, mes sentiments réels, établis d'ailleurs par ma vie entière. Que si l'expression n'en paroissoit pas assez nette à Votre Sainteté, qu'elle daigne elle-même me faire savoir de quels termes je dois me servir pour la satisfaire pleinement : ceux-là seront toujours les plus conformes à ma pensée qui la convaincront le mieux de mon obéissance filiale.

Je suis, etc.

La Chenaie, le 4 août 1833.

IX

BREF A Mᵍʳ DE LESQUEN [1]

(5 octobre 1833)

VENEBABILIS FRATER, SALUTEM ET APOSTOLICAM BENEDICTIONEM

Litteras accepimus, tuæ in Nos singularis observantiæ testes, quibus epistolam misisti datam ad Nos a dilecto filio F. Lamenneio. Hanc legimus animo sane percupido, jucunda spe illecti, illa ibidem nacturos nos esse luculentiora monumenta quæ ab ipso de sincera fide opperiabamur, qua nostro judicio plene absoluteque paruerit. Id quidem ipse satis jam se probasse autumabat primo illo actu quo illico, post acceptas Encyclicas nostras litteras, ab sua Ephemeride edenda, atque a *catholica*, quam nuncupant, *procuratione* cessatum prorsus fuisse, publice denuntiavit. Hinc gravate admodum se ex nostra ad venerabilem Fratrem Archiepiscopum Tolosanum epistola accepisse scribit, metu adhuc Nos affici ob ea quæ perferuntur in vulgus, quasi pristinis molitionibus instet ipse cum suis animoque adversus nostra judicia obfirmato, amaritudinem Nobis amarissimam inferre connitatur.

Miramur profecto hæc ipsum protulisse. Recte quippe ac merito commovebamur, deceptam conspicientes expectationem, quam primus ille actus concitarat, quem prænuntium ducebamus declarationum, quibus catholico orbi manifestum fieret, ipsum firme et graviter tenere, ac profiteri sanam illam doctrinam, quam nostris ad universos Ecclesiæ Antistites Litteris proposuimus. Dum enim hæc properabamus votis, evulgatæ per Ephemeridas advenerunt (*Journal de la Haye*, 22 *février* 1833, *num*. 16) ejusdem Lamenneii litteræ, quæ, cum ipsum eadem plane ac antea principia (quæ improbaturum illum esse confidebamus) fovere adhuc ac tueri commonstrent, susceptum mœrorem nostrum necessario cumularunt.

---

[1] D'après la publication faite chez Adrien Le Clerc, en 1833, sous ce titre : *Lettre encyclique et bref de N. S. P. le P. Grégoire XVI. Circulaire de M. l'évêque de Rennes et lettres de M. de la Mennais*. J'ai vu aussi la minute. Arch. Vat. *Dossier Lamennais*.

Id porro lamentantibus Nobis, altera subito accessit ratio doloris, commentariolum de *Polonico Peregrinatore* (*le Pélerin polonais*) plenum temeritatis ac maliciæ, in quo haud ipsum latet, quidnam longo ac vehementi sermone præfatus fuerit alter ex præcipuis ejus alumnis, quem anno superiore una cum eodem ipso benigne fueramus adlocuti. Tædet vero alia id genus plura percensere, quæ ubique circumferuntur, nosque admonent collaborari etiam nunc ad priora concilia, institutaque confirmanda, quin aliquid a Lamennœio ipso scriptum editumque typis sit, quo certe evincatur, falso prorsus ac per calumniam tot tantaque de eodem propalam obtrudi.

Cæterum id iusuper grave admodum exstitit Nobis, quod cum idem Lamenneius agnoverit, nostrum esse de iis pronuntiare, quæ catholicæ rei expediant, se deinceps *extraneum* fore, iisdem ad Nos litteris asseruerit, ubi de Ecclesia, deque religionis causa quæstio sit. Quo enim hæc tendunt, venerabilis Frater, nisi ut se quidem supremam nostram auctoritatem revereri, judicio autem, hac in re, nostro, doctrinisque per nos traditis nondum obsecutum fuisse patefaciat?

Quæ quidem omnia, ut alia multa prætereamus, molestas Nobis universam, ad hæc usque tempora, tristissimi hujus negotii rationem perpendentibus suspiciones injecere, causasque ingeminarunt quibus illa nos cura vehementer sollicitat.

Verum fatemur cum gaudio : animos nunc addunt Nobis, nutantesque in bonam nos spem erigunt, quæ Lamenneius iisdem litteris promittit et spondet, se scilicet paratum esse omnia illa libenter sancteque profiteri, quibus de filiali sua obedientia certissime convincamur. Flagitat idcirco, ut de verbis edoceatur quibus propositum hoc suum possit apprime declarare. Cui quidem postulationi id unum rescribimus, ut scilicet doctrinam nostris encyclicis Litteris traditam, quibus certe *non nova præcepta imperantur* (dicimus cum INNOCENTIO I, sanctissimo prædecessore nostro) *sed ea quæ Apostolica et Patrum traditione sunt constituta*, se unice et absolute sequi confirmet, nihilque ab illa alienum se aut scripturum esse aut probaturum.

Hæc si testetur ipse, præstetque factis, plenum certe erit gaudium nostrum. Ita enim fore confidimus, ut ademptum

tandem videamus e domo Israel lapidem offensionis, omnes-
que sapere unanimes secundum scientiam, quæ ex Deo est,
aliquando lætemur. Tuam igitur religionem, pietatem, fidem,
compellamus, venerabilis Frater, ut qua vales prudentia,
doctrina, gratia, auctoritate, in tantum finem contendas, quo
studia, votaque hæc nostra exitus nanciscantur secundissimos. Nostræ erga dilectum illum filium voluntatis inter-
pretem te adsciscimus : affectu illum paterno complexuri
banc ab ipso consolationem omnium gratissimam præstola-
mur, ut, Patris amantissimi vocem alacriter sequutus, sit
ipse cæteris etiam auctor ad ea duntaxat magno animo et
forti credenda, quibus catholica fides, sanctitas morum, et
publici ordinis incolumitas serventur, augeanturque in dies
felicius.

Summe gloriosum sibi futurum meminerit viros imitari
tum sanctitate, tum doctrina, tum dignitate præstantes, qui,
si *quidpiam* a vero rectoque absonum se *protulisse agnove-
runt*, Petri Damiani monitum sequuti, *ad Petri magisterium
libenter corrigendi accesserunt*, probe gnari, teste S. Leone
Magno, Romanos Pontifices, gratiam sibi paternæ charitatis
impensuros, dilectionemque non negare, ut manifestationem
catholicæ veritatis expectent.

Humili interim assiduaque prece a Patre luminum postula-
mus, patrocinio Virginis sanctissimæ implorato, quæ omnium
mater est, domina, dux et magistra, ut voce tua virtutem
assequuta ex alto, tantum, et Nobis, et Ecclesiæ illatum
fuisse gaudium gratulemur. Quæ ut e sententia prospere ac
feliciter eveniant, cœlestis præsidii auspicem Apostolicam
benedictionem tibi, venerabilis Frater, peramanter impertimur.

Datum Romæ, apud Sanctam Mariam Majorem, die V
octobris MDCCCXXXIII, pontificatus nostri anno III.

X

DEUXIÈME DÉCLARATION DE LAMENNAIS [1]
(5 novembre 1833).

Très-Saint Père,

Il me suffira toujours d'une seule parole de Votre Sainteté,

[1] D'après l'original. Arch. Vat. *Dossier Lamennais.*

non seulement pour lui obéir en tout ce qu'ordonne la religion, mais encore pour lui complaire en tout ce que la conscience permet.

En conséquence, la lettre Encyclique de Votre Sainteté, en date du 15 août 1832, contenant des choses de nature diverse, les unes de doctrine, les autres de gouvernement, je déclare :

1. Qu'en tant qu'elle proclame, suivant l'expression d'Innocent Ier, la *tradition apostolique*, qui, n'étant que la révélation divine elle-même perpétuellement et infailliblement promulguée par l'Eglise, exige de ses enfants une foi parfaite et absolue, j'y adhère *uniquement* et *absolument*, me reconnoissant obligé, comme tout catholique, à ne *rien écrire ou approuver qui y soit contraire*.

2. Qu'en tant qu'elle décide et règle différents points d'administration et de discipline ecclésiastique, j'y suis également soumis sans réserve.

Mais afin que, dans l'état actuel des esprits, particulièrement en France, des personnes passionnées et malveillantes ne puissent donner à la déclaration que je dépose aux pieds de Votre Sainteté de fausses interprétations, qui, entre autres conséquences que je veux et dois prévenir, tiendroient à rendre peut-être ma sincérité suspecte, ma conscience me fait un devoir de déclarer en même temps que, selon ma ferme persuation, si, dans l'ordre religieux, le chrétien ne sait qu'écouter et obéir, il demeure, à l'égard de la puissance spirituelle, entièrement libre de ses opinions, de ses paroles et de ses actes, dans l'ordre purement temporel.

En implorant à genoux sa paternelle bénédiction, j'ose supplier très-humblement le Vicaire de Jésus-Christ *auteur et consommateur de notre foi*, de daigner accueillir avec bonté l'hommage du profond respect avec lequel je suis, etc.

Paris, 5 novembre 1833.

XI

QUATRIÈME LETTRE DU CARDINAL PACCA [1]
(28 novembre 1883).

Monsieur l'abbé,

D'après les ordres que j'en avais reçus je me suis em-

[1] D'après l'original qui est en ma possession.

pressé, dès le mois d'août de l'année dernière, de vous envoyer la lettre encyclique que Sa Sainteté adressa à tous les évêques de l'Eglise catholique. Maintenant le Saint-Père me charge également, monsieur l'abbé, de vous accuser réception de votre lettre du 5 de ce mois, contenant la déclaration que vous lui adressez sur l'Encyclique susdite.

Dans la lettre précédente du mois de septembre, que, par le moyen de monseigneur l'Evêque de Rennes, vous adressâtes au Saint-Père, vous lui demandiez d'être instruit des termes qu'il vous fallait employer pour le convaincre de plus en plus, et d'une manière tout à fait évidente, du désir sincère qui vous anime de ne pas laisser douteuse votre obéissance entière et bien filiale au chef suprême de notre sainte Eglise.

Cette demande chrétienne, et vraiment catholique de votre part, remplit de la plus tendre satisfaction le cœur paternel de Sa Sainteté, et fit naître en elle les meilleures espérances à votre égard, persuadée comme elle était que vous auriez suivi l'exemple de tant d'hommes illustres et savants dont l'histoire nous a conservé le glorieux souvenir, lesquels, lorsqu'ils venaient accusés d'avoir avancé quelque chose de faux ou d'inexact, recouraient de suite à ce Siège apostolique et s'en rapportaient aux réponses de la bouche infaillible de Pierre, qui, dans la personne sacrée de ses successeurs, fait et fera toujours connaître la vérité à ceux qui en l'esprit d'humilité et avec sincérité la recherchent.

Votre demande fut satisfaite par un Bref, adressé le 5 octobre à votre pieux et respectable Evêque, qui vous a été communiqué, et qui faisait connaître quelle déclaration le père commun des fidèles attendait de vous, pour lui satisfaire pleinement, le convaincre le mieux de votre adhésion illimitée et non équivoque à la doctrine de l'Encyclique, et faire ainsi cesser, avec la division des esprits, le scandale, et renaître dans le clergé de France l'unanimité des sentiments selon la science qui vient de Dieu. Or, votre bonne foi, à laquelle j'en appelle, vous dira, monsieur l'abbé, si la nouvelle déclaration par vous émise est conforme à ce qu'on vous demandait et qu'on était en droit d'attendre de vous, même d'après vos promesses.

Je ne parlerai pas ici de certaines expressions qu'on lit dans votre dernière lettre au Saint-Père, et auxquelles vous n'avez pas donné, je veux l'espérer, le vrai sens qu'elles renferment; mais je ne pourrais pas me dispenser de vous déclarer nettement que les explications contenues dans la même lettre ont dû affliger de plus en plus le cœur si doux et si tendre du souverain Pontife, qui, quoique rempli de charité pour vous, ne peut néanmoins se taire sur votre dernière déclaration, se voyant au contraire obligé de la désapprouver.

Après avoir rempli le devoir qui m'a été imposé, je ne finirai pas cette lettre, monsieur l'abbé, sans vous prier et conjurer même de vouloir bien refléchir, en catholique et en prêtre, sur la nature et sur les conséquences de cette affligeante affaire, aux pieds du crucifix. Si vous ferez cela comme je n'en doute pas, j'aime à me persuader que vous adresserez bientôt, par mon organe (s'il vous plaira de vous servir de moi), à Notre Très-Saint-Père une déclaration digne de vous, c'est-à-dire aussi simple, absolue et illimitée qu'elle répond parfaitement à votre précédente promesse, et qui puisse enfin satisfaire entièrement à ses vœux si justes et si apostoliques.

C'est avec cette ferme espérance que je vous renouvelle les sentiments de l'estime tendre et particulière avec laquelle je suis

    Votre très affectionné serviteur et ami

                      B. CARDINAL PACCA.

Rome, 28 novembre 1833.

XII

TROISIÈME DÉCLARATION DE LAMENNAIS [1]

A. PREMIER PROJET (1er décembre 1833).

Très-Saint-Père,

Monseigneur l'archevêque de Paris m'a encouragé de m'adresser derechef à Votre Sainteté pour lui ouvrir mon cœur et désavouer à ses pieds, très humblement les fausses interprétations que l'on pouvait donner près d'elle à mes paroles et à mes actes.

Votre Sainteté connaît sans doute les circonstances qui, contre mon gré, m'ont forcé de rendre publique la lettre qu'il a été de mon devoir de lui écrire le 5 novembre dernier. Dans l'état d'excitation où sont les esprits en France, elle

---

[1] D'après les copies qui se trouvent aux Arch. Vat. (*Dossier Lamennais*).

a été l'objet de beaucoup de commentaires, de jugements divers et de conjectures sur les sentiments qui l'ont dictée. Dans cette position pour moi très pénible, j'ose espérer que Votre Sainteté me permettra de désavouer à ses pieds, très humblement, toutes les fausses interprétations que l'on pourroit donner près d'elle à mes paroles et à mes actes et de lui ouvrir mon cœur comme à un père.

Je dois d'abord protester devant Dieu que, résigné à tous les sacrifices personnels pour éviter de devenir, même involontairement, un sujet de trouble dans l'Eglise, j'avais depuis deux ans pris la résolution, que j'ai tenue fermement, de souffrir en silence toutes les attaques, l'injure, l'outrage, la calomnie, sachant d'ailleurs avec certitude que mes ennemis n'avaient d'autre but, dans leurs provocations, que d'abuser des paroles qui pourraient m'échapper peut-être dans la vivacité de la discussion.

Je savais aussi que beaucoup d'entre eux poursuivaient en moi, non pas l'homme dangereux à l'Eglise, à la défense de laquelle ma vie entière a été consacrée, mais l'homme qui, voulant rester étranger à tous les partis politiques existants, par là même était en dehors de celui auquel ils appartenaient. C'était principalement ma position sous ce rapport qu'on avait à cœur de changer, et ceci renferme les explications que je dois à Votre Sainteté sur ma dernière lettre.

En premier lieu, le diocèse de Rennes étant un de ceux où les divisions politiques se manifestent avec plus de chaleur, j'étais depuis quelque temps résolu à m'en éloigner, lorsque monseigneur l'Evêque de ce diocèse me fit parvenir une copie du Bref de Votre Sainteté. Ayant obtenu d'un de ses prédécesseurs une excorporation avant même de recevoir le sous-diaconat, je ne me considérais point, pas plus que monseigneur l'Evêque de Rennes ne me considérait lui-même, comme obligé de résider dans son diocèse. Et comme je ne pouvais pas douter que ma réponse au Bref de Votre Sainteté, si je la lui faisais parvenir par l'intermédiaire de monseigneur l'Evêque de Rennes, ne devint dans son diocèse, où elle aurait été immédiatement connue, l'objet de discussions dont l'effet eût été d'irriter les passions que je désirais au contraire calmer, je pensais qu'il valait infiniment mieux en assurer le secret en l'adressant directement par la Nonciature de Paris.

En second lieu, je souhaitais d'une part, que Votre Sainteté vît dans la lettre l'expression non seulement de mon obéissance parfaite dans toute l'étendue de son devoir comme prêtre et comme catholique, mais encore la disposition sincère où j'étais et où je suis toujours, de lui prouver, de toutes les manières possibles, mon amour et mon dévouement inviolables, en évitant, d'une autre part, par la brièveté de la déclaration elle-même, de fournir à la malignité de mes adversaires des prétextes de l'attaquer, dans le cas où elle fût devenue publique, ainsi que Votre Sainteté m'annonçait qu'elle devait le devenir. Et si, malgré cette précaution, on a pu encore me supposer des sentiments contraires, en interprétant, d'une manière injurieuse pour Votre Sainteté, les paroles mêmes dont je me suis servi pour exprimer que je ne voulais pas renfermer ma soumission et mon dévouement à Votre Sainteté dans les bornes strictement fixées par la religion, combien d'autres interprétations odieuses ne m'aurait-il pas fallu désavouer avec autant d'indignation que je désavoue celle-ci, si, par de plus longs discours qu'on aurait également dénaturés, j'avais fourni une plus ample matière au travail de la calomnie !

En troisième lieu, on s'est élevé contre l'énonciation qui termine ma lettre, et, certes, elle eût été au moins inutile, en d'autres circonstances, si en écrivant j'avais dû n'avoir que Rome même en vue.

Mais je ne dois pas taire à Votre Sainteté qu'en France, pour beaucoup de gens, pour le plus grand nombre, la question politique étant la principale, disons-le franchement, la seule qui les intéresse, si je n'avais pas clairement exprimé la distinction dont on cherche aujourd'hui à me faire un sujet de reproche, on en aurait conclu de ma part l'abandon de cette partie de la doctrine de l'Église. Je me suis donc trouvé, et de plusieurs manières, dans l'obligation de prévenir ce grave inconvénient. Ma conscience m'en a fait un devoir :

1° Parce qu'on n'eût pas manqué de dire que je confondais et que Votre Sainteté voulait que l'on confondît l'ordre spirituel et l'ordre temporel, conviction qui, répandue dans les esprits, n'aurait pu, sous plusieurs rapports, qu'être funeste à la religion.

2° Parce qu'on aurait immédiatement conclu que les catholiques, dépendants de l'autorité spirituelle, même dans les choses purement civiles, ne pouvaient prendre aucune part aux affaires de leur pays que d'après les ordres du clergé : position qui, en plusieurs lieux, en France, en Belgique, en Irlande, aux États-Unis, par exemple, servirait de prétexte pour les dépouiller de tous leurs droits légaux ;

3º Parce que, s'ils se croyaient eux-mêmes obligés de se placer dans cette position, purement passifs dans le mouvement qui emporte la société, au milieu des passions qui la troublent, elle seroit désormais livrée à ces passions seules, et le principe de désordre, n'ayant plus, dans chaque Etat, de contre-poids public et ne rencontrant plus d'obstacles, bouleverserait éternellement le monde ;

4º Parce que si l'on concevait un pareil état comme une conséquence nécessaire du Catholicisme, une certaine classe de catholiques, inquiets pour leur vie, leur sécurité, leurs biens, et résolus à ne point se dessaisir de leurs droits et de leur liberté comme citoyens, qui renferment pour eux la garantie de leur existence même, seroient, et je le dis avec épouvante d'après la connoissance que j'ai d'eux, entraînés par l'influence d'intérêts si puissants à se séparer de l'Eglise ;

5º Parce que, dans la position actuelle de la France, il peut devenir pour moi d'un devoir rigoureux d'entrer, à un degré quelconque, dans le mouvement politique qui l'agite, et que, si cette prévoyance venait à se réaliser, mes ennemis me feraient sur-le-champ un crime de mon dévouement même, en m'accusant alors de manquer aux engagements qu'ils auraient certainement supposé que j'avais pris envers Votre Sainteté dans ma déclaration du 5 novembre, si, dans cette déclaration même, je n'avais pas exclu formellement cette fausse interprétation.

Tels sont les graves motifs de conscience qui m'ont décidé à joindre à mon acte de pleine soumission à l'Encyclique de Votre Sainteté les paroles qui terminent ma lettre. Et, quant à ces paroles en elles-mêmes, je dois désavouer encore et repousser toute espèce de sens qui ne serait pas entièrement conforme à la doctrine catholique qu'on essayerait de leur attribuer. Assurément l'ordre temporel, en tant qu'il touche sous une foule de rapports à la loi divine, est subordonné à l'Eglise, gardienne et interprète de cette loi. Mais évidemment ce n'est pas là ce que, dans le langage universel, ou désigne sous le nom d'ordre *purement* temporel ; et je me suis à dessein servi de cette expression afin de mettre pleinement à l'abri la puissance propre de l'Eglise. En un mot, par cette expression j'ai voulu rappeler et constater la doctrine établie par les défenseurs mêmes du Saint-Siège, doctrine qui, selon les paroles d'un des plus récents, le cardinal Litta, consiste à admettre la *distinction des deux puissances ;*

et leur indépendance dans les objets qui sont purement de leur ressort (*Lettre sur les quatre articles de 1682, lettre septième*). Et moi-même, lorsque je me crus obligé, il y a quelques années, de m'associer personnellement à la défense des droits du Siège apostolique, j'ai dû, pour ne point m'écarter d'une des plus constantes traditions de l'Eglise, établir précisément et dans les mêmes termes le principe inébranlable qu'*il existe deux puissances distinctes indépendantes chacune dans son ordre*. Or, comment aujourd'hui pourrait-on considérer, soit comme une déviation des maximes que j'ai défendues précédemment, soit comme une restriction à mon obéissance, l'énoncé d'une proposition que je n'ai pu me dispenser d'établir formellement dans les ouvrages mêmes destinés à affermir dans les esprits l'autorité du Saint-Siège, proposition dont nul à cette époque ne songea même à contester la parfaite orthodoxie?

Le but de ce Mémoire déposé aux pieds de Votre Sainteté est, d'une part, de lui faire connoître les motifs de conscience qui ont déterminé et ma conduite et mes paroles dans les circonstances où je me trouve placé; d'une autre part, de ne rien laisser désirer à Votre Sainteté sur le sens précis de ces mêmes paroles, afin que par là soient repoussés tout ensemble et les soupçons injurieux que quelques personnes se plaisent à concevoir sur mes intentions, et les interprétations malveillantes par lesquelles on chercherait à rendre douteuse la soumission pleine et entière que j'ai professée, dans ma déclaration du 5 novembre et selon les termes du Bref, à l'Encyclique de Votre Sainteté.

Il me reste plus, en implorant sa bénédiction paternelle, que de réitérer ici l'assurance de la vénération profonde avec laquelle je suis, etc.

Paris, 1er décembre 1833.

B. Deuxième projet (6 décembre 1833).

N. B. Sur les instances de Quélen, Lamennais consentit à une rédaction nouvelle. Celle-ci consista :

1º A supprimer dans la lettre précédente le premier et le dernier alinéa, à mettre le reste sous la forme impersonnelle d'un mémoire. La pièce ainsi modifiée se trouve dans les *Affaires de Rome*.

2° A joindre à ce mémoire impersonnel la lettre suivante ; Lamennais n'en cite pas le texte, mais il a été publié par Forgues (II, p. 335).

Très Saint Père,

Quelques personnes ayant mal interprété les expressions concernant les deux puissances, leur indépendance dans les objets qui sont particulièrement de leur ressort, lesquelles terminent la lettre que j'ai eu l'honneur d'écrire à Votre Sainteté, le 5 novembre dernier, je la prie de me permettre de lui déclarer que, selon mon intention, ces expressions ne sont nullement une cause restrictive de ma soumission pleine et entière à l'encyclique du 15 août 1832, et selon les termes de Votre Sainteté dans le bref, en date du 8 octobre dernier, à Mgr l'évêque de Rennes, et que mondit Seigneur évêque m'a notifié.

Cette clause n'était que la simple expression d'un principe reçu ; et dans ma position à l'égard des partis qui existent en France, j'ai pensé qu'il était utile et personnellement nécessaire de les joindre à l'expression de mon obéissance.

Mon cœur, Très Saint Père, éprouve le besoin d'assurer de nouveau à Votre Sainteté que je n'ai rien tant à cœur que d'éviter de devenir, même involontairement, un sujet de troubles dans l'Eglise, et que de persuader Votre Sainteté non seulement de ma soumission, dans toute l'étendue de mon devoir comme prêtre et comme catholique, mais encore de la disposition sincère et respectueuse où j'ai toujours été, où je suis, et où je serai toujours avec la grâce de Dieu, de lui prouver, de toutes les manières possibles, ma vénération, mon amour et mon dévouement inviolables.

C'est dans ces sentiments que, prosterné aux pieds de Vore Sainteté, j'implore sa bénédiction apostolique, etc.

C. Projet de modification a la lettre ci-dessus

(Inédit)

N. B. Le second alinéa de la lettre du 6 décembre n'ayant agréé ni à Quélen ni à Garibaldi, les deux prélats proposèrent de le modifier comme il suit :

TEXTE QUÉLEN	TEXTE GARIBALDI
Si, dans la position où je me trouve, j'ai pensé qu'il était utile et personnellement nécessaire de joindre à l'expression de mon obéissance cètte clause surérogatoire, *je n'ai cependant pas prétendu que le pape ait pu dans son encyclique, ou qu'il veuille jamais, franchir les limites de l'autorité confiée à l'Eglise dont il est l'organe.*	Si, dans la position où je me trouve... cette cause surérogatoire, *je n'ai cependant* pas *entendu restreindre en aucune manière cette expression de mon obeissance, convaincu que le pape ne franchit jamais les limites de son autorité apostolique.*

XIII

REPONSE DE LAMENNAIS ET QUATRIÈME DÉCLARATION

(11 décembre 1833).

Monseigneur,

J'ai reçu hier la lettre que Votre Eminence m'a fait l'honneur de m'écrire le 28 novembre. J'y ai vu avec beaucoup de peine que Sa Sainteté ait considéré certaines expressions de ma déclaration du 5 novembre dernier comme une clause restrictive de ma soumission à l'Encyclique du 15 août 1832. Jamais cette pensée n'a été la mienne. Toutefois, afin de me conformer pleinement aux désirs du Souverain Pontife que vous m'exprimez dans votre lettre, j'ai l'honneur de vous envoyer une nouvelle déclaration conçue uniquement dans les termes du Bref adressé le 5 octobre dernier à M. l'Evêque de Rennes.

Recevez, je vous prie, l'assurance du profond respect et du dévouement avec lesquels, etc.

Déclaration jointe :

Ego infra scriptus, in ipsa verborum forma quæ in Brev, summi pontificis Gregorii XVI, dato die 5 octobr. an. 1833 continetur, doctrinam Encyclicis ejusdem pontificis litteris traditam, me unice et absolute sequi confirmo, nihilque ab illa alienum me aut scripturum esse, aut probaturum.

Lutetiæ Parisiorum, die 11 decemb. an. 1833.

---

[1] D'après l'original. Arch. Vat. *Dossier Lamennais.*

XIV

BREF A LAMENNAIS

(28 décembre 1833) [1].

DILECTE FILI, SALUTEM ET APOSTOLICAM BENEDICTIONEM

Quod de tua in Nos et Apostolicam Sedem fide pollicebamur Nobis, id demum te peregisse læti conspeximus humili simplicique declaratione, quam per venerabilem fratrem nostrum Bartholomæum Cardinalem Episcopum Ostiensem ad nos perferendam curasti. Benediximus quidem Patri luminum, a quo est tanta hæc consolatio, quam vere dicimus cum Psalmista *secundum multitudinem dolorum* lætificasse animam nostram.

Paternæ hinc caritatis viscera, affectu quo possumus maximo, dilatamus ad te, dilecte Fili, ovantesque in Domino gratulamur tibi veram nunc et plenam pacem adepto, ex illius liberalitate qui salvat humiles spiritu, et eos repellit qui secundum elementa mundi sapiunt, non secundum scientiam quæ quippe ex ipso est. Hæc illustrior, hæc vera victoria est quæ vincit mundum perennemque tuo nomini gloriam pariet nullis te humanis rationibus abductum nullaque insidiantiun hostium machinatione detentum, eo duntaxat contendisse quo parentis amantissimi voces, ex veri honestique præscripto, arcesserunt.

Perge igitur, dilecte Fili, hisce virtutis, docilitatis, lideique itineribus læta id genus Ecclesiæ exhibere; eaque ipsa, qua præstas, ingenii, ac scientiæ laude connitere, ut cæteri etiam, ex tradita nostris encyclicis Litteris doctrina, idem sentiant ac testentur unanimes. Magnus quidem gaudio nostros jam ex eo cumulus accessit, quod illico curaveris, ut declarationem, quam accepimus, ederet de ea re probatissimam dilectus filius Gerbetius, alter ex tuis alumnis, quem idcirco nostra hac epistola volumus præcipue commendatum.

At dissimulare haud fas est, inimicum hominem superseminaturum adhuc esse zizania. Attamen, macte animo ! Fili, sanctique propositi tenax, eo fidenter te recipias, *ubi uni-*

---

[1] D'après les *Affaires de Rome* et la minute des Arch. Vat. *Dossier Lamannais*

versis murus est, inclamat S. Innocentius pontifex, *ubi secu-ritas, ubi portus expers fluctuum, ubi bonorum thesaurus innumerabilium.* Ibi siquidem ad petram consistens, quæ Christus est, præliaberis strenue ac tuto prælia Domini ut sana ubique doctrina floreat, nullisque novitatum commentis honestissimo quovis prætextu convectis catholica pax pertur-betur.

Finem hic facimus epistolæ, quam nostræ erga te volun-tatis testem mittimus; id porro unum ab omnium bonorum largitore Deo impensissime efflagitamus, ut exorante Vir-gine sanctissima, quæ in teterrima temporum asperitate spes nostra est, dux et magistra, confirmet ipse opus, quod operatus est, tantique præsidii auspicem apostolicam tibi benedictionem amantissime impertimur.

Datum Romæ, apud S. Petrum, die xxviii decembris MDCCCXXXIII, pontificatus nostri anno tertio.

XV

CORRESPONDANCE DE Msr DE QUÉLEN AVEC LAMENNAIS[1]
(28 mars-29 avril 1834)

A. **Lettre de Mgr de Quélen** (inédite).

(Vendredi-saint, 28 mars.).

Monsieur l'abbé,

Ne regardez pas cette lettre d'instances comme une per-sécution de l'autorité, mais comme une poursuite de l'amitié. Les pensées et les réflexions de ces saints jours où nous rappelons, où nous honorons la mémoire de cette *obéissance jusqu'à la mort* récompensée par une *gloire au-dessus de toute gloire* m'ont ramené vers vous. J'ai béni Dieu de ce qui a été fait au sujet de l'encyclique, je l'ai remercié de m'avoir permis d'y participer. Mais je vous l'ai dit, je vous le répète, ma joie n'est pas complète parce que votre gloire n'est pas achevée, parce qu'il vous reste, il me semble, un devoir à remplir; et il me paraît si facile, si loin des incon-

---

[1] D'après les copies certifiées envoyées au pape par Qué-len. Arch. Vat. *Dossier Lamennais.*

vénients que vous redoutez, que je ne peux comprendre un
moment d'hésitation. Il est si convenable et en même temps
si simple de faire un accusé de réception que je joindrais à
une réponse au Saint-Père! Sans cela, vous laisseriez une
impression pénible qui ne peut être compensée par aucun
avantage. Votre réserve, votre refus sur ce point ne sera
justifié aux yeux de personne.

Vous allez partir, vous allez quitter mon diocèse ; qui sait
si nous nous reverrons avant l'éternité ? Donnez-moi la consolation de vous avoir persuadé, d'avoir obtenu ce que je
regarde comme indispensable ; épargnez à mon attachement
pour vous un silence d'autant plus pénible qu'il serait accusateur.

Je me permets de joindre ici un modèle ou projet de lettre
au pape pour lui accuser réception du bref que je vous ai
remis de sa part. En vérité, la main sur la conscience, je ne
puis comprendre comment il y a moyen de s'en dispenser,
sous peine de manquer aux plus simples règles de la politesse.

Vous voyez ma franchise, vous connaissez mon cœur. J'ai
satisfait à l'un et à l'autre, tous les deux vous redisent avec
quel tendre dévouement je suis et serai, monsieur l'abbé, votre
tout affectionné serviteur.

PROJET DE LETTRE AU PAPE

Très Saint Père,

M. l'archevêque de Paris m'a remis le bref que Votre
Sainteté a eu la bonté de m'adresser sous la date du 28 décembre dernier, à l'occasion de mon adhésion pure et
simple à son encyclique du 15 août 1832. Je la prie de
recevoir mes remerciements pour la bienveillance qu'elle
veut bien me témoigner et les expressions aussi honorables
que paternelles dont elle use à mon égard.

M. Gerbet dont Votre Sainteté a voulu faire mention dans
ce bref vous supplie également, Très Saint Père, d'agréer
l'expression de sa respectueuse reconnaissance. L'un et
l'autre nous nous faisons un devoir d'assurer à Votre Sainteté que nous n'avons rien plus à cœur que d'éviter de
devenir, même involontairement, un sujet de trouble dans
l'Eglise, et que de la persuader, non seulement de notre
obéissance parfaite dans toute l'étendue de notre devoir,

mais encore de la disposition sincère où nous sommes, avec la grâce de Dieu, de lui prouver, de toutes les manières possibles, notre vénération, notre amour, et notre dévouement inviolable.

C'est dans ces sentiments que, prosterné aux pieds de Votre Sainteté, j'implore sa bénédiction apostolique.

B. Réponse de Lamennais.

Monseigneur,

Rien au monde ne saurait m'être plus pénible que de ne pouvoir faire une chose que vous désirez. Mais, quelque simple qu'elle paraisse en soi au premier abord, il serait possible qu'elle eût pour moi des conséquences si graves que je manquerais à toute prudence si je me laissais aller au sentiment qui, en cette occasion comme en toutes les autres, me porterait à vous complaire, aussi bien qu'à témoigner au souverain Pontife mon humble et profond respect. Je suis averti qu'en ce moment on ourdit contre moi de nouvelles intrigues, et j'en ai la preuve entre les mains. Il m'importe donc extrêmement de ne rien faire ni de rien écrire dont mes ennemis puissent abuser plus tard pour me placer dans une position fausse ou équivoque. Or, la lettre dont vous m'envoyez le modèle, et toute lettre semblable, serait certainement de nature à leur procurer cet avantage. On la présenterait comme un engagement de concourir, au moins par mon silence, au système politique de Rome; et cet engagement, je ne puis le prendre : ma conscience me le défend. Je ne promettrai jamais ce que je ne suis pas résolu à tenir. En souscrivant aveuglément à tout ce qu'on m'a demandé, j'ai voulu prouver que j'étais, quoi qu'on eût dit, un homme de paix; et tout ce que j'ai supporté, sans répondre un seul mot, de provocations, d'injures, d'outrages et de calomnies, le prouve encore assez, je pense. Cette paix à laquelle j'ai fait des sacrifices qui peut-être un jour honoreront ma mémoire, cette paix que de toute mon âme j'ai voulu pour les autres, qu'on m'en laisse jouir à mon tour, j'y ai droit. Ce n'est pas moi qui la troublerai. J'ai déclaré que dorénavant je ne m'occuperais en aucune façon de rien de ce qui touche la religion catholique et l'Église. Que demanderait-on de plus? Voudrait-on qu'étranger à ma patrie, à l'humanité, je demeurasse indifférent à ce qui les intéresse? Mais quelle puissance pourrait me dispenser de mes devoirs envers elles? Quoi qu'il arrive, je les remplirai dans mon étroite sphère; et si de nouvelles persécutions doivent être le prix de ma fidélité à ces devoirs sacrés, Dieu me donnera, je n'en doute nullement, la force de les supporter avec la constance qui sied à un homme plein de foi dans l'éternelle justice et peu soucieux de ce qui n'est que du temps.

La position où je me trouve placé est si particulière, si en dehors des communes circonstances de la vie, qu'elle justifiera, je l'espère, à vos yeux, ma persistance dans une résolution qui n'a, comme mes actes précédents, pour objet que la conservation de la paix.

Daignez agréer l'hommage du respect et de l'attachement avec lesquels j'ai l'honneur d'être, etc.

Paris, 29 mars 1834.

C. Nouvelle lettre de Mgr de Quélen.

Monsieur l'abbé,

Vous êtes parti sans que j'aie pu avoir le plaisir de vous dire encore une fois adieu. Il m'a été impossible de vous aller chercher, comme j'en avais le projet. Actuellement je ne sais plus où vous êtes, ni comment vous adresser directement cette lettre. Le moyen que je prends sera long, je crois cependant qu'il sera sûr.

Accoutumé à traiter avec vous d'une manière aussi franche que cordiale, je me hâte de vous demander le mot de ce que je viens d'apprendre, de ce qui me paroît une énigme et peut-être une calomnie, d'après ce que vous m'avez dit plus d'une fois. On m'annonce donc, on me confie à l'oreille, et sous le plus grand secret, que mécontent de la conduite peu mesurée de tels et tels, et de nouvelles poursuites en cour de Rome, dont vous auriez été l'objet, vous vous seriez malheureusement décidé à lever de nouveau l'étendard; qu'un ouvrage (brochure de 200 pages), déposé chez un imprimeur de Paris, va être sous peu jeté dans la circulation avec un grand scandale.

Voilà, mot pour mot, monsieur l'abbé, ce qu'on est venu me répéter; vous devinerez facilement combien je désire être instruit sur ce point et me mettre en défense, s'il y a lieu. C'est à vous, loyal Breton, que je m'adresse pour savoir ce que je dois croire de ces murmures, et s'il y a seulement une apparence qui les justifie. Votre réponse me rendra plus ferme à repousser les accusations. Jusqu'ici j'affirme à tous ce que vous m'avez dit que *vous étiez résolu à garder un absolu silence sur les matières de religion.*

Vous me rendrez un véritable service de me donner là dessus un petit mot d'éclaircissement. Je vous le demande en ami qui vous est et qui vous sera toujours bien sincèrement et bien tendrement dévoué.

Paris, 23 avril 1834.

D. Dernière réponse de Lamennais.

Monseigneur,

Je vous remercie mille fois de la lettre que vous m'avez fait l'honneur de m'écrire le 23 avril, et qui me parvient à l'instant même. Soyez sûr que je serai toujours prêt à vous donner, avec une vérité et une franchise entières, toutes les explications que vous me demanderez. Vous avez raison d'être persuadé que je ne manquerai jamais à l'engagement volontaire que j'ai pris de ne plus écrire sur les matières de religion, quoique de Rome même et très récemment de grands personnages m'aient conseillé de ne pas garder le silence, parce que, disoient-ils, on en conclura que vous êtes condamné, et vous ne l'êtes pas. On comprend assez comment ce conseil a été dicté par le plus pur amour de la religion elle-même et le plus vif attachement à ses intérêts, mais il n'a pas le moins du monde ébranlé ma résolution. Je n'écrirai donc désormais, ainsi que je l'ai déclaré, que sur des sujets de philosophie, de science et de politique. Le petit ouvrage dont on vous a parlé est de ce dernier genre. Il y a un an qu'il est composé, et, par sa forme qui exclut tout raisonnement suivi, il est particulièrement destiné au peuple. Ce qui m'a presque soudainement décidé à le publier, c'est l'effroyable état dans lequel je vois la France, d'un côté, et l'Europe, de l'autre, s'enfoncer rapidement tous les jours. Il est impossible que cet état subsiste : une pareille oppression ne sauroit être durable, et, comme vous le savez, je suis convaincu que, rien ne pouvant arrêter désormais le développement de la liberté politique et civile, il faut s'efforcer de l'unir à l'ordre, au droit, à la justice, si l'on ne veut pas que la société soit bouleversée de fond en comble. C'est là le but que je me suis proposé. J'attaque avec force le système des rois, leur odieux despotisme, parce que ce despotisme qui renverse tout droit est mauvais en soi, et parce que, si je ne l'attaquais point, ma parole n'aurait point l'influence que je souhaite pour le bien de l'humanité. Je me fais donc peuple, je m'identifie à ses souffrances et à ses misères, afin de lui faire comprendre que, s'il n'en peut sortir que par l'établissement d'une véritable liberté, jamais il n'obtiendra cette liberté qu'en se séparant des doctrines anarchiques, qu'en respectant la propriété, le droit d'autrui et tout ce qui est juste. Je tâche de remuer en lui les sentiments d'amour fraternel et la charité sublime que le Christianisme a répandus dans le monde pour son bonheur. Mais, en lui parlant de Jésus-Christ, je m'abstiens soigneusement de prononcer un mot qui s'applique au Christianisme déterminé par un enseignement dogmatique et positif. Le nom même d'Eglise ne sort pas de ma bouche une seule fois. Deux choses néanmoins, à mon grand regret, choqueront beaucoup une certaine classe de personnes, qui probablement ne démêleront pas clairement mes intentions. La première, c'est l'indignation avec laquelle je parle des rois et de leur système de gouvernement; mais qu'y puis-je? Je résume des faits et je ne les crée pas. Le mal n'est pas dans le cri de la conscience et de l'humanité ; il est dans les choses, et tant mieux si elles sont reconnues et senties comme mal. La seconde est l'intention que j'attribue aux souverains, tout en se jouant du Christianisme, d'employer l'influence de ses ministres pour la faire servir à leurs fins personnelles : mais c'est encore là un fait évident, un fait que personne ne conteste; et je ne dis pas qu'ils aient réussi dans cet abominable dessein.

A présent, Monseigneur, vous savez tout : ce n'est pas que je ne pusse ajouter de vive voix beaucoup de choses qui ne sauraient s'écrire, mais voilà du moins l'essentiel, le fond réel des choses dans toute sa vérité. J'ai cru remplir un devoir ; cette persuasion m'a décidé, tout en sachant combien les opinions sur ce point varieraient selon mille et mille différences de pensée, de prévoyances et de position, et combien probablement j'aurais à souffrir encore de ce qui pourtant n'est à mes yeux qu'un nouvel acte de dévouement. C'est sous ce point de vue de ma conviction que je vous prie surtout de me juger. Je serai heureux, quoi qu'il arrive, si je conserve, avec votre estime, l'affection que vous avez bien voulu me témoigner et qui a pour moi tant de prix.

J'ai l'honneur d'être, avec un profond respect, etc.

La Chenaie, le 29 avril 1834.

XVI

ENCYCLIQUE SINGULARI VOS

(24 juin 1834).

VENERABILES FRATRES, SALUTEM ET APOSTOLICAM BENEDICTIONEM

Singulari Nos affecerant gaudio illustria fidei, obedientiæ, ac religionis testimonia, quæ de exceptis ubique alacriter encyclicis nostris litteris datis die xv Augusti MDCCCXXXII, perferebantur quibus sanam et quam sequi unice fas sit, doctrinam de propositis ibidem capitibus pro nostri offici munere catholico gregi universo denunciavimus. Nostrum hoc gaudium auxerunt editæ in eam rem declarationes a nonnullis ex iis qui consilia illa, opinionumque commenta, de quibus querebamur, probaverant, et eorum fautores, defensoresque incaute se gesserant. Agnoscebamus quidem, nondum sublatum malum illud, quod adversus rem et sacram et civilem adhuc conflari, impudentissimi libelli in vulgus dispersi, et tenebricosæ quædam machinationes manifesto portendebant, quas idcirco missis meuse octobri ad venerabilem fratrem episcopum Rhedonensem litteris, graviter improbavimus. At anxiis Nobis, maximeque ea de sollicitis pergratum sane ac jucundum exstitit, illum ipsum a quo præcipue id Nobis mœroris inferebatur, missa ad Nos declaratione die xi Decembris anni superioris, diserte confirmasse, se doctrinam nostris Encyclicis Litteris traditam *unice et absolute* sequi, nihilque ab illa alienum, aut scripturum se esse aut probaturum. Dilatavimus illico viscera paternæ charitatis ad filium quem nostris monitis permotum luculentiora in dies documenta daturum fore confidere debueramus, quibus certius constaret nostro ipsum judicio et voce et re paruisse.

Verum, quod vix credibile videbatur, quem tantæ benignitatis affectu exceperamus, immemor ipse nostræ indulgentiæ cito e proposito defecit, bonaque illa spes, *quæ de præceptionis nostræ fructu* nos tenuerat, in irritum cessit, ubi primum, celato quidem nomine, sed publicis patefacto monumentis, nuper traditum ab eodem typis, atque ubique pervulgatum novimus libellum Gallico idiomate, mole quidem exiguum, pravitate tamen ingentem, cui titulus : *Paroles d'un Croyant.*

Horruimus sane, VV., FF. vel ex primo oculorum obtutu,

auctorisque cæcitatem miserati intelleximus, quonam scientia
prorumpat quæ non secundum Deum sit, sed secundum mundi
elementa. Enim vero contra fidem suam illa declaratione so-
lemniter datam, captiosissimis ipse ut plurimum verborum,
fictionumque involucris oppugnandam, evertendamque suscepit
catholicam doctrinam quam memoratis nostris litteris, tum de
debita erga potestates subjectione, tum de arcenda a populi
exitiosa *indifferentismi* contagione, deque frenis injiciendis
evaganti opinionum sermonumque licentiæ, tum demum de
damnanda omnimodo conscientiæ libertate, teterrimaque
societatum, vel ex cujuscumque falsæ religionis cultoribus, in ·
sacræ et publicæ rei perniciem conflaturum conspiratione,
pro auctoritate humilitati Nostræ tradita definivimus.

Refugit sane animus ea perlegere, quibus ibidem auctor
vinculum quodlibet fidelitatis subjectionisque erga principes
disrumpere conatur ; face undequaque perduellionis immissa,
qua publici ordinis clades, magistratuum contemptus, legum
infractio grassetur, omniaque et sacræ, et civilis potestatis
elementa convellantur. Hinc novo et iniquo commento potestatem principum, veluti divinæ legi infestam, imo *opus pec-
cati* et *Satanæ potestatem* in calumniæ portentum traducit,
præsidibusque sacrorum easdem, ac imperantibus turpitudinis
notas inurit ob criminum molitionumque fœdus, quo eos
somniat inter se adversus populorum jura conjunctos. Neque
tanto hoc ausu contentus omnigenam insuper opinionum, ser-
monum, conscientiæque libertatem obtrudit, militibusque ad
eam a *tyrannide*, ut ait, liberandam dimicaturis fausta omnia
ac felicia comprecatur, cœtus ac consociationes furiali æstu ex
universo qua patet orbe advocat, et in tam nefaria consilia
urgens atque instans compellit, ut eo etiam ex capite monita
præscriptaque nostra proculcata ab ipso sentiamus.

Piget cuncta hic recensere, quæ pessimo hoc impietatis et
audaciæ fœtu ad divina humanaque omnia perturbanda con-
geruntur. Sed illud præsertim indignationem excitat, religio-
nique plane intolerandum est, divinas præscriptiones tantis
erroribus adserendis ab auctore afferri, et incautis venditari,
eumque ad populos lege obedientiæ solvendos, perinde ac si
a Deo missus et inspiratus esset, postquam in sacratissimo
Trinitatis augustæ nomine præfatus est, Sacras Scripturas
ubique obtendere, ipsarumque verba, quæ verba Dei sunt,
ad prava hujuscemodi deliramenta inculcanda callide audac-

terque detorquere, quo fidentis, uti inquiebat S. Bernadus, *pro
luce tenebras offundat, et pro melle vel potius in melle vene-
num propinet, novum cudens populis Evangelium, aliudque
ponens fundamentum præter id quod positum est.*

Verum tantam hanc sanæ doctrinæ illatam perniciem silen-
tio dissimulare ab Eo vetamur qui speculatores Nos posuit
in Israel, ut de errore illos moneamus, quos auctor et con-
summator fidei JESUS nostræ curæ concredidit.

Quare auditis nonnullis ex venerabilibus fratribus nostris
S. R. E. cardinalibus, motu proprio, et ex certa scientia,
deque Apostolicæ potestatis plenitudine memoratum librum,
cui titulus : *Paroles d'un Croyant,* quo per impium Verbi Dei
abusum populi corrumpuntur ad omnis ordinis publici vincula
dissolvenda, ad utramque auctoritatem labefactendam, ad
seditiones in imperiis, tumultus, rebellionesque excitendas,
fovendas, roborandas, librum ideo propositiones respective
falsas, calumniosas, temerarias, inducentes in anarchiam,
contrarias Verbo Dei, impias, scandalosas, errouras, jam ab
Ecclesia præsertim in Valdensibus, Wiclefitis, Hussitis,
aliisque id generis hæreticis damnatas continentem, repro-
bamus, damnamus, ac pro reprobato et damnato in perpetuum
haberi volumus, atque decernimus.

Vestrum nunc erit, venerabiles Fratres, nostris bisce mandatis, quæ rei et sacræ et civilis salus et incolumitas, necessario efflagitat, omni contentione obsecundare, ne scriptum
istiusmodi e latebris ad exitium emissum eo fiat pernicio-
sius, quo magis vesanæ novitatis libidini velificatur, et late
ut cancer serpit in populis. Muneris vestris sit, urgere sanam
de tanto hoc negotio doctrinam, vafritiemque novatorum
patefacere, acriusque pro christiani gregis custodia religionis, pietas actionum, pax publica floreant et augeantur
feliciter. Id sane a vestra fide, et ab impensa vestra pro communi bono instentia fidenter operimur, ut Eo juvante qui pater
est luminum, gratulemur (dicimus cum S. Cypriano) *fuisse
intellectum errorem, et retusum et ideo prostratum, quia
agnitum atque detectum.*

Cæterum lugendum valde est quonam prolabantur humanæ
rationis deliramenta, ubi quis novis rebus studeat, atque,
contra apostoli monitum, nitatur *plus sapere quam oporteat
sapere,* sibique nimium præfidens veritatem quærendam autu-
metur extra Catholicam Ecclesiam, in qua absque vel levis-

simo erroris cœno ipsa invenitur, quæque idcirco *columna ac firmamentum veritatis* appellatur, et est. Probe autem intelligitis, venerabiles Fratres, Nos hic loqui etiam de fallaci illo haud ita pridem invecto philosophiæ systemate plane improbando, quo ex projecta et effrenata novitatum cupiditate veritas, ubi certo consistit, non quæritur, sanctisque et Apostolicis traditionibus posthabitis, doctrinæ aliæ inanes, futiles, incertæque, nec ab Ecclesia probatæ adsiscuntur, quibus veritatem ipsam fulciri, ac sustineri vanissimi homines perperam arbitrantur.

Dum vero delata divinitus Nobis sanæ doctrinæ cognoscendæ, · decernendæ, custodiendæque cura, ac sollicitudine hæc scribimus, peracerbum ex filii errore vulnus cordi nostro inflictum ingemiscimus, neque in summo, quo inde conficimur mœrore spes ulla est consolationis, nisi idem in vias revocetur justitiæ. Levemus idcirco simul oculos et manus ad Eum *qui sapientiæ dux est, et emendator sapientium.* Ipsumque multa prece rogemus, ut dato illi corde docili, et animo magno, quo vocem audiat patris amantissimi, et mœrentissimi, laeta ab ipso Ecclesiæ, læta ordini vestro, læta Sanctæ huic Sedi, læta humilitati nostræ properentur. Nos certe faustum ac felicem illum ducemus diem, quo filium hunc in se reversum paterno sinu complecti Nobis contingat, cujus exemplo magna in spe sumus, fore ut resipiscant cæteri, qui eo auctore in errorem induci potuerunt, adeo ut una apud omnes sit pro publicæ et sacræ rei incolumitate consensio doctrinarum, una consiliorum ratio, una actionum studiorumque concordia. Quod tantum bonum ut supplicibus votis nobiscum a Domino exoretis, abs vestra pastorali sollicitudine requirimus et expectamus. In id autem operis divinum præsidium adprecantes, auspicem ipsius Apostolicam benedictionem vobis, gregibusque vestris peramanter impertimur.

Datum Romæ, apud Sanctum Petrum, vii kal. Julias an. MDCCCXXXIV, pontificatus nostri anno IV.

TABLE DES NOMS PROPRES

TABLE DES DOCUMENTS INÉDITS

TABLE DES MATIÈRES

CHAPITRE III

LE VOYAGE DE ROME

CHAPITRE IV

L'EXAMEN DES DOCTRINES DE L'*AVENIR*

CHAPITRE V

L'ENCYCLIQUE *MIRARI VOS*

CHAPITRE VI

LA DÉCLARATION SOUSCRITE PAR LES RÉDACTEURS DE L'*AVENIR*, LE 10 SEPTEMBRE 1832

CHAPITRE IX

LES *PAROLES D'UN CROYANT*

CHAPITRE X

ÉPILOGUE

ÉVREUX, IMPRIMERIE CH. HÉRISSEY, PAUL HÉRISSEY succr

Lightning Source UK Ltd.
Milton Keynes UK
UKHW012003070219
336896UK00012B/979/P

9 780282 197490